JN321968

苦手が「できる」にかわる！

発達が気になる子への生活動作の教え方

鴨下賢一◎編著
立石加奈子・中島そのみ◎著

中央法規

はじめに

発達が気になる子どもたちは、「運動がうまくできない」、「道具をうまく使えない」といった困りごとを併せ持っている場合があります。こうした不器用さは、生活に困難をきたしたり、身辺自立の発達を停滞させるだけでなく、集団生活、さらには自尊感情の発達にも影響を及ぼします。

私はこれまで多くの子どもたちをみてきて、「うまくできないこと」に対し、ただ繰り返し練習してもうまくできるようにはなっていかないことを経験しました。画一的な対応方法でうまくいかないのは、「うまくできない」ことの原因には様々なタイプがあるからなのです。個々の子どものタイプを把握し、その子どもにあった支援策を提供していくことで、「うまくできない」が「うまくできる」ようになっていきます。また子どもにあった方法で支援していくことは、支援される側の成長を促すだけでなく、支援する側もその有用性を実感することとなります。

「うまくできない」経験を繰り返していると、子どもはどんどん自信がなくなってしまいます。だからこそ、早期から子どもの特性を把握した対応が重要になってくるのです。本書では「うまくできない」原因を五つのタイプにわけて説明しています。また、その活動ごとに一般的な発達の段階も示しました。それは発達の段階を無視した指導ではなく、次の発達に移るために必要な基礎となる発達を促していくことで、確実にさらなる発達につながっていくからです。

ほかにも、子どもが生活するにあたって動作や活動が「できる」ようになるための「道具の工夫」もたくさん紹介しています。子ども自身が「できる」ことをたくさん体験し、自信をつけていくことで、自ら取り組もうといったチャレンジ精神も育まれていきます。本書が、発達の気になる子どもたちの「できない」が「できた」につながる一助になれば幸いです。

二〇一三年二月　鴨下賢一

目次

2 学習

3 動き・遊び

1章

発達過程と不器用さを生む要因を知ろう

1 就学前の発達過程

大人は経験してきたはずの発達経過を覚えていないので、いざ子どもに教えるときに、現在自分がおこなっている完成形からやらせようとすることがあります。たとえば鉛筆の持ち方は、最初から大人と同じことを教えても、実はうまく持てないことがあります。

本節では、子どもの発達段階や関連性をみていきますが、子どもがどこまでできるようになったかを見極めてから次の段階へ移行することがとても大切です。無理強いすると、それまでできていたことができなくなってしまったり、それ自体が嫌になってしまうことがあります。発達の機能を促すためにも、まずは自由な動作で「楽しむ」ことが何よりも重要です。

1 0歳〜

❶ 0歳〜3か月

この時期は、手の平に触れると手を握る、顔が向いているほうの手足は伸びて反対側は曲げる姿勢をとるといった原始反射（生まれながらに持っている運動反応。脳の成熟とともに消失していく）に支配されており、非対称な姿勢をとりやすく、重力に抵抗して自分から動くようなことはできません。顔は右を向いていることが多く、約9割といわれています。そして、前述のように、顔を向いたほうの手足が伸び、反対側の手足は曲がった姿勢をとっています。

3か月に近づいてくると、仰向けで顔は正面を向けるようになり、手と手をあわせたり、両足を少し持ちあげるようになります。うつ伏せでは、少しの間、頭をあげていられるようになります。3か月になると首がすわり、左右180度のものを目で追えるようになってきます。手は握っていることが多いのですが、次第に開くようになり、ガラガラを持たせれば少しの間は持っていられ、口に運んで舐められるようになります。

自分の手やおもちゃを舐めることは大切な行為です。自分の手を舐めることで自分の手について学んでいき、様々なおもちゃを舐めることで、ものの形やかたさについて学んでいくのです。

❷4か月～6か月

原始反射の支配が弱くなり、体は左右対称的な姿勢をとりやすくなってきます。仰向けでは、自分の膝や足を触ったり握ったりして遊ぶようになります。そして、上からぶらさがっているおもちゃに手を伸ばせるようになっていきます。

ものを握るときは、すべての指で、鉄棒を握るような形で握ります。それから、片方の手で持ったものを反対側の手に持ち替えられるようになります。うつ伏せでは背中がしっかりと伸びるようになり、飛行機のような姿勢をとるようになってきます。うつ伏せで頭を持ちあげるのは手で支えて持ちあげているのではなく、実は背中がしっかりと伸びることで持ちあげているのです。その結果、両手が前に出て支えられるようになっていきます。

6か月頃には、座らせれば手をついて座っていられるようになります。目で追うことや、ものが近づいてきたときに目が寄るなどの目の機能は、大人とほぼ同じ程度に発達します。

❸7か月～11か月

対称的な姿勢から、自ら非対称の姿勢をとれるようになってきます。寝返りができるようになり、両手両膝をついた姿勢で体を支えられるようになります。そうすると、次第にものにつかまって立てるようになってきます。

この時期、無理に立たせなくてもハイハイをたくさんすると、肩や骨盤のまわりの筋肉が発達し、結果的にしっかりと立て、手も上手に使えるようになります。この頃には、親指や人差し指が使えるようになってきます。

❹1歳頃～

1歳頃になると歩き始め、1歳6か月頃には小走りもできるようになります。手はさらに器用になり、指先で髪の毛のように細いものでもつまめるようになってきます。

手づかみからはじまり、スプーンなどの道具も使いはじめます。水分をコップやストローから飲めるようにもなっ

てきます。発達的には、ストローよりもコップで飲めるようになることを先にすすめるのがよいといわれています。コップからうまく飲めるようになるほうが、口の機能が発達し、言葉の発達によい影響がでるからです。

1歳頃には指差しもするようになり、要求や質問に対して答えるようにもなってきます。言葉が出始めるのもこの時期で、いくつか単語がいえるようになります。1歳6か月頃になると、見慣れないもの（例えば犬など）をみたときに、指差しをしながら親の顔をみるといった「共感の指差し」がでてきます。この共感の指差しは非常に重要で、相手の気持ちを理解する力が芽生えてきたことを意味します。この時期には「〜持ってきて」などの簡単な指示も理解して行動できるようになってきます。

2 2歳頃〜

両足でジャンプができるようになり、両手で鉄棒にもぶらさがれるようになります。また、積み木などを横に並べて遊ぶようになってきます。

何でも自分でしたがるようになり、親を困らせるようになるのもこの時期です。ご飯を食べること、着替えをすることなどをうまく手伝いながら自分でできるように促していくことで、自立心や自尊心が育まれていきます。何でも手をかけ過ぎて過保護や過干渉の状態が続くと、自尊心が育ちにくい状況になってしまいます。

手で道具を使うことが上手になってくるのもこの時期です。まだ鉛筆やスプーンは正しい持ち方をしませんが、持ち方よりも、自分でおいしくたくさん食べることを優先させることが重要な時期です。またトイレットトレーニングも少しずつはじめられる時期であり、おしっこがでる前に教えてくれるようになっています。おしっこは寝起きや食後にでやすいので、そのタイミングでおまるに座らせるとよいでしょう。うんちは隠れてすることがあります。最も重要なことは「叱らない」ことであると肝に銘じて、トイレットトレーニングをすすめていきましょう。

言葉は2語文がでてきて、簡単な会話ができ、子どもとの会話を楽しめるようになってきます。絵本の読み聞かせをしてあげると言葉の力が伸びていきますので、たくさん読んであげたいものです。

3 3歳頃〜

食事や着替え、排泄などの自立がすすみます。運動面では片足立ちやでんぐり返し、三輪車をこぐなどができるようになってきます。

手先は、はさみで紙をチョキンと切ったり、丸や十字、人の顔をそれらしく描けるようになる頃です。握っていた鉛筆は、小指側で固定し、親指や人差し指で操作し、3本の指で正しく持てるようになってきます。箸はこの段階になってから正しい持ち方を教えましょう。3歳になったらできるという固定概念にとらわれることなく、この段階になるまでは自由な持ち方で使わせることのほうが、手の役割を高めるためには大切です。

会話は上手になり、自分の名前や色の名前がいえるようになり、大小の理解もできるようになってきます。自我が強くなってきて、何でも嫌といって困らせます。ままごと遊びなどで役を演じて友達などと遊べるようにもなります。

4 4~6歳頃

基本的な身辺自立は完成してきます。バランスのとり方や体の動かし方が発達し、ブランコで立ち乗りができたり、スキップができるようになってきます。鉛筆を正しく持ち、箸をうまく使えるようになるのもこの時期です。バツや三角など、斜めの線で構成される形をまねて描けるようにもなってきます。指はさらに器用になり、紙飛行機などを折れるようになっていきます。

また相手の気持ちを少しずつ理解することができるようになり、友達とすべり台をするときに順番を守れるようになるのもこの時期からで、じゃんけんで順番を決めたり、仲間で協力して何かをつくったりできるようになってきます。記憶力も伸び、左右もわかるようになってきます。

＊＊＊

このように子どもの発達には順序があり、各発達には関連性があります。座ってできていた手の活動が、立位になると一度できなくなるといった、一見発達が戻ってしまうこともあります。発達の順序や関連性、特徴などを知ることは大切ですが、あまり何歳で何ができるということに注目し過ぎないことです。順序性や関連性を理解することのほうが、その時期にあった適切なかかわりができるようになり、子どもの「身体的な発達」だけでなく「情緒的な発達」にもよい影響を及ぼしていきます。

2 生活動作を身につける意味

生活動作とは、一般には「食事・排泄・更衣・入浴・清拭」をさします。皆さんは生活動作というと、単に生活をしていくうえで必要なものというとらえ方をしていないでしょうか。生活動作を身につけることは、単に個々のスキルができるようになるということだけでなく、次のような広い意味を持ちます。

自尊心を育てる

子どもたちは、「食事・排泄・更衣・入浴・清拭」という動作を試行錯誤しながら、自分の体や知能をフル活用しておこなうことで、自立心や自己統制（自分をコントロールする力）、そして自尊心を育てていきます。

能力を発揮する力が身につく

なぜ自尊心を育てることが大切なのでしょうか。それは、例えばいろいろなことを知っていたり、たくさんの運動ができたりしても、自尊心が育っていなければ、その能力を「十分に発揮」することができないからです。

学習の基礎能力を高める

自立心や自信をもって、様々な場面で能力を発揮していくということは、学習の基礎能力を高めることにもつながります。

1 生活動作を獲得する意味

❶はじめて身につける食事動作

生活動作のなかではじめに身につけるのが食事です。おいしい食事を自分で食べられるようになることは、子どもだけでなく、親にとっても非常にうれしいことです。

・感覚や手の発達を促す

食事のなかで、食べ物の名前とともに味や感触を覚えていきます。それと同時に、ものの大小、色などの概念も学んでいます。まず手づかみで食べることは、細かなものをつまめる動作につながっていきます。また手に食べ物がついても、洗えばきれいになることも覚えます。スプーンが使えるようになってくると、次に箸がうまく持てるようになってきます。それは鉛筆の正しい持ち方にも影響を及ぼします。

・食事の姿勢が自己統制の発達を促す

食事中は、席に座って食べるというマナーが身につきます。この力は、自己統制の発達を意味します。この力がつくことで、集団生活のなかでもうまく過ごせるようになっていきます。

──ジュースの飲み過ぎ

食事を思うように食べてくれない子どものなかには、おやつを食べ過ぎていたり、ジュースや牛乳などを飲み過ぎていることがあります。子どもにとって、おやつは食事と食事の間に必要なエネルギーを補給するという意味があります。しかし、いうことを聞かせるためや、うるさく欲しがるのをやり過ごすために与え過ぎてはいけません。

食事やおやつは、ある程度決められた時間に食べるということが非常に重要です。そして、食事と食事の間に何も食べない時間を設けるということも大切です。これは生活習慣のリズムを身につけるだけでなく、食べない時間をつくって空腹感が得られるようにすることで、食事の時間にしっかりと食べられるようになるからです。食べたいときにだらだらと食べるようなことをしていると、常に血糖値が高い状態になるために空腹感が得られにくくなります。そして食事量が減ったり集中して食べられないために、席を立つなどの問題とされる行動がでやすくなります。それは場面に適応した行動が身につきにくいばかりでなく、注意されやすくなることで、食事場面がつまらなくなってしまいます。そこでおなかをすかせておいて、食事の時間にしっかり楽しく食べられるようにしていく必要があります。

また子どもが野菜嫌いだからといって、野菜ジュースで代替している場合があります。しかし多くの野菜ジュースには果汁が含まれているので、それでおなかが一杯になってしまいます。形態や味つけを工夫したり、一緒に料理をすることで、だんだん野菜を食べられるようにしていきましょう。

最近ではイオン飲料をお茶がわりにしている子どもも増えてきていますが、

これは歯を溶かす危険性があると日本医師会からも注意喚起がなされています。イオン飲料は体調の悪いときだけ飲用したいものです。

❷繊細な排泄動作

生きていくために必要な動作が排泄です。排泄は、生き物にとって危険な場面といわれています。それは、大昔では排泄中に敵に襲われる危険性があったからだと考えられます。したがって、排泄の自立を促していくことは非常に繊細な内容になってきます。

・排泄動作の獲得は自立への近道

タイミングよくトイレで成功したときなどは大いにほめてあげましょう。子どもの自信につながり、自立が早くなります。

気をつけたい

――叱るくらいなら練習はやめよう

親は、自分の子どもと周囲の子どもたちを比較して、あせって対応してしまう光景が多々みられます。あせることで、厳しく叱ったりしてしまうこともあります。しかしそのような状況では子どもたちは排泄自体が「いけない行動である」と感じるようになり、隠れて排泄するようになったりします。排泄の自立を促すときに一番重要な点は「決して叱らない」ことです。あせって叱ってしまうくらいなら、練習を一度やめてしまうほうがよいでしょう。

また自立の時期を決めないことも大切です。幼稚園までに自立させようと目標を立てると親もあせってしまい、子どもに強要するようになります。そのような対応をされると、必ず自立が遅くなってしまいます。子どものペースにあわせて、すすめていきましょう。

❸3歳頃で身につく更衣動作

着替えは、3歳頃になると自分でやりたがり、親が手をだそうとすると嫌がるようになってきます。

・更衣動作と数学的思考

着替えができるようになるということは、自分の体を洋服にあてはめていく、つまり自分の体でパズルをしているようなものです。洋服をたたんだり、たんすにしまうことも同様で、自分の体のイメージを高めるとともに、将来学ぶ算数や数学の基礎的な学力も育んでいます。

気をつけたい

――時間の余裕をもとう

忙しい親は、子どもの動作を待つことが苦手です。ついつい、先に手をだしてしまいます。しかし自分でできるようになることが、自信へつながり、自尊心を育みます。親がするべきことは、子どもが余裕を持って取り組めるように時間の配分をしてあげることです。

2 生活動作を身につけるために

❶子どもの「やりたい」を大切に

幼児教育など早い時期から様々なことを学ぶのは重要ですが、親のいうことを聞くことしかできない年齢から無理に押しつけるのではなく、子どもの興味関心にもとづいたかかわりが大切だと思います。過干渉や過保護は子どもの自尊心の発達を妨げてしまいます。様々な習い事に行く前に、まずは家庭のなかでじっくりと生活習慣を身につけて、家族との絆を強めていくことが大切です。結果的に、安心できる環境のなかで自尊心の育った子どもは、どのような場面でも自分の力を伸び伸びと最大限に発揮できるようになります。

❷生活リズムを整える

生活習慣のスキルを身につけていくうえで、その基礎となる重要な事柄に、生活リズムがあります。このリズムを整えることが非常に重要になります。

3歳くらいまでなら、夜8時から遅くても9時には就寝するようにしたいものです。寝る直前までテレビをみたりゲームをしていたりすると、交感神経が優位にはたらいた状態になり、なかなか寝つけなくなります。その結果、朝起きるのが遅くなり、朝食や支度などにうまく取り組めなくなってしまいます。また朝食をしっかりとらないと、午前中に脳が目覚めにくくなるために、活動や学習に対する意欲も低下してしまいます。

寝る時間になったら部屋を暗くして、眠れる環境をつくるようにしましょう。

3 不器用さや運動面の遅れを生む要因と支援

不器用さのある子どもは、自由に体を動かせなかったり道具を扱えないことで、運動や課題、遊びがうまくできないことがあります。うまくできないと、その活動に消極的になります。例えば、はさみが苦手であれば意欲的に製作活動には取り組まないでしょうし、ボールがうまく投げられなければ、キャッチボールやドッチボールなどへの参加を拒むようになる可能性があります。

意欲の喪失は上達しないばかりでなく、友達と交流する機会も減ります。子どもの不器用さの原因を正しく把握してはたらきかけることは、個々の動作ができるようになるだけでなく、子どもに自信をつけさせ、社会生活をいきいきと過ごせることも支援しています。

1 感覚や想像力のアンバランス

❶協調性や様々な感覚が関連している

手先や運動の不器用さがでる要因としては、協調性や感覚、力のコントロール、視知覚（目でみわけたりする力など）、身体イメージの未発達などが考えられます。これらの要因は個々に独立しているわけではなく、関係性があります。例えば、身体イメージには体にものが触れたときに感じとる「皮膚の感覚」や、体を動かすときに無意識におこなっている「力のコントロール」などが大きくかかわっています。身体イメージが育つことで、より高度な協調性や視知覚の力も発達していきます。これらの力は子どもの生活環境に影響するものですが、体や指先を使った遊びを多くすることで発達していきます。

❷全身や指先を使った遊びの機会を

近年、屋内でのゲーム遊びが主流となり、外で全身を使ったアスレチック的な遊びや、指先を器用に動かす必要のある「あやとり」などの遊びをする機会が減ってきています。これらは体力だけでなく、子ども自身が自分の体について知り、自由に動かせるようになる機会を減らしているともいえます。

また鉛筆や箸を正しく持てる人が減ってきています。それは見本となるべき大人がうまく道具などを扱えていないことが考えられます。子どもの手本となるべき親ができていなければ子どもが自然にみてまねることはできませんし、親も教えることができません。

2 発達障害について

❶適切な支援で二次障害を起こすことなく成長できる

前述のような子どもを取り巻く環境要因以外に、脳の器質的な問題を原因とする「発達障害」により不器用さが生じることがあります。発達障害といわれるもののなかでも、不器用さを主訴とするものとして、「発達性協調運動障害」があります。また対人交流がうまくできないことを主訴とする「広汎性発達障害」や、不注意さや動きの多さを主訴とする「注意欠陥多動性障害」、一部の学習の困難さを主訴とする「学習障害」などにも不器用さを持ちあわせていることが多いといわれています。

発達障害は、通常小学校に6・3％在籍しているといった調査結果が出ています。これは、学習面や行動面で著しい困難を示す子どもが40人学級に2～3人はいる計算になります。つまり、こうした子どもたちは珍しい存在ではなく、身近なところにいることを意味します。この発達障害の子どもたちを支援するために、現在、特別支援教育が導入されてきています。

発達障害は、成人になるまで診断されないこともあります。しかし、生活

図表1　発達障害の分類

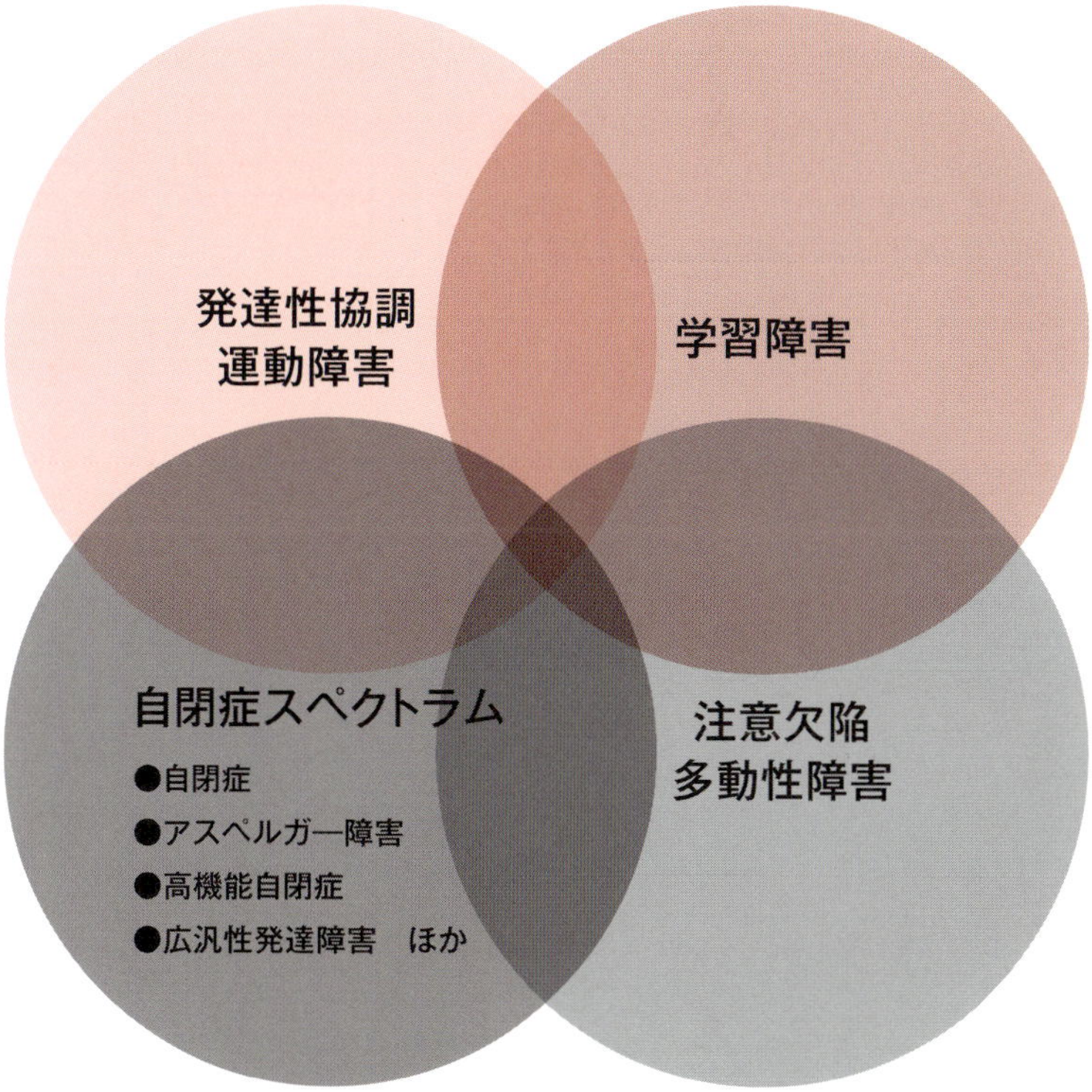

発達性協調運動障害

学習障害

自閉症スペクトラム
- 自閉症
- アスペルガー障害
- 高機能自閉症
- 広汎性発達障害　ほか

注意欠陥多動性障害

自閉性障害、アスペルガー障害、レット症候群、小児崩壊性障害、特定不能の広汎性発達障害などを包括して「自閉症スペクトラム」という。1990年代に、主に自閉症やアスペルガー症候群の研究者らによって提案された考え方。

していくなかで様々な困難さを経験することになるので、早い段階から小児科や発達障害者支援センターなどを受診して、診断を受けることが大切です。診断を受けることで、子どもの行動や特徴を理解することができるようになります。そして、周囲の子どもやかかわる大人にも適切に理解してもらうことで、二次障害を起こすことなく成長していける可能性が大いにあります。二次障害とは、うまくできないことを理解してもらえないために、ただ叱られたりやみくもに練習ばかりさせられて、自己肯定感が育ちにくい状況が起きることをいいます。知能や様々な能力が高くても、二次障害によりうまく社会に参加できなくなってしまうことがあり、これが一番の問題となります。

❷本書の見方

本書では、発達障害の有無にとらわれることなく、手先の不器用さや運動面が苦手な子どもに多くみられる状態やその対応について紹介していきます。これらの子どもたちの動作を分析してみると、大きくは五つの要因が関与していることが考えられます。そこで子どもたちがかかえている要因ごとに、発達を促していくための具体的なサポート法を次章で解説しますが、その前に、ここで手先が不器用であったり、運動が苦手な子どもに多くみられる五つの要因について解説します。

3 不器用さや運動面の遅れに関与する五つの要因

❶両手がうまく使えない

一つめの要因として、両手の協調性がうまく発達していないことが考えられます。

ex. こんな様子がみられませんか

- □ご飯を食べるときに茶碗をうまく支えられない
- □はさみで切るときに上手に紙が持てなかったり、動かすことができない
- □ボールを投げたり、バットを振る動きがぎこちない

両手をうまく使うには、利き側の発達があります。利き側は、3歳頃にその傾向がでてきて、就学前にはほぼ決まります。利き側には、利き目や利き耳、利き手、利き足などがあり、それらはほぼそろっています。そろうことにより鉛筆で文字を書くことや、キャッチボールなどの運動がしやすくなって

いるのです。

利き側の対になるのが、非利き側になります。利き手でいえば、右利きの場合は左手が非利き手になります。利き手が優れていて、非利き手が劣っているのではなく、利き手は主に道具を操作し、非利き手は固定や補助的な役割をします。例えばはさみの動作では、右手ではさみを開閉し、左手は切る線にあわせて紙を動かすといった複雑な役割をになっています。このように左右の役割分担が発達することで、両手がうまく使えるようになるのです。

脳の発達で説明すると、左右の脳の機能分化と連携がなされていくことになります。そのため、子どもが左利きの場合に、書くことだけは右手でさせたいと要求する親もいますが、それは子どもにとっては迷惑な話であり、脳の発達を妨げることになります。どちらが利き手ということではなく、両手動作が発達していくことが重要なのです。無理に利き手を矯正することは子どもにとって強いストレスとなり、その活動自体を嫌がるようになったり、吃音(きつおん)（どもり）がでるようになる場合もあります。

両手がうまく使えるようになるために、まずは利き手が決まるまでは自由に手を使わせてください。よく使う手が決まってきたら、左右の役割が異なる遊びをおこなっていきましょう。遊びは、手の動作に限らず、全身を使った遊びから取り入れていくとよいでしょう。例えば、ボールを投げるときは、投げる手と反対の足が前に出るように促します。両手の役割が異なる遊びとしては、貯金箱にお金を入れるような活動があります。非利き手で入れ物を持って、利き手でお金を入れるようにします。

・手の発達について

両手の使い方について理解するには、手の機能の発達を知ることが大切です。

1歳頃の手の機能としては、豆つぶ程度の大きさのものを人差し指と親指の先でつまめるようになってきていま す。この時期は、「手掌回内握り」から「手掌回外握り」でものを持ちます。手の機能が発達してくると、次第に親指と人差し指が伸びてきて、「手指回内握り」となってきます。そして小指側で箸を固定し、親指と人差し指で操作するという指の役割分担がすすんできます。チョキがうまくできるようになってくるのもこの時期です。さらにすすむと手首が返り、鉛筆を持つような「静的三指握り」という持ち方に近づいていきます。さらに発達すると「動的三指握り」となります。

スプーンや箸、鉛筆などの道具の持ち方には関連性があり、①から④の順で発達していきます（図表2）。

①手掌回内握り・手掌回外握り
すべての指でしっかり握りしめて持つ。

②手指回内握り
親指や人差し指が伸びた状態で持ち、小指や薬指で握り支えるようになる。

③静的三指握り
親指、人差し指、中指をぎこちなく近づけて持つ。

④動的三指握り
親指、人差し指、中指で正確に持ち、

図表２　手の機能の発達

	スプーン	箸	鉛筆
手掌回内握り ・ 手掌回外握り （1 ～ 1.5 歳）	手掌回内握り 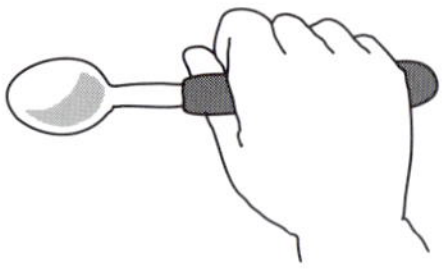	手掌回内握り 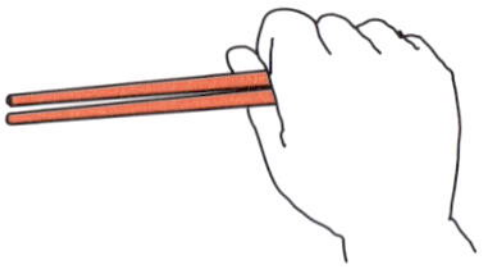	手掌回外握り 
手指回内握り （2 ～ 3 歳）		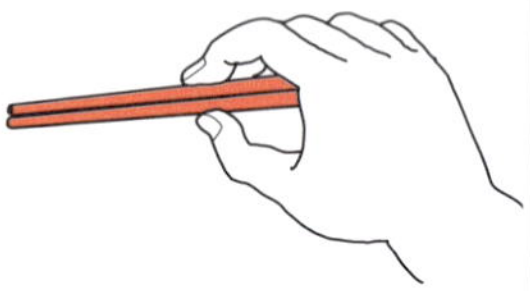	
静的三指握り （3.5 ～ 4 歳）	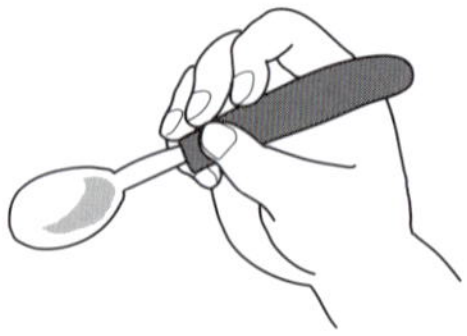	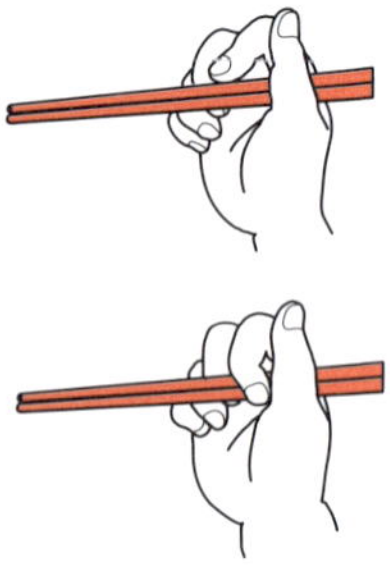	
動的三指握り （4.5 ～ 6 歳）	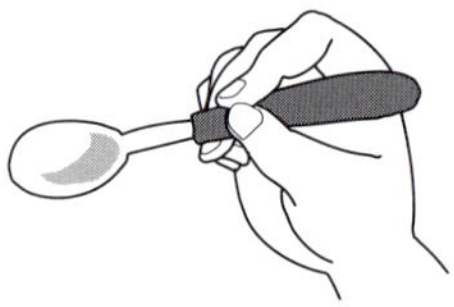	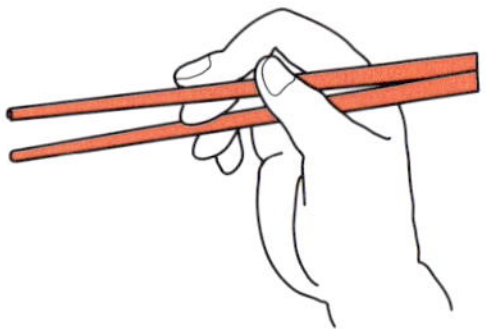	

指先だけの屈伸の動きがある。小指と薬指は曲がり、安定する。

図表2からわかるように、鉛筆がうまく持てない時期は箸をうまく使うことはできません。手の機能にあった道具の持ち方をすることで、手の機能を発達させることができるのです。

❷ 感覚の未発達

二つめの要因として、感覚機能に偏りがあることが考えられます。

ex. こんな様子がみられませんか

□ のりやご飯などベタベタしたものが手につくのを嫌がる
□ セーターなどがチクチクするのを嫌がる
□ ブランコやすべり台などを怖がる
□ 花火などの大きな音を怖がる
□ トイレのジェットタオルの音が怖くて外出先のトイレに入れない
□ パソコンの画面やピカピカと光るようなものに異様に興味を示す
□ 何でもにおいをかぐ

感覚には、五感といわれる「視覚・聴覚・触覚・味覚・嗅覚」のほかに、筋肉や関節の情報をつかさどる「固有受容感覚」や、揺れや傾き、スピードに反応する「前庭感覚」などがあります。

これらの感覚が過敏や鈍感といったように受けとり方に偏りがある場合には、その刺激に対して好き嫌いといった様々な反応を示します。好き嫌いがどちらか一方に偏りすぎてしまうと、外界からの情報をうまく受けとり、処理するのが難しい状態になります。

例えば、皮膚感覚の触覚は、もともと危険から身を守るための感覚ともいわれています。触って危険を感じとることで、防御することを認識するのです。

偏食がある子どものなかには、味だけでなく口のなかでマヨネーズなどのベタベタする感触が嫌で食べられない場合があります。腐っているものはベタベタするので、本能的に防衛する部分が強過ぎると、拒否反応が起きるのです。口周囲にこの防衛的な反応が強い状態であると、手や体にも触覚の過敏性がある場合が多くみられます。この過敏な状態は、弁別する力の発達を阻害するといわれています。弁別する力とは、例えば袋に入っていて目ではみえないものを手で触って探りあてるといった力で、この弁別系の発達が阻害されると、不器用さにつながります。

子どもにこのような感覚機能の偏り

があり過敏な場合には、無理強いは絶対にしないようにします。感覚の受けとりは絶対的なものではなく、その人にしかわからない相対的なものなので、ゆっくりと少しずつ慣れるようにしていくことが大切です。逆に鈍感な場合は、その感覚に気づいていけるような工夫が大切になってきます。

❸ 力のコントロールが苦手

三つめの要因として、筋肉や関節の動きを感じる感覚がうまくはたらいていないのかもしれません。

ex. こんな様子がみられませんか

- □ 卵を上手に割ったり、豆腐をそっと箸でつまむ動作が苦手
- □ おもちゃを力にまかせて壊す
- □ 相手に触れるときに強く叩くような感じになる
- □ 姿勢が悪い

場面に応じて力を入れたり、加減したりというような力の調節が苦手な場合です。力のコントロールは、筋肉や関節からの情報にもとづいた感覚（固有受容感覚）が重要なはたらきをします。私たちは、ものを持ったり押したりしたときに感じる抵抗感によって、もののかたさややわらかさを感じとっています。「やわらかいものはそっと持つ」のも、この感覚が重要な役割を担っているからです。こうした感覚をうまく感じとれないと、物をすぐに壊してしまったり、人に対して強く叩いてしまうといったことが起こります。これらはわざとしているのではなく、自分の入れている力をうまく感じとれなくて力のコントロールがうまくできないのです。しかしこうした子どもは、「乱暴な子ども」と評価されてしまうことがあります。

またこうした感覚は、筋肉の緊張状態をうまく保つことにもはたらきます。普段の姿勢が悪い子どもは、筋肉からの正しい情報がフィードバックされていない（意識されない）ことが予想されます。無意識にうまく力を入れ続けられないために、姿勢が崩れてしまうのです。

子どもにこうした様子が感じられた

ときには、鉄棒のぶらさがりや手押し車、アスレチック的な遊びを取り入れたり、綱引きや相撲など力をだしながら調節するような遊びを意識して取り入れてみてください。

❹ ものをみる力が弱い

四つめの要因として、動きや形をとらえる力が弱いことが考えられます。

ex. こんな様子がみられませんか

- □ キャッチボールがうまくできない
- □ 本を読んでいるときに読みとばしてしまうなど、動くものを上手にみられない
- □ 図形や文字がうまく書けなかったり、理解できない

ものをみる力は視力だけでなく、視機能といわれる「両目をうまく使って追う動き」や、視知覚といわれる「形をとらえる力」などがあります。動きや形をとらえる力は、道具やものを操作するときに必要です。いくら手先が器用でも、みえる情報がうまく入ってこなかったとしたら、結果的にその活動をうまくおこなうことはできなくなり、不器用と思われる状況につながってしまいます。

視機能を高める遊びとしては、ブロックや粘土などの立体的なものをつくる遊びがよいでしょう。これは三次元的な空間を把握する力を育てます。しっかりものをみる練習をするには、野球などで速いボールを打つというものよりは、ふわふわ浮く風船のようなものを使うほうがよいでしょう。本がうまく読めない場合は、最初はみる場所を限定するという方法も考えられます。

特別な学習教材に手を出す前に、洗濯ものをたたんだり、整理してたんすにしまうなど、みる力を育てる機会は、生活のなかにもたくさんあります。

❺ 身体イメージがとらえにくい

五つめの要因として、関連する感覚機能を高める必要があることが考えられます。

こんな様子がみられませんか

- □ 人物をうまく描くことができない
- □ 体操やダンス、手遊びなどが不得意
- □ 縄とびが苦手
- □ 鉛筆や箸などの道具を扱うのが苦手

子どもが自由に自分の体を動かせるようになるためには、身体イメージを高めていく必要があります。車の運転でいえば、それは車両感覚に相当します。また道具をうまく扱えるようになるためには、自分の体をどのように動かしていくと道具をうまく操作できるかといった部分で、身体イメージが大きくかかわります。

この身体イメージを高めるのに重要なはたらきをするのが、触覚、固有受容感覚、前庭感覚です。全身の皮膚の情報や、体を動かしたときに感じる筋肉や関節からの情報、歩いたり回転したりしたときに体の位置の変化を感知する情報などにより、身体イメージは発達していきます。身体イメージが発達してくると、自分の体から手足がでていることや、他者やものなどとの位置関係を把握できてくるので、人の絵も自然とうまくなっていきます。

身体イメージを高めるには、例えば公園の遊具にあるトンネルなど使って遊んでみましょう。トンネルをくぐって遊ぶなかで、穴の大きさにあわせてどれくらい自分の体をかがませる必要があるのかを無意識のうちに処理していきます。トンネルに体がうまく入りきらなければ、さらにかがんでみたり、向きを変えたりしながら対応していくことで、身体イメージを高めていけます。

着替え動作も自分の体を洋服にあてはめていくので、身体イメージを高める効果的な動作になります。

2章

日常でできる生活動作サポート法

1 基本動作 ①

スプーン・フォーク

確認しておきたい動作

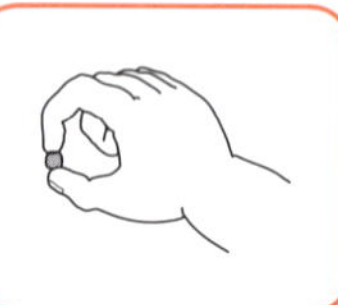

□1 小さなものを人差し指と親指でつまめますか。

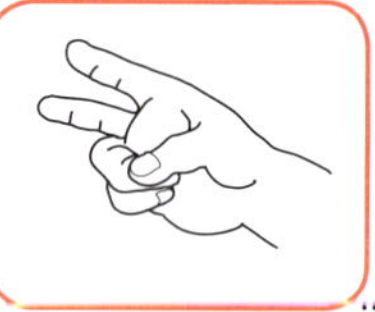

□2 チョキができますか。

□3 鉛筆を三本の指で持てますか。

子どもは、6か月頃から手づかみで食べはじめ、1歳頃からスプーンなどを使いはじめます。そして、2歳半頃になるとこぼさずにうまく食べられるようになります。1歳頃の手の機能としては、豆程度の大きさのものを人差し指と親指の先でつまめるようになってきています。この時期はスプーンを「手掌回内握り」で持ちます。主に肩とひじの動きですくうため量の調節は難しく、すくい過ぎたりします。手の機能が発達していくと、次第に親指と人差し指が伸びてきて「手指回内握り」となってきます。この時期は、前腕に返しが加わった動きですくいます。

さらにすすむと手首が返り、鉛筆を持つような持ち方（静的三指握り）に近づいていきます。脇が締まり、食べる姿勢が整ってきます。さらに発達すると「動的三指握り」となります。手首と指の動きが出てくるので、すくう量の調節が非常にうまくなり、こぼしがなくなってきます。

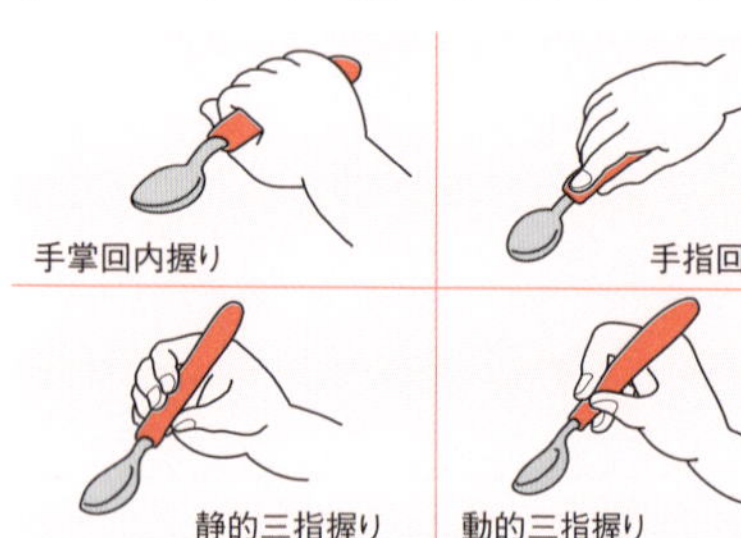

持ち方を先にす

日常でできる原因別サポート法

❶両手がうまく使えない

支えるほうの手の動きが大切

スプーンを持っていないほうの手で茶碗などの器をうまく支えたり、動かしたりすることも重要です。支えがうまくできないときに支えを強要すると、スプーン動作自体がおろそかになってしまいます。このような場合には、すべり止めがついた器や、すべり止めマットなどを利用します。

また手で器をもって食べないと、口を器に近づけて食べる「かき込み食べ」になります。姿勢が悪くなるだけでなく、一口の量の調整が難しくなり、丸のみしやすくなります。

❷感覚の未発達

手にごはんつぶがつくのを嫌がる

手にごはんつぶがつくことを嫌がる子どものなかには、触れる感覚（触覚）に過敏さのあることが考えられます。手で触れたものを判別する力が弱く、指を上手に動かせないのです。

普段から砂遊びや粘土など、手に触れる遊びを楽しくおこなえるようになるとよいでしょう。ただし無理矢理に触らせるのではなく、少しずつ慣らしていくことが大切です。

③力のコントロールが苦手

洗濯ばさみを使って練習

力が弱過ぎたり、逆に入り過ぎたりすることでうまくスプーンを持てなかったり、操作できない場合があります。力が弱いと指先でつまむことが苦手だったり、うまく固定できません。

そこで親指と人差し指で洗濯ばさみをつけたりはずしたりする指先の遊びなどを取り入れると、スプーン動作がうまくなってきます。力が入り過ぎる場合には、そっと積み木を積んでみたり、粘土で形をつくる遊びなどをおこなうとよいでしょう。またスプーンの柄を太いものにすることでうまく持てるようになることもあります。

④ものをみる力が弱い

食材をみやすくする工夫を

形や動きをとらえにくい子どもは、数ある食材の一つに注目しづらい傾向があります。そのために、複数の食材を山盛りにすくってしまい、食べこぼしにつながったりします。

まずは視力を確認し、必要に応じて視力の調節をします。そして食材を器に盛るときには、おかずごとにお皿に取りわけるなど、みやすくする工夫が重要です。器の色を食材と違う色にして、コントラストをはっきりさせることでも、みやすくなります。

⑤身体イメージがとらえにくい

スプーンを動かす方向をわかりやすく

身体イメージがとらえにくい子どもは、どのようにスプーンを持ったらよいか、どのように動かしたらよいかがわかりにくくなります。指先だけでなく、アスレチック的な全身を動かす遊びや、三輪車や自転車、縄跳びなどで身体感覚の発達を促します。

また、器は小鉢のように壁のあるものにしましょう。すくうときにスプーンの先が壁にあたるため、動かす方向がわかりやすくなり、食べ物を口へうまく運ぶことができます。

めるのではなく、こぼしが少なくなってきたら、次の段階の持ち方を試してみるようにします。

ワンポイントアドバイス
テレビは消して食事を一緒に楽しもう

食事のときは、楽しく集中して食べるためにテレビは消します。一緒に食べる大人がテレビや新聞を読んでいたのでは、子どもは集中できません。また椅子と机が高過ぎたり、低過ぎたりすると、うまくすくえません。

足の裏全体が床につく椅子と、肘を曲げたときにちょうど肘から手までが上にのる高さの机を用意します。

またすくう先端部分が平たく、握りやすい太さのスプーンを使うとすくいやすいです。

手づかみ食べはどんどんさせよう

「手づかみ食べ」は、スプーンなどの操作が確立するまでは一般的にみられる行為です。食事のときにつまんで口に運ぶことは、手の機能の発達にとって有益で、結果的にスプーンなどの操作がうまくなっていきます。

食べたいという気持ちを大切にして、はじめはこぼしてもよい環境を用意して、好きな持ち方で食べさせましょう。

1 基本動作 ②

箸

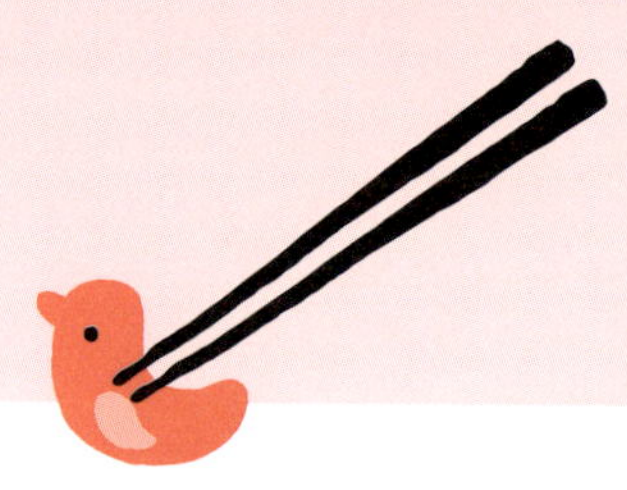

確認しておきたい動作

□1 鉛筆やスプーンを三本の指で持てますか。

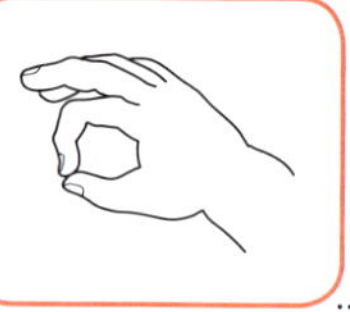

□2 親指と人差し指で丸がつくれますか。

□3 チョキができますか。

箸を持ちはじめるのは、周囲の環境の影響によるところが大きく、お兄さんやお姉さんがいると自分もまねして使いたくなるものです。早い子どもでは2歳前から使いはじめます。しかし持ち方は、その時期のスプーンや鉛筆の持ち方同様に「手掌回内握り」であり、二本の箸で挟んだりすることはできません。

2〜3歳頃にスプーンや鉛筆を「手指回内握り」で持てるようになると、親指と人差し指で器用につまめるようになります。親としては正しい持ち方を教えたくなりますが、その必要はありません。この時期は小指側で箸を固定し、親指と人差し指で操作するという指の役割の分担がすすんできます。

3歳半から4歳頃になると、スプーンや鉛筆を「静的三指握り」で持つようになります。この段階になってから、正しい持ち方を教えるとよいでしょう。しかしこの段階でも、まだ箸が交差したりします。また長い時間正しく箸を持っていることは難しいので、スプーンなども併用しながら部分的に箸を使うようにします。箸を強要すると食事自体を嫌がるようになるので、注意が必要です。

日常でできる原因別サポート法

❶両手がうまく使えない

手の大きさにあった安定した器で

手の大きさにあった食器を用意します。中指と薬指はお椀の底に、親指は縁の近くで持ったときに安定して支えられる大きさのものにします。

箸や器をうまく操作できないと「かき込み食べ」になりますので、底の広い安定した器を机の上に置き、箸を持つ反対の手で支えるところから練習するとよいでしょう。

❷感覚の未発達

指一本ずつの感覚を育てる

箸は非常に複雑な動きを要するので、指一本ずつの皮膚感覚の発達が重要になります。目隠しされた状態での子どもの指を一本ずつ触れてみて、どの指が触れているかといった遊びや、あやとりなどを取り入れるとよいでしょう。

④ものをみる力が弱い

食べ物と器の色は違う色に

箸は細かなものをつまんで食べることができます。しかし視力が弱かったり、形を判別しにくい場合には、かえって使いにくい道具になってしまいます。食べ物は器に対して少量ずつのせて、食べ物と器の色が異なるようにしてコントラストを出すと、みやすくなります。視力が弱い場合には、眼科にかかり必要に応じて眼鏡をかけるなどの対応をすることが重要です。適切な時期に対応しないと視力自体が発達しなくなってしまいます。

⑤身体イメージがとらえにくい

一本の箸で刺して食べることから

この場合、箸をどのように持っていいのかわかりにくいということがあります。静的三指握りや動的三指握りが鉛筆で可能であれば、まずは一本の箸で刺して、食べられるものからはじめてみます。

次に、開閉する必要の少ない麺類をひっかけて食べるようにしてみます。箸を使う自信がついてきたら、四角く切ったホットケーキなどを少量ずつから箸でつまんで食べてみましょう。

③力のコントロールが苦手

箸を使うのはかたいものから

力の入れ具合がコントロールできない場合は、例えばやわらかいものは箸で挟まず、刺して使うようになってしまいます。まずは豆腐などのやわらかすぎるものはスプーンにして、つまんでも崩れないものやかたいものから箸で食べるようにしてみます。

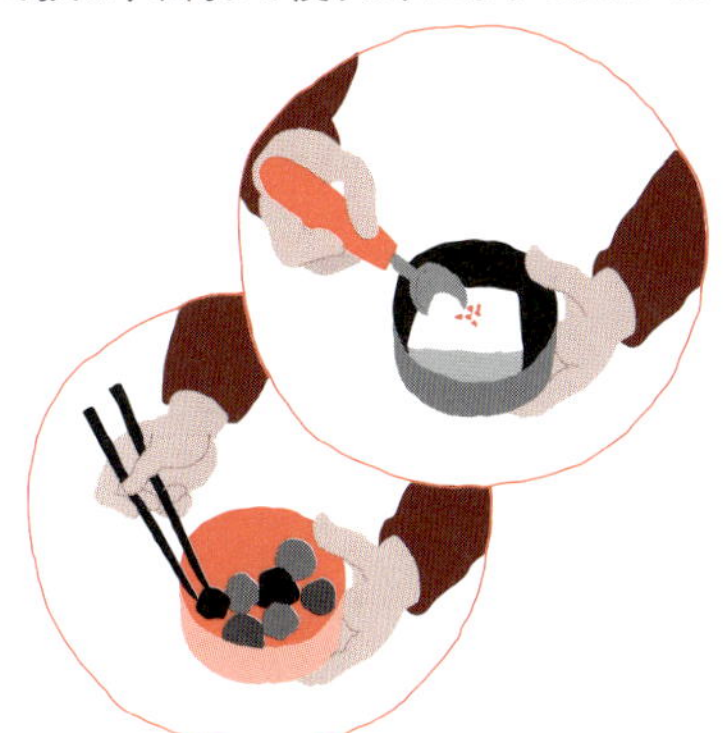

4歳半から6歳頃になると、スプーンや鉛筆を「動的三指握り」で持てるようになります。この時期は、正しい持ち方を教えていく必要があります。上の箸を親指と人差し指、中指で鉛筆のようにつまみ、下の箸を薬指で支えます。親指は上の箸と下の箸を押さえるはたらきをします。

＊握り方は18頁図表2を参照

誤解！

しつけ箸はしつけにならず?

ジョイントのついたしつけ箸は、手を閉じたり開いたり（グーパー）の動きで箸を閉じたり開いたりします。そのため、開くときに親指を開く方向に動かす癖がついてしまい、いつまでたっても通常の箸に移行できない場合があります。適切な時期から、通常の箸で、正しい持ち方を教えていくことが重要になります。

ワンポイントアドバイス

箸を持ったままフラフラしない

箸を使いはじめた頃の注意としては、箸を持って歩かせないことです。口にくわえたまま転倒して頬を貫通してしまった子どもや、ひどい場合には亡くなってしまった例もあります。必ず着席した状況で使わせるようにします。

1 基本動作 3

コップ

確認しておきたい動作

□1 両手でコップを持てますか。

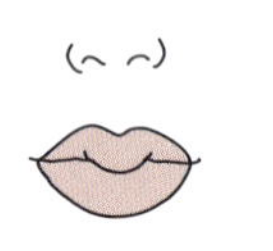

□2 普段口を閉じていられますか。

□3 よだれがでなくなっていますか（飲み込めていますか）。

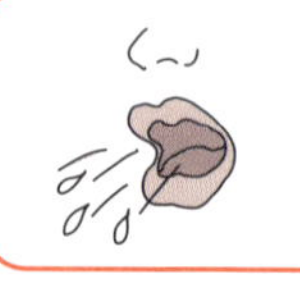

□4 むせないで飲めますか。

水分摂取の方法には、まず直接乳首やニップル（哺乳びんなどの吸い口）などの哺乳からはじまり、スプーン、コップ、ストローという順番で発達していきます。哺乳の段階の飲む動作は、「チュッチュッチュ」と呼吸と吸てつ（吸い込む動作）と嚥下（飲み込む動作）を反射的に同時に行い、上を向いていてもむせずに飲めます。

少しだけコップから飲めるようになると、吸てつがなくなり、呼吸と嚥下をわけておこなうようになります。吸てつのかわりに呼吸を止めて水分を吸い込むのです。この時期になると、顔を少しだけ下に向けて飲むようになります。

呼吸と水分の取り込みは、はじめはうまくいきませんが、こぼしながら練習していくことでうまくなっていきます。風邪ぎみや鼻炎などにより鼻が詰まっているときは飲みにくくなります。

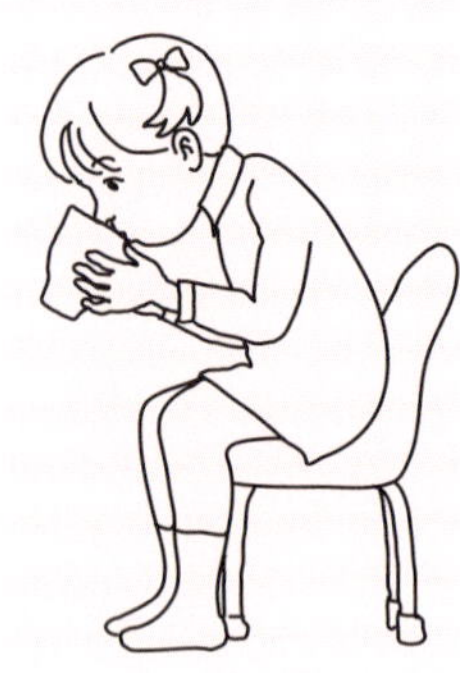

日常でできる原因別サポート法

❶両手がうまく使えない

両手で持ちやすいコップを

両手で持てる取っ手つきのコップを用意します。取っ手のないコップの場合は、直径が大きいと親指が開けずにすべての指がそろった状態になり、支えが不十分になります。そこで親指が開けて、コップ全体にほかの指が回る程度の直径のものを使用します。

❷感覚の未発達

水分を唇で感じとる経験が必要

ニップルやストローからだと、水分を唇で感じとる経験ができません。コップを使う前に横に向けたスプーンやレンゲから上唇にお茶などの水分があたるようにして、感じとる経験をさせます。水分を感じとれるようになるとタイミングよく吸い込めるようになっていきます。

味覚の発達のためにも、はじめはジュースなどを控えて、麦茶やほうじ茶や水などを中心に飲むようにします。

③力のコントロールが苦手

こぼしても繰り返しコップから飲む動作をおこなう

まずはこぼしてもよい衣類や敷物を用意して、たくさんこぼせる状況をつくります。安心して繰り返しコップから飲む動作をおこなうことで、力のコントロールはついてきます。勢いよく口に運び過ぎてうまく飲めない場合は、軽く手を添えて支えてあげます。

④ものをみる力が弱い

透明のコップを使う

コップのなかに入った飲み物をみえやすくするために、透明のコップを使ってみます。どんな飲み物がどれだけ入っているかを目で確認できることで、コップに入っている飲み物の味や口に入ってくる量などが予測しやすくなります。

⑤身体イメージがとらえにくい

息を吹くことも併せて見守る

呼吸を止めて飲み物を吸い込むのは、子どもにとって非常に難しい動作になります。はじめは吸わずにぶくぶくと息を吹くことも併せておこなって構いません。吹いたあとに吸い込むことができる場合もありますので、少し様子を見守ってあげましょう。

吸い込むのがうまくいかないからといって、流し込むように飲ませないことも大切です。お風呂などで水面に口をつけて、ぶくぶくと口から息を吹き出すような遊びもよいでしょう。

誤解！

こぼしても まずはコップから

こぼすからといってコップ飲みができる前にスパウト（乳首以外に慣れるために工夫されている飲み口）やストローに頼りすぎると、口腔機能の発達を妨げてしまいます。

ワンポイントアドバイス

よだれやむせが多い場合は要注意

まずは、自分の唾液を飲めるかが重要です。いつも口を開いていてよだれがだらだらと流れている、または飲むたびにむせているような場合は誤嚥（ごえん）（誤って肺や気管に食物や異物が入り込んでしまう）の可能性があるので、一度小児科や耳鼻咽喉科などで診てもらうことをおすすめします。

むせ防止には、増粘材でとろみをつけることが有効な場合があります。

ストロー

確認しておきたい動作

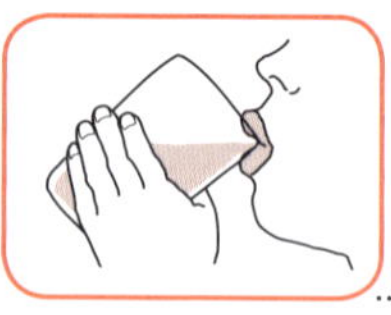

□ 1 コップからうまく飲めていますか。

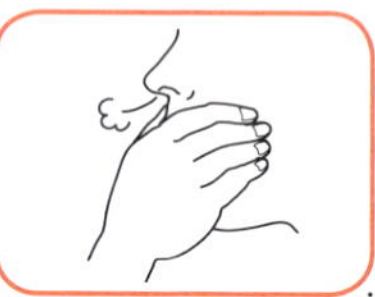

□ 2 口を押さえても鼻だけで呼吸ができますか。

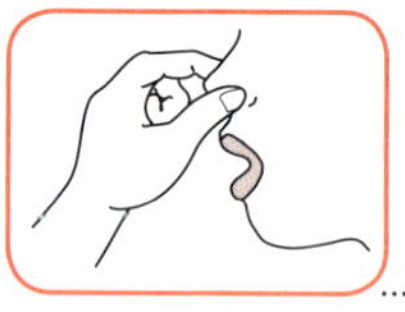

□ 3 鼻をつまんでも口だけで呼吸ができますか。

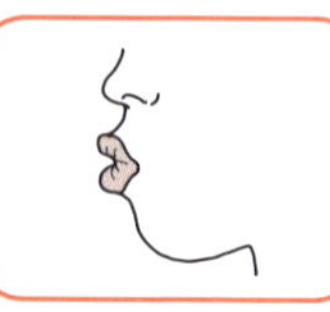

□ 4 タコの口ができますか。

本来ストローは、コップ飲みがうまくなってから次の段階で使用する道具です。しかし最近では、外出時に便利だとかこぼされないために、コップよりも先にストローやスパウトなどを利用することが多くなってきています。これは発達の段階を無視しているため、反射的な飲み方を持続させやすく、口腔機能の発達にはよくない状況といえます。ニップルからチュッチュと吸うような飲み方が持続すると、離乳食が始まっても同様に吸い込んで食べようとしてしまいます。呼吸と嚥下をわけてできるように発達させていくためにも、まずはコップ飲みがうまくなってからにしましょう。

早い段階からのストローの利用は、ストローを噛んで固定して飲むようにもなりますので、よいことはありません。またストローで熱い飲み物を飲むとやけどの危険性があるので、年齢の低い子どもには注意が必要です。

日常でできる原因別サポート法

❶両手がうまく使えない

紙パックや蓋つきのストローマグを

コップに入ったストローは、くるくる動いてしまいます。コップを持ちながらストローを支えるのは複雑な両手動作なので、紙パックにストローを挿した状態や、蓋つきのストローマグなどを利用してみましょう。両方とも取っ手のついたホルダーが市販されていますので、それを使ってみるのもよいでしょう。

❷感覚の未発達

上下の唇で支える感覚を身につける

ストローは噛まずに、上唇と下唇の真ん中で支えて吸います。笛やラッパなどを吹いたりすることで、支える感覚を身につけることができます。

家で食べるときに、麺類を一本ずつ吸い込んで食べてみるのもよいでしょう。

④ものをみる力が弱い

液体の移動がわかりやすくなる工夫を

不透明のコップとストローでは、液体がどのように移動しているのかがわかりにくい状況です。透明なコップと液体が透けてみえるストローにして麦茶など色のついた飲み物を用意してみましょう。飲むときに液体に移動する様子を観察しやすくなり、吸い込む力のコントロールにもつながります。

くねくねと曲がり、様々な形になっているストローを使うことでみることへの意識が高まることもあります。

⑤身体イメージがとらえにくい

はじめは吹く動作から

吸う動作自体が難しい場合は、口の形がつくれないだけでなく、口だけで息を吸い込むこともできません。この動きが難しいときには、はじめは吸うのではなく、逆に吹いてみるとよいでしょう。そのほうが動作しやすく、吸う動きに結びつきやすくなります。

どうしても難しいときは、パックに入った飲み物をストローで飲む際に、少しパックを押して飲みはじめを介助するとうまくいくことがあります。

③力のコントロールが苦手

ストローの太さを調整

ストローから飲み物を勢いよく吸い過ぎてしまったり、逆に口まで吸い上げられない場合があります。勢いが強すぎる場合は太めのストロー、弱い場合は細めの短めのストローにしてみるとよいでしょう。

誤解！ スパウトは大人の都合

スパウトから飲む動作は、発達段階にはない動作です。こぼされないための「大人の都合の道具」であることを知っておいてください。

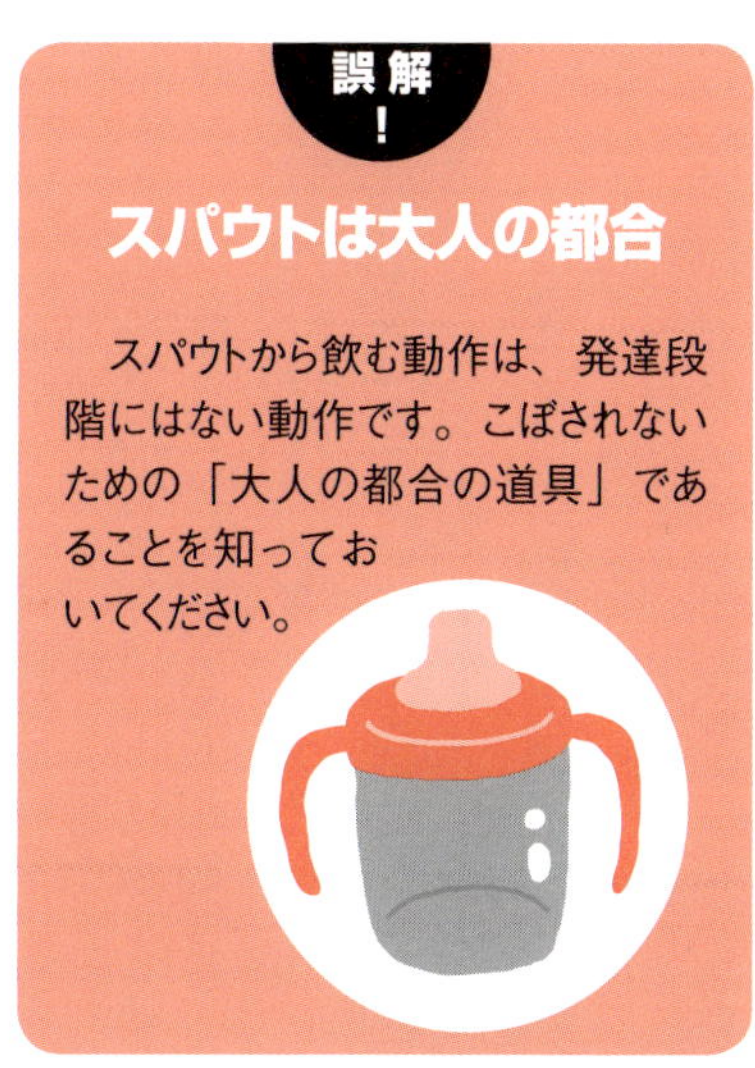

ワンポイントアドバイス ストローはコップ飲みがうまくなってから

コップ飲みがうまくできない間のストロー利用は、外出時だけにしましょう。コップ飲みがうまくできるようになれば、自然にストローで飲むこともできるようになります。

基本動作 5

座る姿勢

赤ちゃんは、6か月頃になると座らせれば座れるようになってきます。またこの時期のうつ伏せは、全身を伸ばす動きをたくさんします。7〜8か月になると両手両足を持ち上げるような姿勢をとったり、おなかを中心にくるくる回れるようになります。それらを経ると、一人で自由に座れるようになります。

よい座位姿勢とは、一般的には骨盤が起きて背中がしっかりと伸びた状態をいいます。これには、赤ちゃんのときにたくさんうつ伏せで背中を伸ばすことが基礎になっています。最近、椅子にしっかりと座れない子どもたちがよく話題になりますが、要因として運動量が減り、姿勢を保持する筋力が不足していることが考えられます。テレビやゲーム機などをみている時間が長くなり、姿勢が崩れている時間も長くなってきています。姿勢の崩れは手の機能を発揮しにくくするだけでなく、側弯や肩こりなどを誘発します。大人になってから背中の神経が圧迫されることも考えられますので、子どもの頃からよい姿勢を習慣づけましょう。

確認しておきたい動作

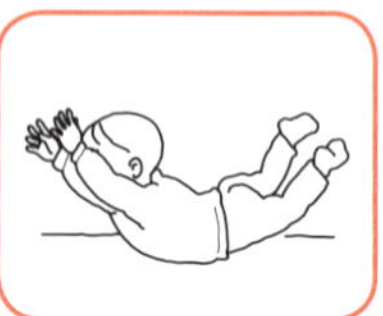

□ 1 うつ伏せで両手両足を持ち上げるような姿勢が持続してできますか。

□ 2 両ひざを曲げないでつま先に両手が届きますか。

□ 3 片足立ちが両足できますか。

日常でできる原因別サポート法

❶両手がうまく使えない

使わない手も机の上にだす

両手がうまく使えず、片手での動作が多い場合に、使わない手が机の下におりていることがあります。このような場合には、使わない手のほうに体が傾きやすくなり、姿勢よく座ることができなくなってしまいます。まずは両手を机の上に出し、食事や学習のときなどに支えや押さえなどをさせるようにしましょう。

❷感覚の未発達

お尻や背中の感覚が意識できる工夫を

お尻や背中の皮膚の感覚は、手の平や顔などに比べて非常に鈍くなります。そこでやわらかすぎるソファーではなく、座骨に体重がのっていることがわかる程度のかたさの椅子に座ると、座骨に体重がのっている感覚を感じられるようになります。座骨をしっかりと触ってあげて、意識させることも有効です。

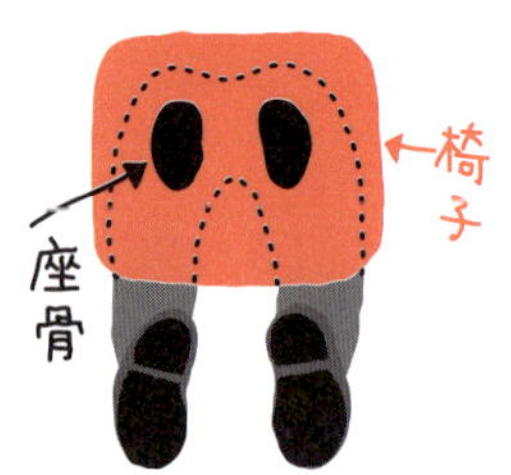

すべり止めシートを座面に敷くのも有効です。

③力のコントロールが苦手

体にあった机と椅子を使う

よい姿勢を長く保つためには、体にあった椅子を使用することが重要です。両足をしっかりと床につけて深く座ったときに、椅子と膝裏の間に指二～三本の隙間があるくらい奥行きのあるものがよいでしょう。

背もたれは、腰の部分が支えられるようになっていると、より姿勢を保ちやすくなります。机もセットで考える必要があり、肘を90度曲げたときに、肘から手までが自然にのる高さのものを用意します。

④ものをみる力が弱い

みる対象の高さを調節

姿勢は、視線に大きく影響されます。みつめる対象の高さを調節してみましょう。高過ぎる位置のテレビは、首を反ることで姿勢が悪くなってしまいます。軽く顎を引いてリラックスできる程度の高さで、みる対象が正面にくるようにしましょう。

⑤身体イメージがとらえにくい

骨盤を起こすことを意識して

座った姿勢のときに、骨盤をうしろに傾けたところから起こす動きを経験させましょう。床に座ると骨盤がうしろに傾きやすいので、椅子に座っておこなってみるとよいでしょう。

また腿のうしろの筋肉が縮んでいると床座位の姿勢はより崩れやすくなりますので、ストレッチをするのも効果的です。床に長座位（足を投げだして座る）となり、体を前に倒すことで、腿のうしろの筋肉が伸ばされます。このときに、背中が丸くならないように注意しましょう。

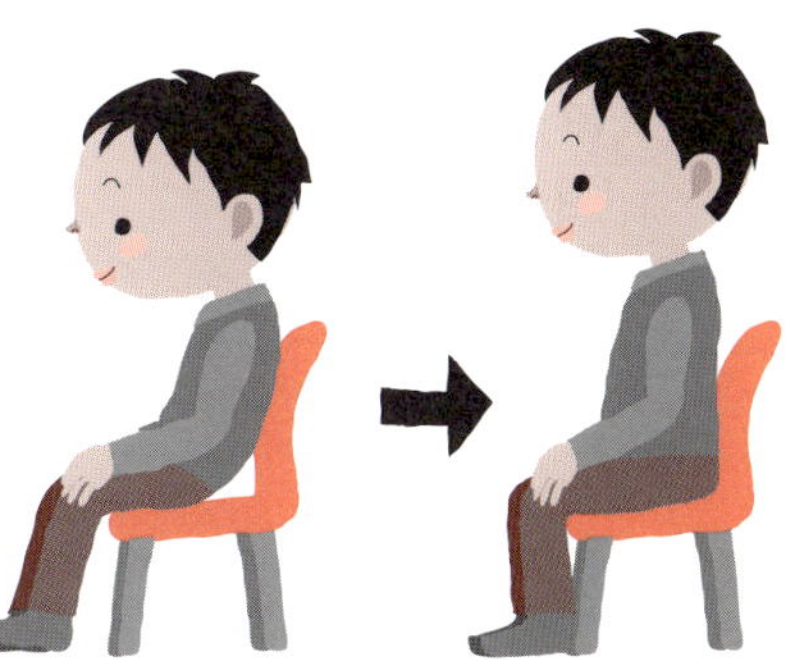

誤解！

腰を反らせないように注意

姿勢をよくするためには、ただ背筋を伸ばせばよいというわけではありません。腰を反らせていると、腰痛の原因になってしまいます。

ワンポイントアドバイス

椅子に座る生活のなかで鍛える

床での生活は姿勢が崩れやすくなりますので、椅子に座る生活にしてみましょう。バランスボールの上に座ってみるのもよい練習になります。はじめは足をついて座り、次第に少し足を浮かせたりしてバランスをとっていくことで、持続的に姿勢を保つために必要なインナーマッスル（体のなかのほうの筋肉）を鍛えることも可能です。

背もたれのない椅子に座る時間を少しずつ延ばしていく練習もよいでしょう。

食べこぼし

赤ちゃんは生後半年くらいから手に持ったものを食べられるようになってきます。手の機能や口腔機能の発達が未熟なうちは、ぼろぼろと食べこぼしたり、食べ物で遊んだりします。

1歳頃からスプーンなどの道具を使いはじめ、2歳半頃にはこぼさないで食べられるようになってきます。この発達からわかるように、手づかみ食べをとおして、食べ物や口に入れるときの感触を学び、手の機能も発達し、さらに手と口の協調性が発達していきます。そうした経験をもとにして、次のスプーンなどの道具の操作に移行していくことができます。スプーンを使いはじめることで、また食べこぼしが一度多くなりますが、だからといって大人が介助し過ぎると、結果的には一人で食べこぼしなく食べられるようになるのが遅くなります。また、だらだら食べをしていると食欲がわかないので遊び食べが増え、食べこぼしが増えます。

食べる環境も影響しますので、テレビを消す、おもちゃなどを片づけてみえないようにしておく、大人も新聞や雑誌などをみながら食べないといった配慮が重要です。

確認しておきたい動作

□1 椅子に座っていられますか。

□2 スコップなどで砂をすくってバケツに入れられますか。

日常でできる原因別サポート法

❶両手がうまく使えない

手の大きさにあった器を使う

器をうまく支えられないと食べこぼしの原因になりますので、手の大きさにあった器を使用します。目安としては、茶碗であれば中指と薬指が底にあたる大きさです。また器が動かないようにすべり止めマットを利用します。

❷感覚の未発達

口のなかや周囲を触られることに慣れる

食べ物が口のなかに入るときには、唇で取り込むことが必要です。また、食べ物のかたさや大きさにあわせてかじりとったり、すすってみたりと、唇や歯にあたった感覚などにもとづいて、適当な動きを選んでいます。口のなかや周囲を触られることや、歯みがきの仕上げなどを嫌う場合は、触覚に過敏性があることが考えられ、感覚がうまく育ちません。まずは大人の手で触られることにしっかりと慣れる必要があります。

❹ものをみる力が弱い

食べ物一つひとつを確認しやすく

一つの大きな器にいくつも食べ物がのっていたり、様々な大きさや形の食材が混ざってのっている場合などは、食べ物一つひとつを確認しにくいだけでなく、すくう方向や挟む向きなどを複雑に調整する必要がでてきます。

食材の大きさや形をある程度揃えるなどの工夫をしてみましょう。

❺身体イメージがとらえにくい

体が道具の先まで伸びていることをイメージする

手づかみでは、食べ物を直接もっていった位置で口に運べますが、道具を使う場合には、すくったり挟む位置が手よりも遠い位置になります。このような動作がうまくなるためには、遠位感覚の発達が必要になります。自分の体が道具の先まで伸びているというイメージをつかむ必要があるというわけです。

鉛筆や筆などで書く動作や、実際にスプーンでこぼしても汚れにくい大きめのビーズやビー玉などをすくって容器から容器に移す遊びなどをおこなうのもよいでしょう。箸で食べこぼしが多い場合には、一度スプーンに戻し、食べこぼしを減らすことを優先させたほうがよいでしょう。

❸力のコントロールが苦手

すくいやすい器を利用する

力が弱過ぎたり入り過ぎると、スプーンやフォーク、箸などのコントロールがうまくいかず、器を口につけた状態で食べる「かき込み食べ」をしやすくなります。これには、縁が高めの小鉢や、すくいやすい器などを利用することで、コントロールができるようになる場合があります。スプーンやフォークで食べ物をすくったり挟んだりしたあとは、一度口まで食べ物を運んでから食べるようにしましょう。

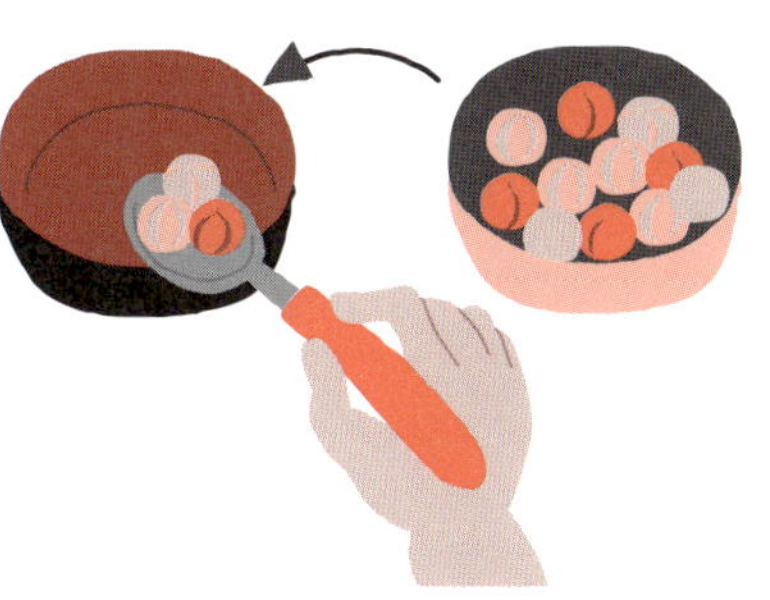

誤解!

正しい持ち方なら食べこぼさない?

正しいといわれる持ち方で持たせれば、食べこぼしが減るというのは間違いです。子どもの手の機能の発達にあった道具と使用方法が重要です。

ワンポイントアドバイス

発達段階にあわせて安心して食べられる経験を

とにかくたくさんこぼしながら、安心して食べられる経験をさせましょう。そのためには古新聞などを床に敷いて、食後の片づけが簡単にできるような工夫も大切です。また、持ち方の段階をすすめるのではなく、例えば箸でこぼすのであれば、まずはスプーンでこぼさないで食べるようにしていくといった配慮が重要になります。

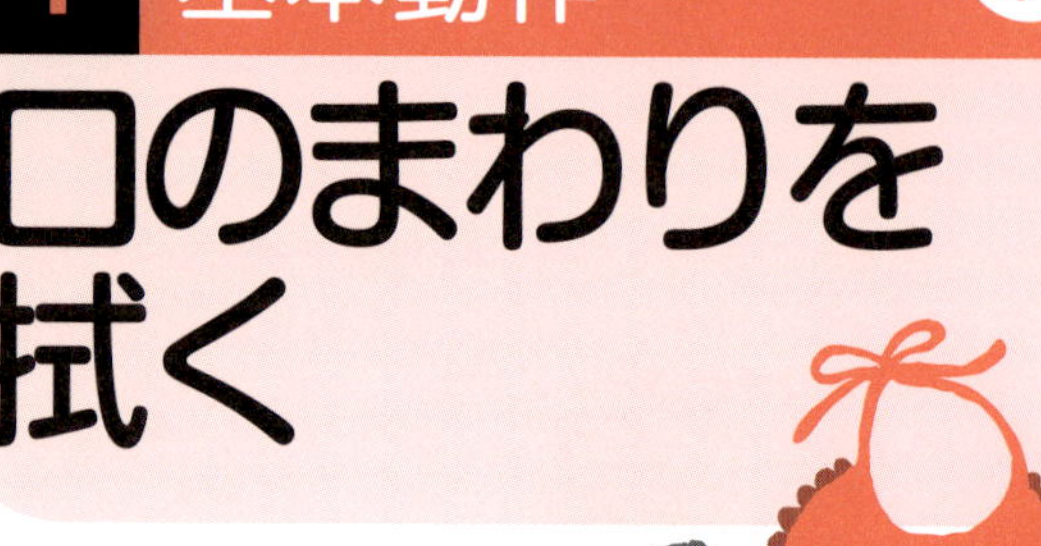

1 基本動作 7

口のまわりを拭く

確認しておきたい動作

□1 口のまわりを指でなぞれますか。

□2 口を閉じていられますか。

□3 鼻だけで呼吸ができますか。

口の周囲は敏感な場所ですが、食べこぼしなどで汚れたりしても、汚れ自体がみえたり動いたりすることがないので、気づきにくい場所でもあります。汚れの原因には食事の際の汚れや、よだれなどがあります。年齢が高くなっても普段からいつも口のまわりが汚れていると、周囲の子どもに指摘されたりしてトラブルを起こす可能性があります。成長し、社会性を高めていくためにも、口の周囲を含めて身のまわりをきれいにしておくことは重要です。

叱る必要はありませんが、子どもが自ら気づき、身のまわりをきれいにしていけるようなかかわりを、幼児期から子どもにあった方法で教えていく必要があります。子どもに教えるためにも、生活する家のなかを整理整頓したり清潔にしておくなど、大人が見本になるような行動も重要になってきます。

日常でできる原因別サポート法

❶両手がうまく使えない

ハンカチの大きさや素材に配慮

ハンカチやタオルで口のまわりを拭く際に、長過ぎるものや大き過ぎるものは扱いにくくうまく拭けません。15cm四方程度のもので、薄くてつるつるしている素材ではなく、タオル地のような厚手のものが使いやすいでしょう。

両手がうまく使えない場合には、右手で口の左側を拭くように、持った手と反対側の口のまわりを拭く動作は難しくなります。片手でハンカチを持たせて、右手で右半分、左手で左半分と意識して拭きあげるところからはじめ、次第に右手で口の左側も拭けるように手をとって動かしてあげましょう。

❹ものをみる力が弱い

口の形を詳しく確認

鏡の前で自分の口の形を詳しく確認させながら拭かせてみましょう。大人の口のまわりをわざと汚して子どもに拭いてもらうのもよいでしょう。

❷感覚の未発達

汚れた状態を持続させない

常に汚れた状態が続いていたり、よだれをだしている子どもの場合には、口の周囲の感覚が鈍くなっている場合があります。気づかせて自分で拭かせるか、きれいに拭きあげて乾いた状態を経験させることが重要です。

❺身体イメージがとらえにくい

口のまわりのイメージと感覚を育てる

口のまわりで手を丸く動かすには、口周囲のイメージと、感覚と手の動きを統合（連動）する必要があります。口のまわりにわざと小さくちぎったウエハースなどをつけて舌でとらせるような遊びをしたりして、イメージや感覚を育てましょう。感覚が育つことにより、手で拭く際にわかりやすくなってきます。

❸力のコントロールが苦手

強く拭くのではなく拭き方を教える

子どもは強く拭けばきれいになると思いがちです。ただ強く拭くのではなく、汚れやすく、拭き忘れやすい口角を意識して、指先で拭かせるようにしてみましょう。丸めたハンカチではなく、広げて使うことも併せて教えてあげましょう。

ぬるま湯に浸し、軽く絞ったハンカチを使うことで、乾いた汚れもそっと拭くだけでとれることを教えてみるのもよいでしょう。

誤解!

衛生だけの問題ではない

口のまわりの汚れは不衛生なだけではありません。友人との交遊関係や、社会性の発達にも影響する事柄です。

ワンポイントアドバイス

鏡で確認して意識づけを

食事のときに鏡を用意しておき、ときどき口のまわりを確認させ、汚れていたらハンカチで拭くことを習慣づけていきます。

よだれがでているときも同様で、自分でときどき意識して拭かせることも必要になってきます。

袋を開ける

確認しておきたい動作

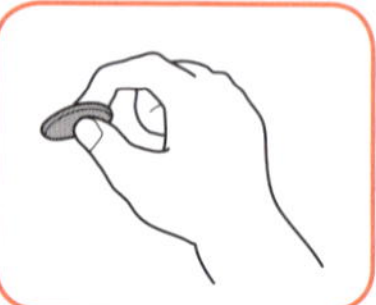

□1 硬貨（コイン）などを指でつまめますか。

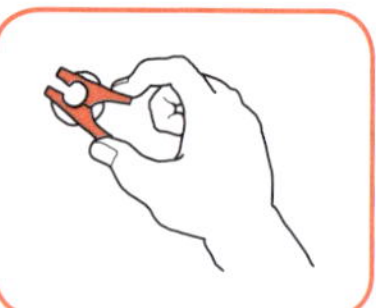

□2 親指と人差し指の腹で洗濯ばさみをつまめますか。

□3 新聞などを両手の指先で破れますか。

子どもにとって袋を開けるということは、おやつにありつけるか否かという重要な動作になります。おやつの袋などは、すぐに破れて中身がでてしまわないように丈夫につくられていますし、大きさや開け方なども、様々な種類があります。例えば、上部を前後からつまみ、左右に引っ張るような力がいるものや、切り込み近くをつまんで破っていくものなど、大人でも開け方に苦労することのある活動なので、これらに子ども自身が気づいて対応していくのは大変なことです。

しかし子どもたちは食べたい一心で、歯で噛みちぎったりするなど懸命に開けようとします。その方法も悪くはありませんが、もう少しスマートに子どもたちにおいしいおやつを食べてもらえる方法を考えていきましょう。

袋を開ける際には両手でつまみますが、強い力を出せるつまみ方は「側方つまみ」といって、親指の腹と人差し指の親指側の側面を用いたつまみ方です。

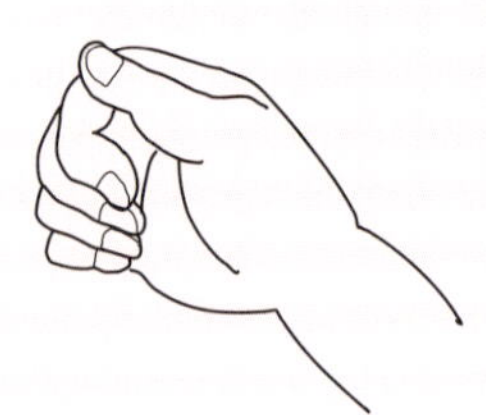

日常でできる原因別サポート法

❶両手がうまく使えない

一枚の新聞から練習

袋を開けるときに、上端に切れ目がないときは両手を左右に広げる動きが必要になり、切れ目がある場合は前後に両手でつまんだまま動かす必要があります。

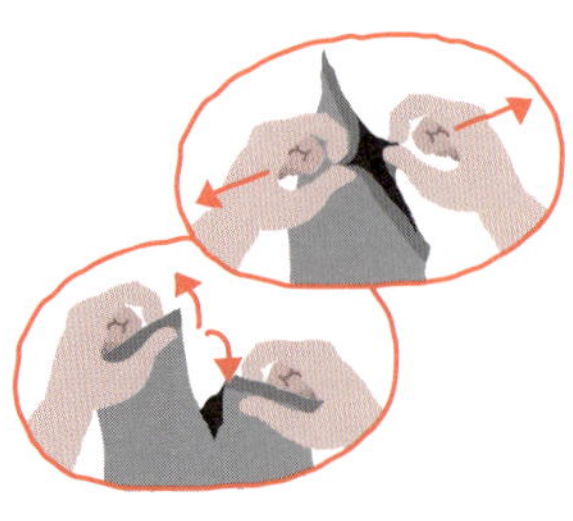

はじめは一枚の新聞を左右や前後に破いてみます。できるようなら枚数を増やして、より強い力でつまんで破る練習をしてみましょう。

❷感覚の未発達

ビーズなどで指先の感覚を育てる

指先の感覚が鈍い場合には、細かい切れ目などの両側をうまくつまめないことがあります。小さな切れ目になればなるほどつまみにくくもなります。

つまようじくらいの太さの棒やビーズなどをつまむ練習をすることで、指先の感覚を鍛えるとよいでしょう。

④ものをみる力が弱い

どこから開けるかをわかりやすく

どこから開けたらよいかわからないと、結局力任せに開けようとしてしまいます。引っ張る場所に目立つ色のマジックなどで印をつけてあげるとよいでしょう。

③力のコントロールが苦手

大人が手伝いながら適切な力の調節を

力が強過ぎれば、袋を開けたときに中身が飛び散ってしまい、弱過ぎれば開けることができません。もう少しで袋が開くところまで大人が手伝っておき、そこから開けさせてみるのもよい方法です。次第に手伝う量を減らしていくことで、適切な力の調節が身についてくると思います。

力が強すぎる場合には、一気に袋を開けるのではなく、何度かにわけて開けるようにしていくことで力の調節ができるようになっていきます。袋を開けることが目的なので、どうしても難しい場合ははさみを利用するのも一つの方法です。

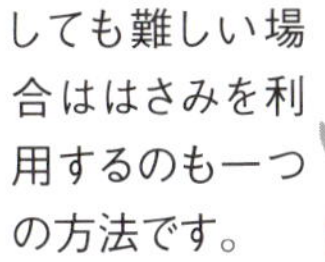

⑤身体イメージがとらえにくい

ものの位置をわかりやすく示す

身体イメージが育っていないと、袋を開ける際に、どの方向に引っ張ったらよいかがわかりづらい状況にある場合が考えられます。一緒に手を取り、引っ張る方向の動きを誘導してあげるとよいでしょう。一度開けた袋を用いて、その動きを再度繰り返してみるのも一つの方法です。誘導するときは子どものうしろから、右手は右手、左手は左手で誘導したほうが動きが伝わりやすくなります。

誤解！

ただ左右に引っ張るだけではない

左右に引っ張って開けるときは、ただ左右に引っ張るだけではなく、つまんで握った両指の第一から第二関節をあわせて、人差し指側から開いていきます。これは、てこの原理を使っています。

ワンポイントアドバイス

大好きなもので練習しよう

大好きなものが入っている袋で開ける練習をしてみましょう。がんばって開けたらごほうびが待っているほうが、積極的に開けようという気持ちになるでしょう。また、大袋のものは強い力が必要なので、子ども用の小袋のものから練習するのがよいでしょう。

1 基本動作 9

歯みがき

確認しておきたい動作

□1 鉛筆を三本の指で持てますか。

□2 口のなかや周囲を触られるのは平気ですか。

大人が仕上げみがきをせずに、子どもが一人で歯みがきができるようになるのは小学校低学年です。発達段階でみると、乳歯が生えはじめたらやわらかめの歯ブラシを使い、歯みがきを開始します。2歳前後には毎食後の歯みがきを習慣にしていき、徐々に自分でみがくことを身につけていきます。5～6歳に生えはじめる永久歯は、上下の奥歯が噛みあうまでに一～二年はかかり、溝が深く複雑で、かすが残りやすいので、これまで以上に仕上げみがきが重要となります。このように歯みがきは長い年月をかけて習得していく活動で、自分ではみえない口のなかで、道具を用いて細かな操作をおこなう、とても複雑な活動です。

みがき方の基本は、一本ずつ歯ブラシを細かく左右に動かすことです。大きく動かしていてもうまくみがくことはできません。

また口のなかは、食べ物以外のものが入ると異物感をもち、特に前歯の周囲は刺激を感じやすくなっています。歯みがきをおこなうときには、奥歯から順番におこない、前歯を最後にするとよいでしょう。また頬や口周辺のマッサージ、口を使った遊びなどをとおして、口に対する意識を増やしていくことも大切です。

日常でできる原因別サポート法

❶両手がうまく使えない

手がブラブラしないよう安定させる

歯ブラシは、鉛筆のように三本の指で持つことで、細かな動きや歯茎を傷つけない力加減を保つことができます。このとき、一方の手がブラブラしていたり、頭や体がゆらゆら動いていては、歯ブラシを上手に操作できません。歯をみがくという細かな操作をするときには、安定した姿勢を保つことが大切になってきます。歯ブラシを持たない手は、ブラブラしないように洗面台のふちにおく、もしくは腰に手をあてて体が安定するようにしましょう。

④ものをみる力が弱い

写真や模型を使って口のなかをイメージしやすく

口のなかをイメージするときには、口のなかの写真やイラストをみたり、模型を触りながら確認するとよいでしょう。

⑤身体イメージがとらえにくい

口をしっかり動かす経験を

ラッパや吹き矢などの口を使う遊びをおこない、口にくわえる・膨らます・力を入れるなど、口をしっかり動かしてみましょう。

また食べ物を丸のみせずによく噛んで食べるようにすると、食べ物が口のなかでどのように移動しているかがわかるようになり、口のなかのイメージも高まります。

②感覚の未発達

継続してみがくことで過敏を克服

口のなかや周囲に過敏さがある場合には、歯みがき以外の時間に、大人の両手で子どもの両頬や唇のまわりを少し圧迫しながら押さえてみましょう。また指を歯ブラシに見立てて、口のなかでみがくまねをしてみるのもよいでしょう。どんなに子どもが歯みがきを嫌がる場合でも、みがく回数や1曲歌う間といった時間を決めるなどして、毎食後しっかりおこないます。過敏は継続してみがいていくことで、必ずなくなります。

③力のコントロールが苦手

歯ブラシの持ち方を見直す

歯ブラシを五本の指で握りしめていると、力が入りすぎて上手にみがけないだけでなく、歯茎も傷つけてしまいます。鉛筆と同じように親指・人差し指・中指の三本で持ち、一本一本みがきましょう。また市販の歯ブラシには、やわらかく細い毛先のものもありますので、必要に応じて選択してください。

誤解!

ガーゼでみがけばOK?

ガーゼみがきやゴム製歯ブラシでの歯みがきは、歯の間をみがくことができず、歯の汚れを広げるだけです。虫歯予防にはなりません。

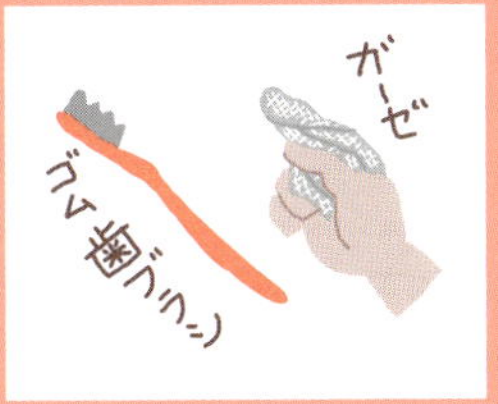

ワンポイントアドバイス

歯みがきは大切

歯みがきは歯の衛生を保つだけでなく、健康状態や口臭などのエチケットにも影響します。暴れられるとつい短時間になりがちですが、もう一人大人がいる場合には、しっかりと抱いてもらいます。一人の場合は、子どもを仰向けにして腕を開いた状態で寝かせ、腕と頭を大人の太ももで固定します。しっかり固定されたほうが、嫌がることも減り、短時間に的確にみがくことができます。

❶両手がうまく使えない

手の重ね方を教える

両手で上手に水をすくえないときには、手の重なる部分を多くするとよいでしょう。すくう動作が困難な場合は、うがい用のコップを準備しましょう。

❷感覚の未発達

口を使った遊びで感覚を養う

うがいは、呼吸と口の動きを複雑に使う活動です。口のなかの感覚をしっかりと養うことで、動きをイメージしたり、コントロールすることが上手になります。

ラッパや笛、風船、吹き矢などの口を使った遊びをおこない、口のなかの感覚を養う機会を増やしましょう。

うがい

確認しておきたい動作

□ 1 口を閉じて鼻だけで呼吸ができますか（鼻呼吸）。

□ 2 鼻をつまんで口だけで呼吸ができますか（口呼吸）。

□ 3 水を口に含み、飲み込まずにためられますか。

うがいは、頬や唇、舌を使うとても細かな活動です。さらに、口のなかの動きであるため、大人の介助で教えることが難しく、子どもにとっても感覚がつかみにくい活動といえます。また口を閉じた状態で、鼻だけで息をすること（鼻呼吸）ができない子どもにとっては、口に水を含んだ状態では息ができず、命にかかわる内容なので、拒否的に反応することもあります。このようにうがいは難しい活動ですが、歯みがき後のすすぎや風邪予防として大切です。子どもの頬や唇の使い方、呼吸の様子をみながら少しずつすすめていきましょう。

3～3歳半頃には歯みがき後にブクブクうがいで口をすすげるようになります。まずは、水を少しずつ口に入れて、口のなかにためておく練習をしましょう。ためることができるようになったら、水を含んだ状態で、正面を向いて頬や舌を動かしていきます。

ガラガラうがいは、4歳頃にはできるようになります。はじめは、水がない状態で上を向いて口を開け、カッカというように喉を鳴らす練習をします。その後、少しずつ水を入れていきますが、上を向き過ぎるとむせてしまうので注意しましょう。

❹ものをみる力が弱い

まず大人がやってみせる

うがいは口のなかでおこなう活動であるため、食事や着替えと違ってみながらおこなうことが難しく、動きも確認しにくいものです。うがいの練習をはじめた頃は鏡の前でおこない、自分の口の動きや、口のなかにたまった水を確認するとよいでしょう。

またガラガラうがいは上を向いておこなうため、まずは大人が口のなかに水をためて、それを子どもにみせることで、口のなかに水をためることを確認させます。

❺身体イメージがとらえにくい

少量の水を口のなかに入れておくことから

うがいをおこなうときは水を飲み込まず、口のなかに水をためておくことが必要です。まずは、水を少量口に含み、飲み込まずに口のなかにためる練習をしましょう。慣れてきたら、水の量を増やしていくとよいでしょう。

❸力のコントロールが苦手

口の動きを変化させる

口を使った遊びに加えて、いろいろな口の動きを練習してみましょう。例えば、唇を閉じたまま頬を膨らませる、左右交互に頬を膨らませる、唇をタコのようにとがらせるなど、唇や頬に力を入れたり、力を入れたまま保持したり、動きを変化させることで口の動きが上手になります。

歯みがき後のうがいはできなくても大丈夫?

うまくうがいができない時期は、歯みがき粉をつけずに水だけでみがきます。水を飲み込んでしまっても大丈夫です。

口をしっかり閉じられる?

ワンポイントアドバイス

普段からポカンと口が開いていると、口のなかに水をためることができません。まずはラッパやシャボン玉、吹き戻しなどの遊びで口周囲の筋肉を鍛えましょう。

基本動作 11

手を洗う

確認しておきたい動作

□ 1 指と指を交互に組み合わせられますか。

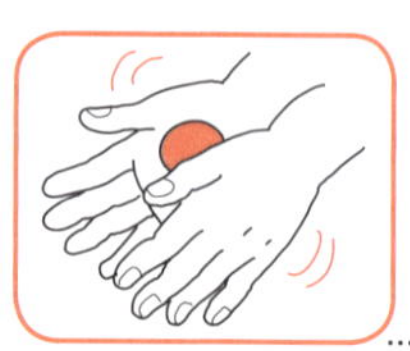

□ 2 両手でボール(ピンポン玉程度)をもって転がせますか。

手洗いは、食事前やトイレ後など一日に何回もおこなう一番身近な衛生活動です。一方で、きれいに洗えているかを見分けることが難しく、子どもにとって成功がみえにくい活動でもあります。

手洗いを練習するときには、「手をきれいに洗う手順」を教えていくとよいでしょう。しっかりと指を広げ、手の平や甲、指の間など、左右の手を入れ替えながら最低15秒以上洗うように教えます。洗う手順が習慣化されないうちは「まずは手の平、次は……」と洗う場所を伝えたり、回数を数えます。特に洗い残しの多い親指の背面や爪、指の隙間は注意して洗うように教えてあげてください。石鹸やハンドソープを使うことがありますが、石鹸を手の平で転がすことや、ポンプを押しながらもう一方の手で洗剤をとることが難しい場合があります。

そのときは、大人が子どもの手を持ち動きを教えたり、石鹸をネットに入れるなどの工夫で扱いやすくしてあげましょう。

手の甲　手の平

■非常に洗い残しやすい部分
■比較的洗い残しやすい部分

洗い残しの多い部分

日常でできる原因別サポート法

❶両手がうまく使えない

石鹸はつけず左右の手の動きを確認

左右の手が違う動きをするため、どのように動かしてよいかわからない場合があります。石鹸をつけた状態では手がすべりやすく、さらに動きがわかりにくくなるため、まずは石鹸をつけていない状態で動きを確認してみましょう。

❷感覚の未発達

水の温度に配慮する

水が冷たいために手洗い自体を嫌がることもあります。そのような場合には、ぬるま湯で洗わせてあげましょう。

❸力のコントロールが苦手

ただあわせているだけにならないように

手を洗うときには、左右それぞれの手に適度な力を入れた状態で、こすりあわせて洗うことが大切です。力が入り過ぎる場合には、指と指をしっかり開いて洗うように教えます。

❹ものをみる力が弱い

手の形をしっかり認識

手は立体的であり、小指側など普段の生活ではみえにくい部分もあります。自分の手をしっかり認識できていないと、上手に洗えなかったり、洗い残しがみられます。

一方の手で反対の指をなぞり、指の隙間に触って自分の手を確かめてみましょう。また同じように大人の手を触って確認したり、みえにくい場所にシールを貼って剥がすことで意識することも有効です。絵の具などで遊んだあとには、手についた絵の具がきれいに落ちるように洗わせましょう。

❺身体イメージがとらえにくい

大人が手をとって動きを教える

洗う動作がわかりにくい場合には、大人が子どもの手を持ち、洗う動きの方向を一緒に動かして教えるとよいでしょう。また大人の手を洗わせることで、自分の動きを確認することができます。

誤解！

手洗い用のブラシは使わない

手洗い用のブラシを使うと、皮膚の表面に細かな傷ができてしまうのでやめましょう。

ワンポイントアドバイス

すぐに手を洗いたがるときは

手をきれいに保つことは大切ですが、集団場面ではいつでもすぐに洗える環境にあるとは限りません。また糊や絵の具が手についた感覚も大切な経験です。少し汚れただけですぐに洗いたがる場合には、「これが終わったら洗おうね」と洗う約束をして、活動を継続することも大切です。

顔を洗う

確認しておきたい動作

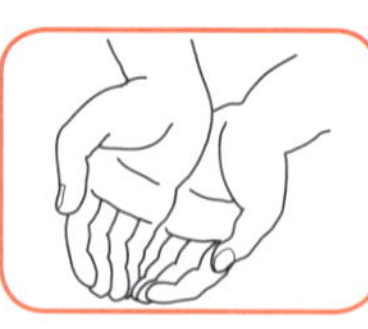

□1 両手で器の形がつくれますか。

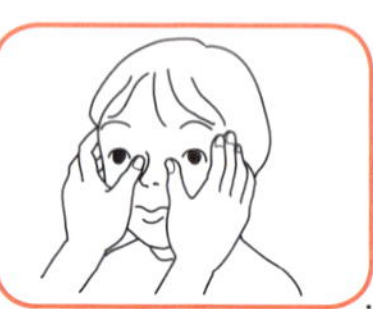

□2 顔全体を触られても平気ですか。

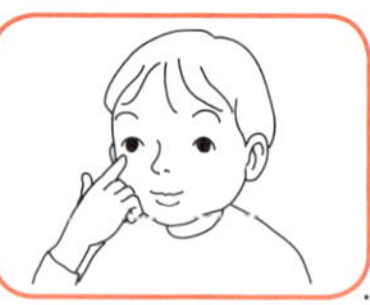

□3 顔のパーツ(目・鼻・口など)をいわれて指をさせますか。

□4 3秒程度、呼吸を止められますか。

子どもは、1歳半頃には食事で汚れた口元を拭くようになり、その後、タオルでの顔拭きに発展し、3歳半～4歳頃には不完全ながらも水で顔を洗うようになります。

顔に水がかかるのが嫌な場合は、濡らしたタオルでの顔拭きを教えていき、徐々にタオルに含ませる水分を増やしていきましょう。また水で顔を洗う練習では、はじめから水道に手をかざして水をすくうことは困難なので、洗面器に水をため、その水をすくい上げるようにしましょう。また大人のように顔と手を同時に近づけることも最初は難しいため、まずは顔を近づけることから練習をします。上手になってきたら顔と手を同時に近づけ、指を動かして目元や口元の汚れに注意しながら洗うように教えましょう。洗う動作に併せて、清潔なタオルでしっかりときれいに拭くことも教えていきます。

日常でできる原因別サポート法

❶両手がうまく使えない

お風呂で水をすくう練習を

両手で水をすくう練習をするときには、はじめは大人が子どもの手を支え、手の重なる部分が多い状態からおこないましょう。お風呂の浴槽で練習すればこぼれてもわかりにくいため、失敗を感じることも少なくてすみます。

また遊びのなかでは、豆や砂を両手ですくう機会を設けるとよいでしょう。

❷感覚の未発達

タオルでの顔拭きから

顔に水がかかる感覚を苦手とする子どももいます。まずはタオルでの顔拭きからはじめましょう。目元や口元などの汚れに注意しながら、自分で上手に拭けるように練習します。

❸力のコントロールが苦手

手の移動距離を短くする工夫を

手で水をすくったあと、顔に持っていく間に水がこぼれてしまう場合には、手の移動距離が短くなるように工夫をしましょう。足台を置いて洗面台に顔を近づける、もしくは水を入れた洗面器のおく位置に配慮して、体をしっかり前に倒すことで対応していきます。

❹ものをみる力が弱い

顔のつくりやパーツを知る

顔を上手に洗うためには、自分の顔がどのようになっているかを知っている必要があります。鏡をみることや、福笑いなどの遊びをとおして、顔のつくりや目・鼻・口などのパーツの位置関係を確認しましょう。

❺身体イメージがとらえにくい

指一本ずつで顔の凹凸を感じる

私たちの顔は立体的で、凹凸があります。いつもみる鏡に映った姿からは、その凹凸はわかりません。自分の顔をもっと知るために、自分の手でしっかり触ってみましょう。五本の指で同時に顔を覆うように触るよりも、指一本一本で、上から下、左から右とゆっくり動かして顔の凹凸を感じましょう。特に目頭や小鼻周辺などくぼんでいる部分は目にみえないほこりや汚れがたまりやすい場所です。しっかり意識することで、洗い残しが減るでしょう。

また、日常生活での顔のマッサージや顔を使った手遊び歌、顔に貼られたシールを剥がす遊びも有効です。

水への恐怖心を植えつけない

顔に水がかかるのを嫌がるとき、無理やり顔に水をかけたり、浴槽のお湯に顔をつけさせるようなことはやめましょう。水への恐怖心から、自立がさらに遅れます。

息を止める練習も大切

ワンポイントアドバイス

顔を洗う際には、短時間ですが、息を止めておく必要があります。タイミングがあわないと、鼻から水が入って痛くなってしまいます。顔を洗うまねをしながら息を止める練習をしてみるのもよい方法です。浴槽や洗面器にお湯をはり、はじめは鼻をつまんで顔をつける練習をしてもよいでしょう。水泳にも役立つ力になります。

1 基本動作

体を洗う

1歳半～2歳頃になると、子どもはお風呂で体を洗おうとしはじめ、4歳頃には完全ではありませんが、自分で体を洗うことができるようになります。大人が洗ってあげるときには、体のみえるところから洗うことで、子どもが体を洗うという動作や体の各部分を意識しやすくします。体の部位名などの言語概念を育てていくことで、今後の生活動作も教えやすくなります。またみえない部分を洗うときには「背中を洗うよ」などと声かけをしながらおこないます。みえにくい部分は洗い残しも多くなるため、その部分を子どもが意識できるようにすることが大切です。

子どもが自分で洗うときには、手洗い同様、きれいに洗うための手順を教えていくことが重要です。手足やおなか、背中など一定の順序で、回数を決めておこなうとよいでしょう。また洗うことは石鹸や泡をつけることではないことを教え、洗う手の動きや力加減も教えましょう。「ゴシゴシ、ギュッギュッ」などの力の入れ具合を伝える声かけは子どもの注意を引き、力加減を感じとるのに有効です。浴室はすべりやすいため、立った姿勢が安定しないときには、椅子に座って洗うとよいでしょう。

確認しておきたい動作

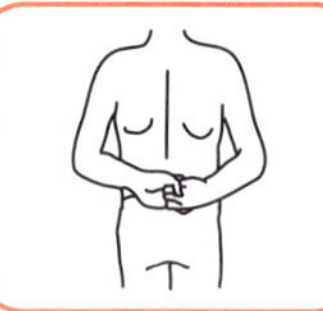

□ 1 頭・背中・お尻のうしろで手が組めますか。

□ 2 体の部位名（肩、おなかなど）をいわれて、触ることができますか。

日常でできる原因別サポート法

❶両手がうまく使えない

タオルを持つ手で反対側の手足を洗う

右手でタオルを持ち左手や左足を洗うように、洗体タオルを持つ手で反対側の手足を洗う練習をしましょう。これは、手を体の前でクロス（交差）した状態で操作をする練習になります。

また洗体タオルをしっかり持てない場合には、タオルにループをつける改良をしたり、ミトンタイプの洗体タオルを準備して、子どもが洗うことに集中できるようにしましょう。

❷感覚の未発達

触る部位と名前が一致するように

みえにくい部分を洗うときに、大人がその部位名をいってあげると、子どもは部位名と触られている部位の感覚があっていきます。人形を洗う遊びもよいでしょう。

❹ものをみる力が弱い

遊びをとおして自分の体を知る

上手に体を洗うには、自分の体がどのようになっているかを知っていることが大切です。自分の体を知るには、大きな紙に寝転び大人が輪郭をとる遊びや、体のパーツがバラバラになったパズルなどで遊んでみます。また大人とのまねっこ遊びでは、手の形やポーズをまねするほかにも簡単なダンスをしてみるとよいでしょう。

❺身体イメージがとらえにくい

大人が一緒に動かして体のイメージを意識

手や足は自分の動きをみながら洗えますが、みえない背中を洗うことは子どもにとって難しいものです。背中を洗う際には、大人が動きをみせるだけでなく、洗体タオルを持つ子どもの手を一緒に動かしながら、動かす方向や力のかけ方を教えてあげるとよいでしょう。また浴室の鏡を使い、自分の動きと背中の感覚を確かめながらおこなうことも大切です。

お風呂以外の場面では、みえにくい場所にシールを貼り、意識させて剥がさせるような遊びをすると、体のイメージがしやすくなります。

❸力のコントロールが苦手

「そっと」「強く」の練習を

洗う力の「そっと」と「強く」のコントロールを練習しましょう。大人が子どもを洗う際に、力加減を段階づけて示し、子どもに体験してもらいましょう。力の段階づけがわかるようになると、手足はゴシゴシしっかり洗う、顔はやさしく洗うなど、各部分に応じた洗い方が身につきます。

誤解！ たくさん洗ったほうがよい?

たくさん洗うことは一見よいように思いますが、強くこすり過ぎると皮膚が傷つきます。また、石鹸で洗い過ぎると油分が必要以上にとれてしまい、乾燥により皮膚が傷つくこともあります。

陰部やお尻を意識しよう

ワンポイントアドバイス

お風呂で体を洗うときに、陰部やお尻を触り、位置を確認しながら洗いましょう。みえない位置にあるこれらの部分を意識することは、排泄の自立にも役立ちます。

1 基本動作 14

髪を洗う

確認しておきたい動作

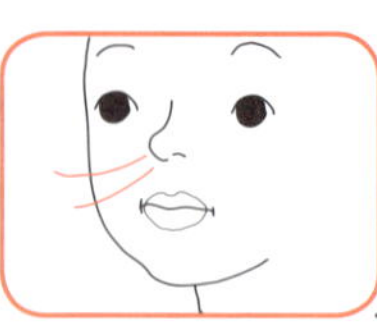

□1 口を閉じて鼻だけで呼吸ができますか。

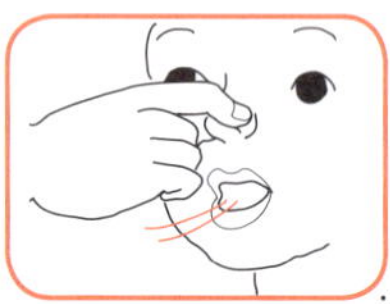

□2 鼻をつまんで口だけで呼吸ができますか。

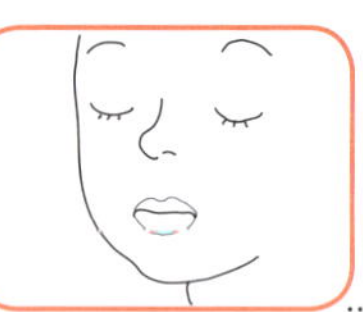

□3 目を10秒程度つぶっていられますか。

□4 右手で左の頭をかけますか。その逆は。

顔を洗うときと同じように、お湯やシャンプーの泡が顔にかかることが苦手な場合があります。洗髪の際には、目をつぶり続けたり、呼吸をタイミングよく止めたり、口だけで呼吸する必要があります。うまく目をつぶれないと目にしみて、鼻で呼吸をしてしまうと痛くなってしまいます。年齢が低い子どもにとっては、大人では自然にできるこれらの行動が非常に困難な場合があります。

子どもが小さなうちは、顔にお湯がかからないように仰向けで抱いて洗います。3〜4歳になると、目をつぶったり呼吸を止めることがうまくなってくるので、下を向いた姿勢で洗えるようになってきます。5歳以上になって目を10秒以上しっかりつぶることができるようになったら、弱めのシャワーなどを利用して、少しずつお湯をかけていきます。またお風呂以外のときにも目を意識的につぶったり、呼吸を止めたり、鼻だけ・口だけの呼吸の練習をするとよいでしょう。このように段階を踏んでいくと、5歳半頃には自分で髪を洗えるようになります。

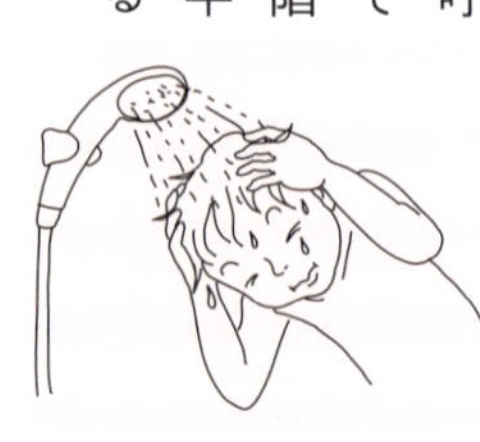

日常でできる原因別サポート法

❶両手がうまく使えない

片手ずつ順番に動かす

頭の真ん中部分の洗い残しをなくすために、まずは右手で頭の右半分、左手で左半分を順番に洗い、次に利き手で頭の中心部分を意識させて洗わせます。両手を同時に動かすときには、交互よりも前後左右に動かしたほうが楽にできます。

❷感覚の未発達

シャンプーハットを利用して

お湯やシャンプーの泡がかかることを嫌う場合には、しっかりと目をつぶる練習をしたり、市販のシャンプーハットを利用するとよいでしょう。また乾いたタオルを用意しておき、顔にかかったら拭いてあげましょう。

④ものをみる力が弱い

みえない部位を日頃から意識する工夫を

頭は球状であり、鏡に映してもみえない部分があります。頭には前後左右、てっぺん(頭頂部)があることを知っておくことが大切です。生活のなかで、「頭のてっぺんどこだ?」などのクイズをだし、その部分を子どもに触らせることで、子どもに部位や位置関係を認識させましょう。さらに丁寧に洗うためには、うなじや額、耳の近くなど髪の生え際も教えていくとよいでしょう。

⑤身体イメージがとらえにくい

鏡をみながら動きを確認

大人が一緒に手を動かすことで、動かす方向や範囲などを確認していきます。そのあとに鏡をみながら、自分で動きを確認するとよいでしょう。お風呂以外では、ブラシで自分の髪をとかしたり、他人や人形の髪を洗うことで、頭のイメージを高めながら動作の練習をしていきます。

③力のコントロールが苦手

力加減を段階で意識させる

大人が子どもの髪を洗うときには、体を洗うときと同様に「そっと」から「強く」までの洗う力加減を段階的におこなってみます。力加減は、はじめのうちは強弱の2段階、慣れてくれば段階を増やして、例えば5段階(1 ～ 5)など、数字に置き換えると説明もしやすく、子どももわかりやすくなります。次に、子どもに大人の髪を洗わせてみます。その際に「1の力で洗ってね」という具合に子どもに力加減を意識させていきます。次第に自分の力の強さをコントロールできるようになります。

誤解!

大きくなれば自然にできる?

年齢が高くなれば配慮なしにシャワーなどで流せるというわけではありません。呼吸のコントロールや目をつぶり続けることができるかの確認が必要です。

ワンポイントアドバイス

安心感を与えながら少しずつ慣れさせる

仰向けで抱いて洗うときは、首をうしろからしっかりと支えてあげると安心できます。顔に小さめの乾いたタオルをかけてあげるとよい場合もあります。下を向いて洗うときは、シャワーで流す時間を「1・2・3・4・5」と数えてあげると、息を止めておく間がわかりやすくなります。シャワーで流す時間は少しずつ延ばしていきます。

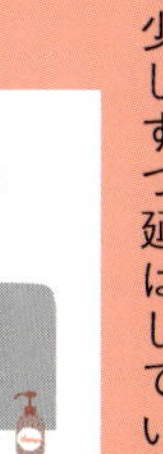

おしっこ

確認しておきたい動作

□ 1 おしっこがでたあとに不快感を示しますか。

□ 2 おまるに乗ることができますか。

おしっこの間隔が2～3時間空くようになり、子どもがトイレに興味を示すようになったらトイレットトレーニングを開始しましょう。子どもをトイレに誘うのは、おしっこのでやすい朝や昼寝のあとなど、寝起きのすぐがよいでしょう。また食後など何かのあとにトイレに行くようにすると、トイレに行く予測がつきやすくなり、習慣化しやすくなります。

トイレットトレーニングを成功させるポイントは、ほめることです。叱ったり怒ったりしても子どもはトイレ嫌いになるだけで逆効果です。叱るくらいなら、一度トレーニングを中止したほうがよいでしょう。できたときは大いにほめ、さらにごほうびシールなどを用いて、子どもと一緒に達成感を味わうとよいでしょう。

トイレが成功し、パンツで過ごす時間が多くなったら、衣服のあげさげや拭く動作など、子どもができることを増やしていきましょう。まずは「おしっこをしたあとにズボンをあげるだけ」、「次はパンツとズボンをあげる」と子どもができることを少しずつ増やしていきます。また大人と一緒にトイレに行き、どのようにするかをみせることで、子どもはトイレ動作のすべての流

日常でできる原因別サポート法

❶両手がうまく使えない

ものを使って練習しよう

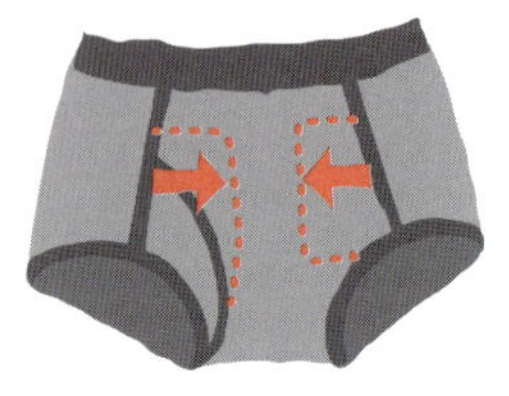

男の子は、ズボンやパンツのなかから陰部をだすことが求められます。トイレで実際におこなうほか、ポケットティッシュケースのなかに小さなおもちゃやおはじきを入れてそれらを取り出すなど、入口の布をかきわけてものを操作する練習をしましょう。

またパンツの工夫として、前立て部分が深いものは両方を1 ～ 2cmずつ切り、重なる部分を少なくすると、操作がしやすくなるでしょう。

❷感覚の未発達

布パンツで感覚に気づく

子どもが「おしっこがたまった」という感覚をつかむためには、トイレに連れて行く回数や頻度も重要です。頻回ではなく、間隔を空けて連れて行きましょう。またパンツが濡れたという感覚に子どもが気づくためには、寒くない季節から、布パンツをはかせましょう。濡れたことに気づくと同時に、乾いているときの気持ちよさも体験できます。

❸力のコントロールが苦手

下腹部を軽く押さえ力の入れ方を教える

おしっこをだすためには、おなかに力を入れ（腹圧をかける）なければなりません。どこに力を入れてよいかわからない場合には、子どもの下腹部を軽く押さえ、力を入れる場所と力の入れ方を教えてあげましょう。また、男の子も座っておしっこをしたほうが、おなかに力を入れやすいことがあります。

❹ものをみる力が弱い

足型マークでわかりやすく

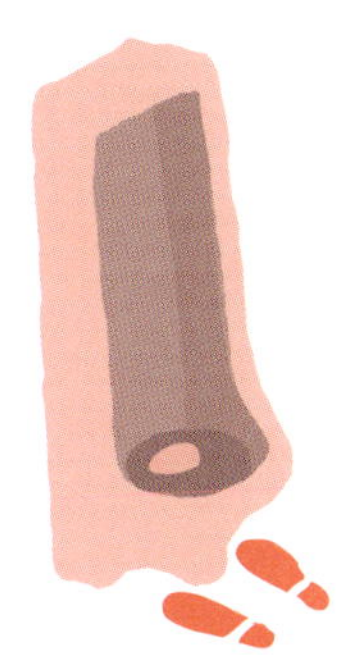

おしっこは勢いよく前方にでるため、便器にあたる位置にあわせて、自分の立つ（しゃがむ）位置を調整することが求められます。その調整がうまくできないと衣服や便器を汚してしまいます。便器の前に足型マークなどを貼り、子どもが立つ位置をわかりやすく示してあげるとよいでしょう。

❺身体イメージがとらえにくい

おしっこの終わりかけの落ちる位置を予測して

男の子の場合、でているおしっこの先端（便器にあたる位置）にあわせて、立つ位置や体の反り方を調節しています。いわば、おしっこの先端も体の一部のようにとらえているわけです。とくに勢いの弱くなった終わりかけのおしっこで衣服や便器を汚す場合が多いので、そのおしっこが落ちる位置を見越して、立ち位置を教えてあげるとよいでしょう。

誤解！

トイレに頻繁に連れて行き過ぎないように

おしっこをある程度ためることで、膀胱が大きくなり、ためる力が育ちます。

また夜間に起こしてトイレに連れて行くのはやめましょう。しっかりと深い睡眠をとることは、子どもの成長に不可欠です。

ワンポイントアドバイス

おまるやトイレで遊ぶのはやめよう

おまるやトイレは、おしっこやうんちをする場所と理解させるために遊ばせないようにしましょう。おまるを使用しないときには、手の届かないところに片づけましょう。

れを知ることができるでしょう。

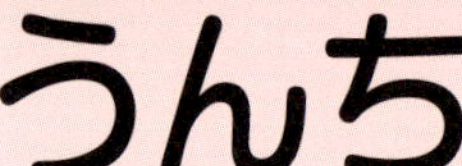

うんち

確認しておきたい動作

□1 うんちを知らせるのはでたあと？でる前？

□2 うんちは毎日でていますか。

□3 口を閉じて呼吸を止められますか。

子どもは2歳頃になるとうんちがでたあとに知らせるようになり、2歳半～3歳頃にはでる前に大人に教えるようになります。しかし実際には、おしっこよりもでる回数が少なく、おしっこと同時にでてしまう場合もあるため、個人差はあるようです。

毎日の排便は、生活リズムを整えるためにも重要な習慣です。便秘がちな子どもでも、朝食後や入浴前などに毎日、便器に座る習慣をつけましょう。

年齢が低い子どもは隠れてうんちをしたり、おむつのなかでしかしたがらないことがあります。おしっこ同様に焦らずに、絶対に叱らないことがポイントです。子どもは叱られると、排泄行為自体がいけないことと認識してしまい、よけいに自立が遅れてしまいます。また自立の時期の目標を立てると、親にも子どもにもプレッシャーになってしまいますので、時期を決めずに子どものペースにあわせてすすめていきましょう。

うんちはみえないお尻の穴からでるため、子どもにとっては意識しにくいものです。うんちがでたあとには、その日のうんちの大きさや色などをみたり、流したあとの便器を確認することを習慣づけるとよいでしょう。これらは、今後の健康状態の管

日常でできる原因別サポート法

❶両手がうまく使えない

しっかりつかまって体を安定させる

おなかに力を入れてうんちをだすときには、手がブラブラしている状態でなく、体が安定していることが大切です。和式トイレであれば、前方に両手で握れる手すりがあるとよいでしょう。また洋式トイレでも、手すりや便座のふちなどに手をついておくように教えましょう。

❷感覚の未発達

「の」の字を書くようにマッサージ

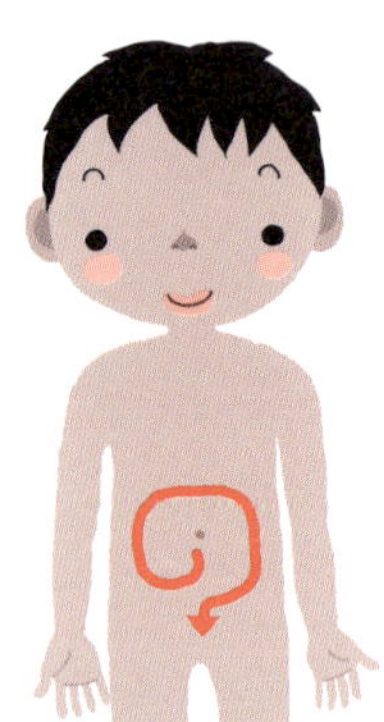

「うんちをだしたい」という感覚は、脳からの命令により起こるものですが、その感覚が鈍くなっている場合もあります。その場合には、右下腹から平仮名の「の」を書くようにマッサージをしてみましょう。時計回りの理由は、うんちが肛門へ移動する方向と同じだからです。脳から「うんちをだす」という命令がでやすくなります。

❸力のコントロールが苦手

足台をおいてしっかり踏ん張る

うんちをだすときは、おなかにしっかり力を入れる必要があります。通常の洋式便器では、子どもの足は地面につかず、ブラブラした状態になります。これでは、体にギュッと力を入れることはできません。足台をおいて、しっかり踏ん張れるようにしましょう。うまくおなかに力を入れられないときには、体を前かがみにするとよいでしょう。またおなかに力を入れるときには、口を閉じておくことも大切です。

遊びでは二人組で向かいあっておこなう手押し相撲などのおなかや体にギュッと力を入れる活動や、にらめっこ遊びなどの息を止める活動も取り入れてみましょう。

❹ものをみる力が弱い

しゃがむ位置に目印をつける

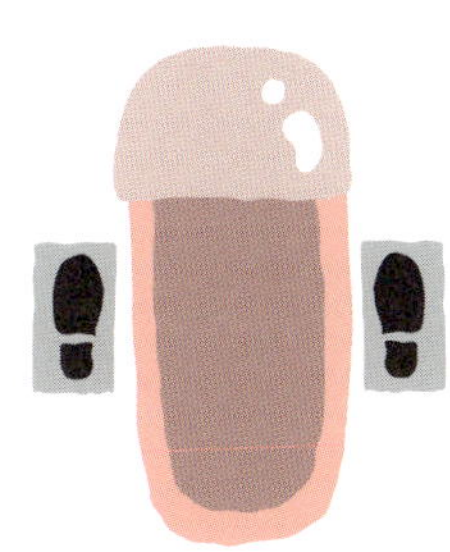

和式トイレでうんちをする際には、うんちがでる位置と自分がしゃがむ位置を考えなければなりません。うしろからでるうんちは、子どもにとってもみにくく、わかりにくいものです。しゃがむ位置に予め目印をつけてあげるとよいでしょう。

❺身体イメージがとらえにくい

しゃがむ姿勢をとる練習を

家庭用トイレには少なくなった和式トイレも、学校や公衆トイレではまだまだ多く、しゃがんでおしっこをする練習も必要となります。トイレ以外の時間に、はじめは大人と手をつないでしゃがむ姿勢をとる練習をし、上手になればしゃがむ姿勢での手押し相撲などで遊んでみましょう。

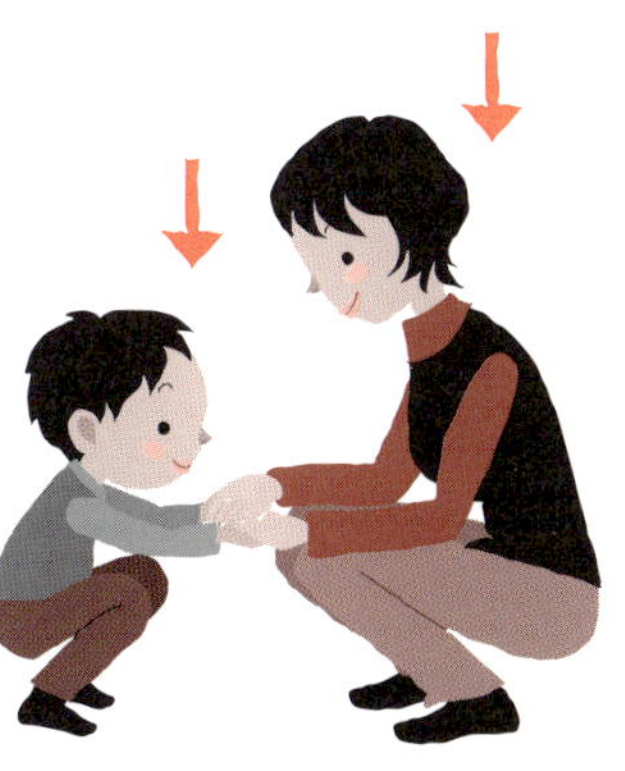

理や、エチケット面でも有効です。

誤解!

ヨーグルトだけで大丈夫?

水分、食物繊維、運動（特に腹筋を使う運動）が重要です。

ワンポイントアドバイス

毎日、うんちでている?

腸の動きが悪い場合や、水分・食物繊維の摂取不足などは便秘の原因になります。便秘がひどくて痛い思いをしている場合には、うんちをすること自体が嫌になり、よけいに便秘になってしまいます。小児科に受診して薬をだしてもらい、毎日うんちをだす習慣づくりからはじめてみるのがよいでしょう。

基本動作 17

お尻を拭く

おしっこやうんちがトイレでできるようになったら、自分で拭くことも練習しましょう。まずはトイレットペーパーを陰部やお尻にあてることからはじめ、徐々にきれいにすることを意識していきますが、確実に拭けるようになるまでには時間を要します。

トイレットペーパーの準備は、①必要な分のトイレットペーパーを引っ張る、②トイレットペーパーを持たないほうの手でホルダーの蓋を押さえる、③トイレットペーパーを切り取る、④トイレットペーパーをたたむ、という流れでおこないます。

拭く際の手の入れ方は、子どもの手の使い方や体型からやりやすい方法をとります。例えば、体をうまくねじれない子どもはうんちを前から拭き、ぽっちゃり体型で足が開きにくい子どもはうしろから拭くとよいでしょう。

女の子のおしっこの拭き方は、陰部にトイレットペーパーをあてるくらいでも十分です。女の子のうんちの場合は、膣への感染を防ぐためにも必ずうしろから手を回し、前からうしろに向けて拭くように教えます。

確認しておきたい動作

□ 1 トイレットペーパーをホルダーから切り取れますか。

□ 2 トイレットペーパーやタオルをたためますか。

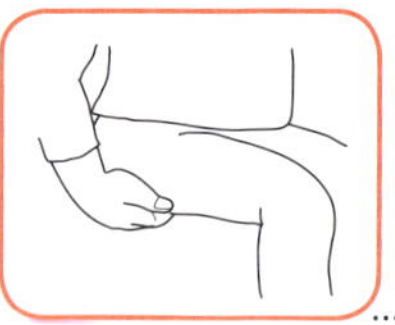

□ 3 お尻の穴の位置がわかりますか。

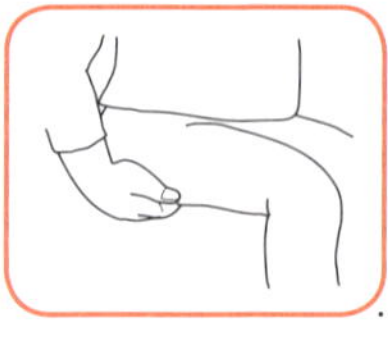

□ 4 お尻の穴に手が届きますか。

日常でできる原因別サポート法

❶両手がうまく使えない

タオルを使ってたたむ練習を

上手にお尻を拭くポイントは、きれいにたたまれたトイレットペーパーで拭くことです。タオルやハンカチなどでたたむ練習をおこなうとよいでしょう。

また切り取る練習としては、机上で紙を片手で押さえてもう一方の手で破ったり、日めくりカレンダーを破るなどがよいでしょう。難しい場合には、ロール式でなく予め切れているトイレットペーパーで代用しましょう。

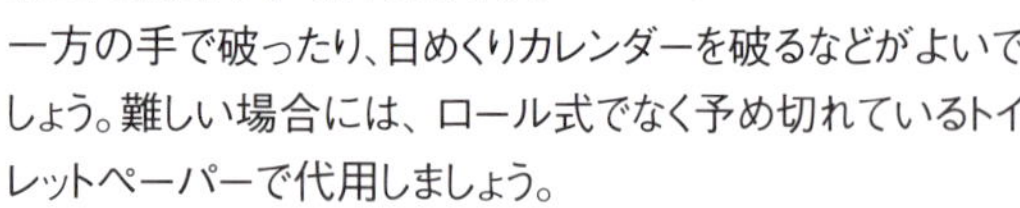

❷感覚の未発達

お尻の穴の位置を覚える

みえない位置にあるお尻の穴にさっと手を持っていけるように練習しましょう。お風呂のときにタオルで触ってお尻の穴の位置を確認したり、気づきやすいように水で濡らしたタオルで拭かせる方法もよいでしょう。

またお風呂以外でも、ウエットティッシュで拭き、子どもがお尻の穴がどこにあるか確認できるように教えていきます。

❹ものをみる力が弱い

イラストや人形を使って確認

子どもにとって普段みることのできないお尻の穴は、どこにあるかわかりにくいものです。人の体のイラストや人形をみて、うんちはどこからでてくるのか確かめてみましょう。

また自分のお尻の位置がわかるようになったら、大人のお尻の穴の位置にシールを貼り、人のお尻の位置も確認しましょう。

❸力のコントロールが苦手

テーブル拭きや窓拭きで練習

たたんだトイレットペーパーを手にのせたままお尻まで運び、さらにペーパーを落とさずにお尻の穴を拭くのは難しい動作です。手の平に常に適度な力を入れてペーパーを支えながら、手を動かす必要があるからです。これに似た活動として台拭きや、タオルを広げた状態に保ちながら手を動かして拭いていくテーブル拭きや窓拭きがあります。お手伝いをしながら練習をしましょう。

❺身体イメージがとらえにくい

一緒に拭いて動作を教える

お尻を拭く動作は、お風呂で洗う際に動作を確認したり、実際に排泄後に一緒に拭いて練習をしましょう。拭く方向がわかりにくい場合には、子どもの手を動かしてあげましょう。

誤解！

温水洗浄便座は自分で拭けるようになってから

はじめから温水洗浄便座を使うときれいでよさそうな感じがしますが、先に使ってしまうと自分で拭けなくなってしまいます。そのため、自分で拭けるようになってから使うようにしましょう。

ワンポイントアドバイス

まずは自分で拭かせてみよう

きれいに拭けないからといって、大人が手伝っているといつまでたってもできるようにはなりません。一度拭いてみたら、トイレットペーパーにうんちがついているか確認させます。そのあとに仕上げをしてあげて、「きれいに拭けてえらかったね」とほめてあげましょう。

かぶる衣服

確認しておきたい動作

□1 ニット帽をかぶれますか。

□2 衣服の前後がわかりますか。

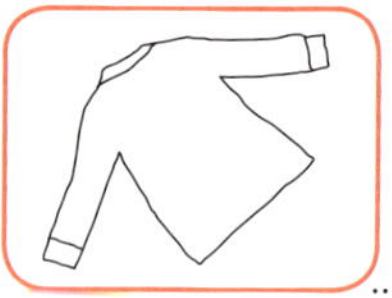

□3 衣服を広げて、おくことができますか。

□4 衣服を背中向きにして、おくことができますか。

子どもは2歳頃になると、衣服の着脱に興味を持ちはじめます。動作を教えていくときには、子どものうしろから二人羽織をするようにおこなうと大人も介助しやすく、子どもも動作の流れや体の動かし方がわかりやすくなります。難しい部分や力の要る部分をすべて大人がしてしまうのではなく、あたかも子どもがしているように子どもの手を持ち、一緒におこなうことがポイントです。

着る方法は、「頭から」と「手から」の二通りがあります。手からとおす方法は、前後の間違いは少ないのですが、袖を手繰り寄せながらとおすことが難しいようです。そこで衣服が回転しないように介助しながら、はじめは頭からとおしていく方法を教えるとよいでしょう。

また脱ぎ方にも「袖から」「頭から」「手を交差して裾から」と大きく三通りの方法があります。衣服が裏返しにならない方法がよいので、子どもの体の使い方に応じて長袖は「袖から」「頭から」、半袖は「袖から」か「頭から」脱ぐとよいでしょう。

日常でできる原因別サポート法

❶両手がうまく使えない

フラフープなどで輪をくぐる練習を

かぶる衣服の第一段階は、両手で裾を持ち、頭をとおすことです。片手では難しい動作ですので、両手でしっかり持つことが大切になります。フラフープなどの輪っかくぐりや、平ゴムでつくった輪をくぐる遊びなどで練習をしましょう。

❷感覚の未発達

素材やタグの肌触りが嫌な場合も

例えばフリース素材など、大人にとっては肌触りのよいものも、子どもにとっては不快な感じ方をする場合があります。子どもが服を着ない場合には、動作ができないのか、もしくは衣服の素材が嫌なのかなどを考える必要があります。襟のタグが気になる場合は、きれいに切ってあげましょう。

❺身体イメージがとらえにくい

手を動かす方向を確認しやすいように介助

頭をとおした状態では、袖をとおすときにその穴の位置やとおす方向を確認することができません。子どもが手を動かす方向を目で確認しやすいように、まずは大人が袖を伸ばして持ってあげましょう。介助し過ぎると、ますます子どもの練習する機会が減ってしまうので、袖を持ち、衣服が回転しないようにだけ介助します。

❸力のコントロールが苦手

腕をとおしやすい衣服を選ぶ

袖をとおす動作は、肩や肘を曲げ、袖の方向にあわせて手を伸ばすという力の要する動作です。自分の体と衣服の位置関係を理解することが難しい場合には、ますます袖をとおすことが難しくなります。まずは、きつすぎない衣服や裏地がなめらかな衣服を選択してあげるとよいでしょう。

❹ものをみる力が弱い

目印をつけて前後をわかりやすく

前後の間違いやどこから手や頭をだしたらよいかわかりにくい場合には、衣服をしっかり広げてから着るようにしましょう。また脱ぐときには、衣服がひっくり返らないようにはじめに袖を抜き、次に頭を脱ぐように教えましょう。

衣服の工夫では、アップリケやビーズなどを目印として背中側の裾につけると、前後がわかりやすくなります。

誤解！

目印がなければできなくなる？

衣服を持つ位置などの目印をつけたときに、それがないとできなくなるということはありません。まずはそれらの目印を頼りにしながら、一人でできるようになることを目標にしましょう。

ワンポイントアドバイス

子どもが楽しめる言葉かけを

「はい、頭とおして」「次は手」と子どもの動作を短く端的に伝えることは重要ですが、練習しはじめの幼い子どもにはイメージがしにくいものです。「いないいない、ばぁ」といいながら頭をだしたり、「お母さんと握手」といいながら、袖の先から親の手を入れて、子どもと握手した状態で子どもの手を誘導するのもよいでしょう。

羽織る衣服

羽織る衣服の着脱は、制服やジャンパー、学校の給食当番のエプロンなど、ボタンやファスナーの操作を含めた動作が求められます。

着る方法は、①襟のタグの部分を片手で持つ、②一方の袖に腕をとおす、③袖をとおした側の手を上げ、体を反対側に傾ける、④もう一方の腕をとおす、という手順になります。もう一方の手をとおす際には、すでに反対の袖をとおした手で前あわせの部分をつかむようにすると、手をとおしやすいでしょう。子どもは腕が短く、複雑な肩の動きには不慣れなため、大人のように襟部分をたどる方法は難しいようです。練習をはじめた子どもの場合、最初は利き手と反対側の腕をとおすようにして、毎回同じ順序でおこなうとよいでしょう。慣れてくれば、左右どちらからでも着ることができます。

確認しておきたい動作

□ 1 襟についているタグを探せますか。

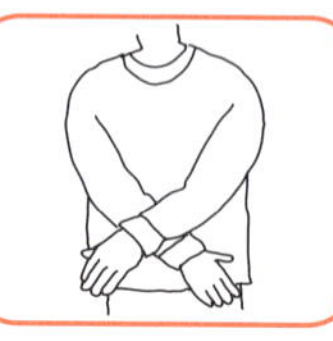

□ 2 体の前で腕を交差した姿勢をとれますか。

日常でできる原因別サポート法

❶両手がうまく使えない

まずはリュックサックで手の動かし方を練習

一方の袖をとおしたあと、もう片方の手をうまくとおせない場合には、まずはベルトを緩めたリュックサックなどを背負うことで、手の動かし方を練習しましょう。また袖をとおすときの衣服の持ち方や動かす順番を決め、順番通りにおこなうよう指導します。

❷感覚の未発達

背中の感覚を意識できるように

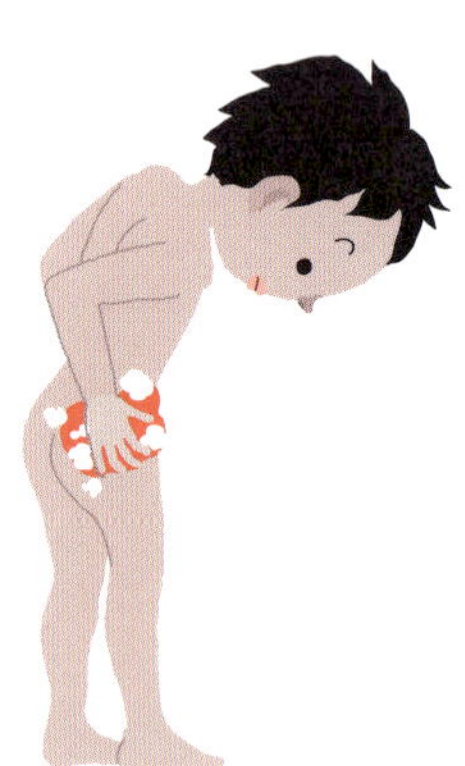

服を羽織るときには、背中側での手の動きが多くなります。背中や体のうしろ側を意識するためには、お風呂で子ども自身が自分の背中や腰の部分を洗う動作をしてみたり、大人に洗ってもらうときに「背中を洗うよ」とあわせて声かけしてもらうことで、背中の皮膚の感覚を意識しやすくなります。

❹ものをみる力が弱い

体の構造と衣服の構造を理解する

服を着るときには、自分の体と服の構造のそれぞれを理解し、あてはめながらおこなう必要があります。服をハンガーにかけたり、大人に着せてみたりすることで、服の構造を理解しましょう。脱いだ服をたたませるのも有効です。

衣服の工夫としては、表地と裏地の色が違う服を選択したり、はじめに手をとおす穴の周囲（脇の部分）に色布テープをつける方法があります。

❸力のコントロールが苦手

まずは伸縮性のある素材から

伸縮性の少ない素材の服は、羽織る動作に慣れない子どもにとって、手を動かす方向や力の加減がわかりにくいものです。まずは伸縮性のある素材の服から練習しましょう。

服に伸縮性があると、手を動かす方向がわからず強引な動作になっても着ることができ、子どもは達成感を得ることができるでしょう。

❺身体イメージがとらえにくい

大人が介助して袖をとおす方向をわかりやすく

羽織る衣服は背中側の操作になるため、慣れないうちは手をどう動かしてよいかわかりません。一方の袖をとおしたあと、その腕をあげておくことが難しい場合は、大人がその手を握手して保持してあげましょう。反対の手をうまくとおせない場合には、大人が袖口を持って袖を伸ばしてあげて、子どもが袖をとおす方向をわかりやすくしましょう。

誤解！

羽織って着ればOK？

衣服はただ着られればいいわけではありません。片手ずつでなくマントのように一気に羽織って着ていると、リュックサックやランドセルを背負うときに困ります。

ワンポイントアドバイス

襟や裾にも意識を

羽織る衣服の練習をはじめたら、袖をとおして着るばかりでなく、着終わったあとに襟や袖口にも意識を向けさせましょう。身だしなみへの意識や、着替え後・トイレ後に乱れた部分を直す前段階になります。

1 基本動作 20

ズボン

ズボンの着脱は、トイレットトレーニングと並行しておこなう頻度の高い動作です。まずは簡単な脱ぐ動作からはじめてみましょう。履く動作では、子どものみやすい前側を引きあげることから練習します。うしろ側は、手をうしろに回した動作であり、お尻の出っ張りを越えるといった難しい部分もあるため、大人と一緒におこなうとよいでしょう。足をとおす動作は、大人と一緒にズボンの履き口を持ってから、足をとおすようにします。しかしいつまでも大人がズボンを持って広げてあげている状態で足をとおしていると、子どもは自分でズボンを持つことが経験できないままになってしまうので注意します。

ズボンを履くことが上手になってきたら、一枚ごとに上着の裾をズボンのなかに入れる練習もしましょう。このとき下に押し込むのではなく、片手でズボンを広げ、もう一方の手で裾を入れていく方法を教えます。

また立ったままでの着脱動作は非常にバランスを要するので、床か低めの椅子に座った状態ではじめるとよいでしょう。

確認しておきたい動作

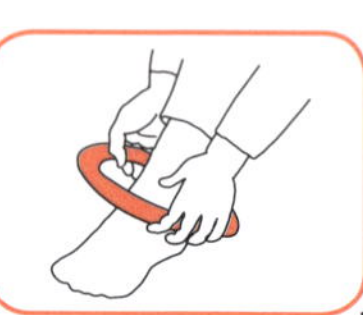

□1 輪投げの輪を片方ずつ足にとおせますか。

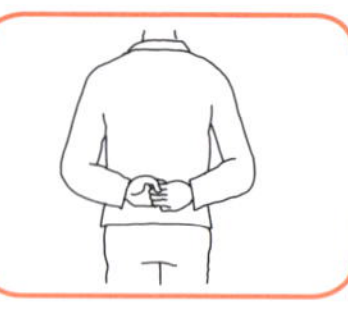

□2 腰のうしろで手が組めますか。

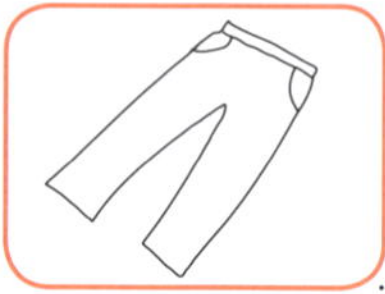

□3 ズボンの前側を上にして広げ、おくことができますか。

日常でできる原因別サポート法

❶両手がうまく使えない

ズボンを床に広げた状態から履く

ズボンを履くときに、両手で履き口を持てない場合には、床に広げておいた状態から履くようにすると、ズボンの片方に両足を入れてしまうのを防ぐことができます。

またズボンをしっかり持てていなくても、ズボンの構造がわかりやすいので、足をとおしやすくなります。練習は足がみえやすい半ズボンからはじめてみましょう。

❷感覚の未発達

日頃からお尻や腰を意識する

ズボンをあげるときに、引っかかりやすいのは体のうしろ側のお尻部分です。日頃から、しっぽ鬼など、お尻や腰を意識する遊びをおこないましょう。またお風呂のときに自分でお尻を洗ったり、大人が声かけをしながら洗ったり、腰を触ったりするのもよいでしょう。

❹ものをみる力が弱い

ズボンに目印をつけるなどの工夫を

足をとおす穴やズボンの前後を間違える場合には、ズボンを床に広げた状態から着ることを習慣にしてみましょう。

また、ズボンの前側に目印をつけたり、人形にズボンを履かせることもよいでしょう。また脱いだズボンをたたむことは、その構造を理解するのに有効です。

❺身体イメージがとらえにくい

壁に背中をつけて安定した状態で

ズボンを履く動作は、輪投げの輪などを足にとおすことでも練習できます。また立ち姿勢での着替えは、片足立ちでズボンに足をとおしたり、脱いだりすることが必要なので、バランスを取りながらの高度な動作となります。立ち姿勢での着脱の練習は、壁や部屋の角に背中をつけて姿勢を安定させた状態からおこなうようにしてみましょう。

❸力のコントロールが苦手

すべりのよい素材で練習を

ズボンを引きあげる練習には、ジャージやスウェットなど、やわらかくてすべりのよい素材や、ウエストがゴム製のズボンからおこなうとよいでしょう。

またズボンの履き口を持ったまま引きあげる練習には、ものを持ったまま動かすという点から同様の動きとなる布団敷きや荷物を運ぶなどのお手伝いも有効です。

誤解!

ずっとジャージでいい?

年齢があがってくると、前開きのズボンが多くなってきます。履きやすいものばかりでなく、少しずつ練習をしていきましょう。

ワンポイントアドバイス

立ってズボンを着脱することを視野において

練習をはじめたばかりの頃は、自分でズボンを着脱できることを第一目標とします。そのため、床に座り、ズボンがみやすい安定した状態からスタートするとよいでしょう。しかし、いつまでも床に座って履くわけにはいきません。小学生になると体操服や水着の着替えは立っておこないます。床で着脱することが上手になってきたら、次に椅子に座って、さらに立っておこなえるように練習していきましょう。

1 基本動作 21

ボタン

2～2歳半になると、子どもは自分で着替えをしたがるようになります。着替えのなかでも難しいとされるボタンのかけ外しができるようになるのは、4～5歳頃です。

ボタンをかけるには、①ボタンをつまむ、②もう一方の手で服を持つ、③ボタンをボタンホールに入れる、④持っている服から手を離しボタンを持ち替える、⑤ボタンを引っ張る、という工程を順番通りにおこなわなくてはなりません。また外すときには、かけるときとは左右の手の使い方が逆になり、工程も逆になります。

練習では普段着ることの多い服や制服を選択するとよいでしょう。また市販のパジャマには大きめのボタンがついていることが多く、子どもの手の操作や理解にあわせてボタンやボタンホールを容易に改良できます。練習はゆっくりと過ごせる時間に、かける動作からおこなうとよいでしょう。

確認しておきたい動作

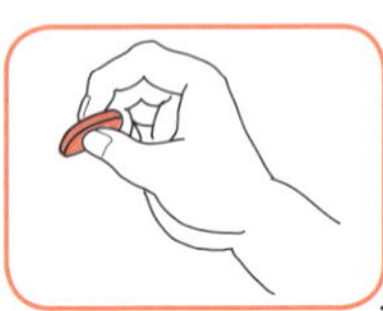

□ 1 ボタンや硬貨のような小さくて平らなものをつまめますか。

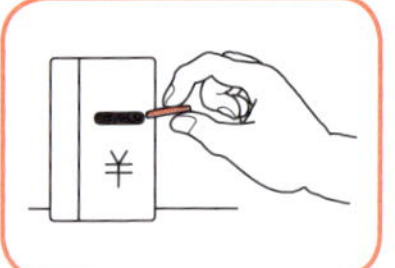

□ 2 貯金箱の穴に硬貨を入れることができますか。

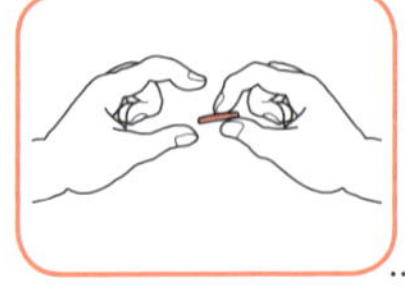

□ 3 つまんだものを左右の手で持ち替えることができますか。

日常でできる原因別サポート法

❶両手がうまく使えない

工程を短く区切って徐々にできるように

はじめからボタンのかけ外しのすべての工程を練習すると、子どもは左右の手の使い方がわからず混乱します。ボタンをかける動作であれば、介助者がボタンホールをみやすく水平になるようにしっかりと持ち、子どもはボタンホールの上からボタンを入れて押し込むことだけをおこないます。

慣れてきたらボタンが抜けないように補助して、子どもには最後のボタンを引っ張る動作のみをしてもらいます。そして最後に左右の手で持ち替える動作を加えていきます。ボタンをつまみ続けることが経験できるように、工程を短く区切って練習するとよいでしょう。

❹ものをみる力が弱い

キャラクターや色違いのボタンでみやすく

ボタンやボタンホールがどこにあるかわからないためにかけることができない場合には、色違いのボタンや好きなキャラクターのボタンにつけかえることで注目しやすくなります。またボタンホールのぬい糸の色をかえたり、裏面にフェルトなどを貼りつけて色わけをすることも有効です。

ボタンのかけ違いがある場合には「一番下からかける」とルールを決めたり、ボタンとボタンホール（裏につけるフェルト）の色をそろえるとよいでしょう。

❺身体イメージがとらえにくい

鏡で確認しながら練習を

みえる位置でのボタンかけはできても、一番上の襟元のボタンなど、みえない位置にあるボタンを手の感覚だけでかけることは難しい場合があります。そのようなときは、鏡を用いて動作を確認しながら練習するとよいでしょう。

❷感覚の未発達

わかりやすいボタンにつけかえる

ボタンのかたさと服のやわらかさをうまく認識できない場合には、厚みがあり、角がわかりやすいボタンや、縁に盛り上がりのあるボタンにつけかえることで、ボタンが操作しやすくなります。

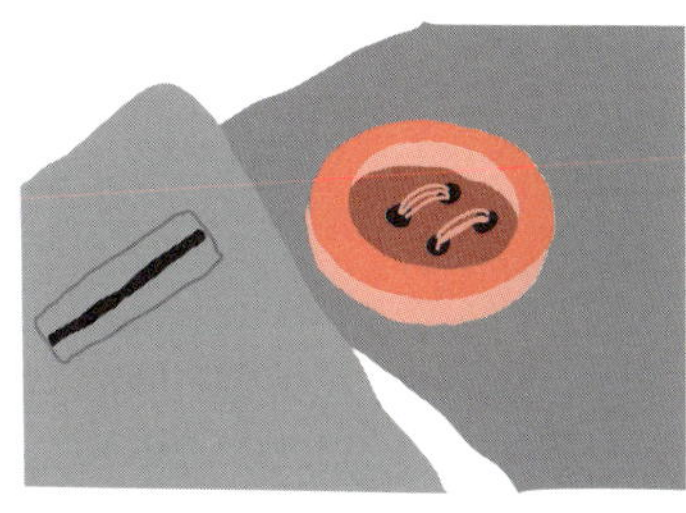

またボタンホールの裏地にあて布をして、布に張りを持たせる工夫も有効です。

❸力のコントロールが苦手

力が弱い場合は糸足を長くする

ボタンをつまむ力が強過ぎる場合には、厚みのあるボタンにつけかえ、逆に弱過ぎる場合には、糸足を長くしてボタンを緩めに縫いつけるとよいでしょう。

誤解！

ボタンは着た状態で練習したほうがいい？

はじめは机の上においた状態で練習してみるとよいでしょう。ワイシャツなどの襟元の小さなボタンがどうしてもうまくできない場合は、扱いやすく改良する方法もあります。一人でできる達成感を感じることが大切です。

ワンポイントアドバイス

ボタンの練習は服だけでなく生活全体で

ボタンのついた布製のおもちゃや、ボタンつきの巾着袋などを準備することで、遊びのなかでも練習をすることができます。またボタンのかけ外しに必要な「つまむ」「入れる」「持ち替える」の要素は、ボタンとおしやビーズとおし、自動販売機でのジュースの購入など、生活のなかでも自然とおこなうことができます。

ボタンとおし（手づくり）

ホック

❶両手がうまく使えない

まずは引っかけるほうの手だけ練習

ホックは、構造の違う二つの部品を操作します。しかも部品を直接持つボタンとは違い、縫いつけられた布をつまんで留めなくてはいけません。布をつまみながら、左右の手を別々に動かす力が必要になります。はじめから両手でおこなうのではなく、まずは大人が受け金具のついた布を固定し、引っかけるほうの手からの動きを練習しましょう。ホックの構造を理解していれば、はじめは大きく動かしていても大丈夫です。できるようになったら、左右の手で同時に布を持って、練習していくとよいでしょう。

確認しておきたい動作

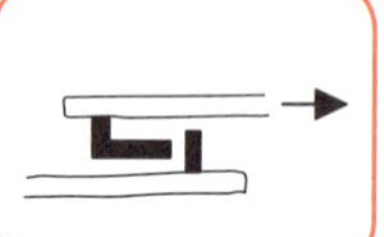

□1 ホックの構造がわかりますか。

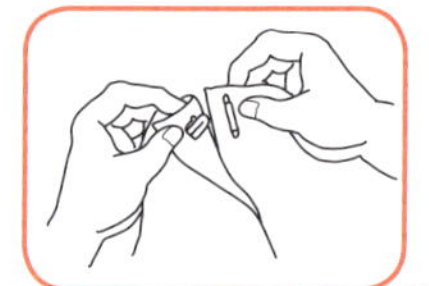

□2 ホックのついた布を両手でしっかりつまめますか。

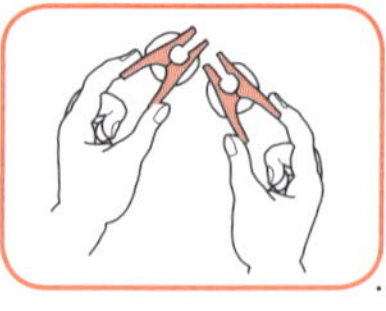

□3 洗濯ばさみを両手同時につまみ続けられますか。

学齢期になると、子どもたちのズボンやスカートは、ゴムタイプのものからカギホックのついたものが多くなります。直接手で持って留めるボタンやファスナーと違い、ホックは付属の布を持ち操作するため、子どもにとっては留め方や手の動かし方がわかりにくいものです。

まずはどのような構造になっているかを知ることが大切です。ズボンをテーブルにおいて留め方を確認したり、紙に簡単な構造を描いて説明するのもよいでしょう。構造が理解できたら、留める動作を練習していきます。このときに、ホックの下にあるファスナーを開けた状態にしておくほうが、手を動かすスペースが保たれて、ホックを留めやすいでしょう。

❹ものをみる力が弱い

模型などでホックの構造を理解

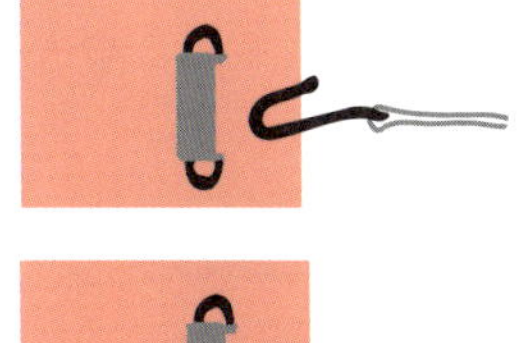

ホックの構造がどのようになっているかがわからないままだと、うまく留められません。絵に描く、模型をつくるなどして、構造を理解させましょう。

❺身体イメージがとらえにくい

大人が手を持ち動かす方向を教える

ズボンを履いた状態では、ホック部分が遠くなり、目でみて留めることが難しくなります。まずは、ズボンを履かずにテーブルにズボンをおいて、手元でみながら留める動作を練習しましょう。このときに、大人が一緒に手を持って、動かす方向を教えることも有効です。

またホックを留める際には、おなかを意識的に引っ込めると留めやすいので、意識しておなかを引っ込める動作から練習してみましょう。

❷感覚の未発達

あて布をしてつまみやすく

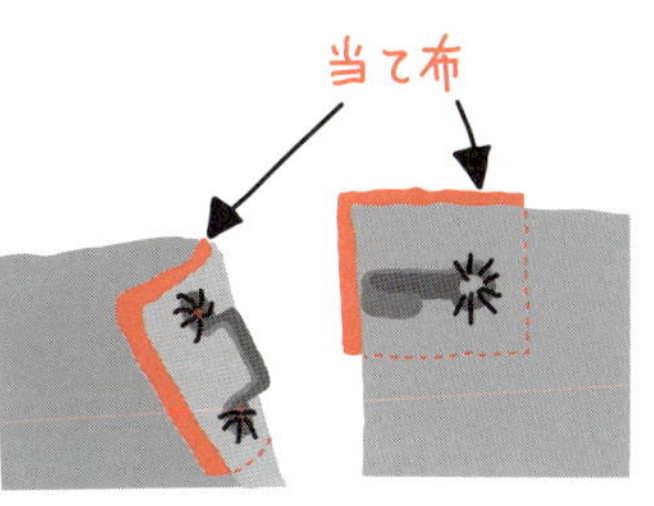

ズボンの生地が薄い場合には、あて布をして厚みをもたせましょう。厚くすることで、つまみやすくなり、つまんだ感覚もわかりやすくなります。

❸力のコントロールが苦手

小さなものをつまむ練習を

伸縮性のある布地のものから練習をするとよいでしょう。ズボンの端などの小さな部分をうまくつまめない場合には、洗濯ばさみを使ってつまむ練習をします。このとき、親指と人差し指の二本の指でつまむようにします。つまみやすくする工夫では、布を延長してつまむ部分を広くしたり、端に紐やリングで輪をつくり、指が引っかけられるようにします。

誤解!

横のホックは前で留めてから回転

体の側面（横）についていることが多いスカートのホックなどは、腰の横ではなく前で留めてから回転させればよいでしょう。

ワンポイントアドバイス

手でホックをつくってみよう

「引っかける」ことを理解するには、手で形をつくるとよいでしょう。左手の親指と人差し指で輪をつくり、右手の人差し指は第一関節と第二関節を曲げます。右の人差し指をうまく左手の輪に引っかけることができるでしょうか。

❶両手がうまく使えない

片側ずつ押し込む練習から

スナップボタンを留めるには、凹側（穴側）を動かないように固定し、凸側をしっかり押し込む必要があります。まずは机の上に凹側をおいて固定し、凸側を親指で押し込む練習からしてみましょう。次に反対の親指を使って、おいてある凸側に凹側を押し込みます。慣れてきたら、凸側と凹側の両方を両手で押しあわせるように動かします。

スナップボタン

確認しておきたい動作

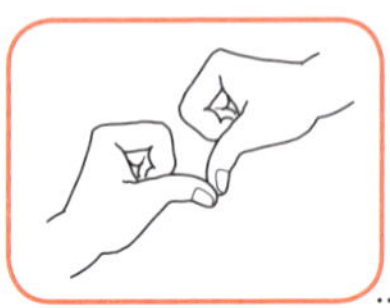

□ 1 親指の腹同士をあわせることができますか。

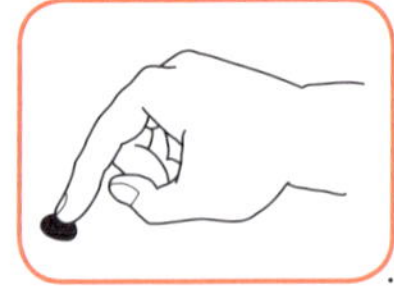

□ 2 梱包用のビニールシートを親指同士でつぶせますか。

□ 3 指だけの感覚で穴の位置がわかりますか。

スナップボタンは、カッターシャツや制服だけでなく、バッグや雑貨にもついていることが多くあります。力任せに引っ張って外すことはできますが、留めるときには、互いの凹凸を確認し、押し込まなければなりません。ホック同様に、まずは構造を理解することがポイントです。絵に描いて構造を説明したり、大きめのスナップボタンを使い、留める様子をみてみましょう。

留めるときには、親指の腹で真上から押し込むことを教えていきましょう。また外す動作も、スナップボタンの近くの布を持っておこなうように教えると、生地を傷めることがありません。

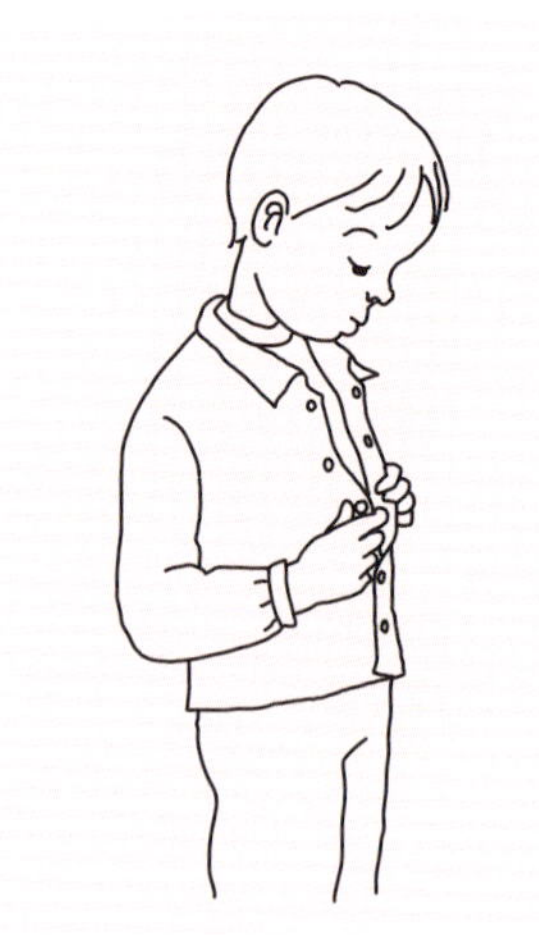

❹ものをみる力が弱い

構造を紙に描いて理解

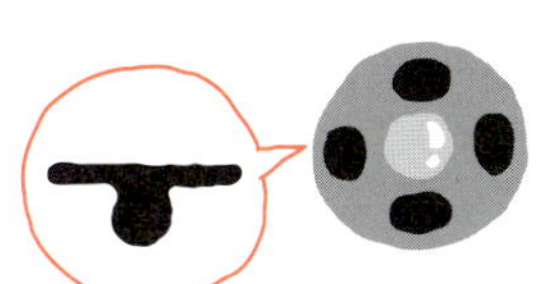

大きなスナップボタンを用いて、手元でみながらしっかり凹凸をあわせる練習をしましょう。

また、構造を大きく紙に描いて確認することも有効です。

❺身体イメージがとらえにくい

みえにくいところは鏡で確認しながら

首に近い位置や肩にあるスナップボタンはみえにくく、手も回しにくいため、留める動作が難しいことがあります。鏡をみながら練習したり、マグネット式のボタンなどを代用するのもよいでしょう。

❷感覚の未発達

指先の触れた感覚で穴を確認

大きなスナップボタンを準備し、凹側と凸側、特に凹側の位置を指先（親指）の感覚で確認しましょう。5円硬貨や50円硬貨など穴のある硬貨を使って、触った感覚で穴がどこにあるか確認するのもよいでしょう。指先の感覚で穴の位置がわかるようになったら、穴のある硬貨と穴のない硬貨を用意し、みないで穴の有無をあてるゲームをしてみましょう。

❸力のコントロールが苦手

梱包用の素材などを利用して

ボタンを押し込む力が弱い場合には、まずはしっかりと凹凸があい、真上から押しているか確認しましょう。

また梱包用の素材を使って、左右の親指同士を押しあわせてつぶす遊びもよいでしょう。

誤解！

凹側の布地を折り返す

ただ親指同士を押しあわせられればいいわけではありません。凹側を支える際には、凹の裏側の布地を折り返して、親指で裏側を押しながら支える必要があります。

ワンポイントアドバイス

遊びながら感覚を鍛える

スナップボタンを留める動作では、指先の感覚の発達が非常に重要になってきます。様々な形に切ったフェルトにスナップボタンの凸側をつけ、布地に凹側を縫いつけたものを用意して、遊びながらスナップボタンを留める練習をすることで感覚を鍛える工夫も大切です。

服をたたむ

確認しておきたい動作

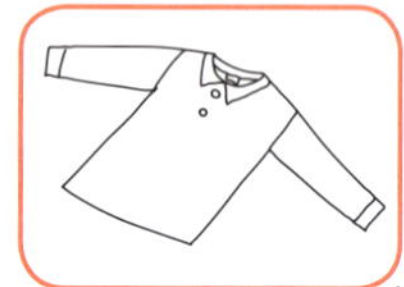

□ 1 服をきれいに広げることができますか

□ 2 襟や裾、袖などの名称をいわれて指をさせますか。

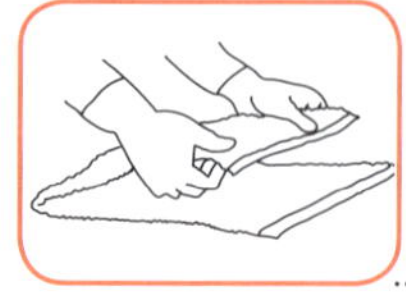

□ 3 タオルをたためますか。

着替えの練習と併せて、服をたたむことも教えましょう。たたむ動作は、衣服の構造を知るうえで大切な活動です。また、裏返しになった衣服を自分で戻せないと、結果的に着替えもすすまないことになります。着替えの練習と併せておこなうことで、子どもは自分の体の使い方と衣服の扱い方を学んでいくことができます。

　はじめはタオルなどの形がわかりやすく、広げ方やたたみ方が単純なものからおこなうとよいでしょう。服を上手にたたむポイントは、きれいに広げることです。上着であれば、裾を持つよりも襟の部分を持って広げたほうがよじれが少なくなります。たたむ動作は、いきなり上手にはできません。毎日の着替えと併せて、練習していくことが大切です。

日常でできる原因別サポート法

❶両手がうまく使えない

一気に広げられなくても大丈夫

両手で服を一気に広げられなくても大丈夫です。広く平らな場所で、服の襟部分をしっかり両手で持って、前後に振って床におき、少しずつ広げましょう。たたむ際は、袖を片方ずつたたんでいきましょう。また、広げる動作やたたむ動作はタオルや布団などでも練習できます。

④ものをみる力が弱い

番号をつけて順番がわかるように

服をたたむときにどこからたたんでよいかわからない場合には、服の輪郭と手順（番号）を描いた紙の上に服をおいて、番号にそってたたんでいくとよいでしょう。またたたむ順番がわかるように、番号を書いたシールを服の持つ部分に直に貼ってみるのもよいでしょう。

⑤身体イメージがとらえにくい

段ボールなどでガイドをつくる

たたむ練習をするときには、たたみ方の順番を決め、必要に応じてたたむ順番を写真やイラストで示すとよいでしょう。

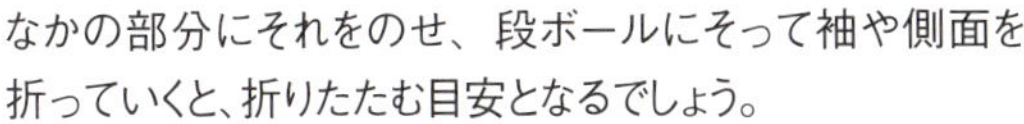

また四角に切った段ボールを準備し、たたむときにおなかの部分にそれをのせ、段ボールにそって袖や側面を折っていくと、折りたたむ目安となるでしょう。

②感覚の未発達

厚みのある服のほうがたたみやすい

薄くて軽い服より、トレーナーなどの厚みのある服のほうが、その厚みや重さによって持った感覚がわかりやすく、広げやすくなります。またたたむときにもしっかりと服を持つことができ、服がよじれることも少なくなります。

③力のコントロールが苦手

アイロンで折り目をつける

布は紙のように折り目がつかないため、服をたたむときに、どのくらいの力で、どの方向に折っていけばよいかわからない場合があります。たたみ方を理解するためには、予めアイロンをかけて、折り目をしっかりつけた状態の服で練習してみましょう。

誤解！

たたむことは図形の力を養う

机に向かうことだけが勉強ではありません。服をたたむことによって算数の図形の基礎的な力を養うことができます。

ワンポイントアドバイス

お手伝いでたたむ練習を

普段のお手伝いとしてタオルなどをたたませてみましょう。お手伝いができたらほめてあげ、ときにはごほうびを渡してあげるのもよいでしょう。お手伝いは将来の仕事にも結びつきます。

1 基本動作 25

靴下

確認しておきたい動作

□1 体操座りができますか。

□2 片膝を立て、もう一方は倒した姿勢がとれますか。

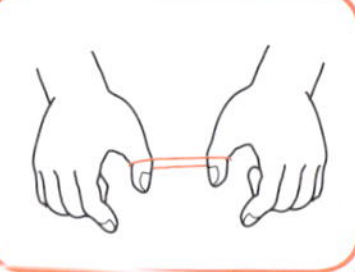

□3 輪ゴムを両手で広げられますか。

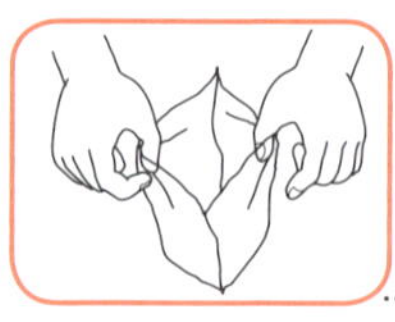

□4 ビニール袋を両手で広げられますか。

2歳頃になると、子どもは自分で靴や靴下を脱ぎたがるようになってきます。着脱のなかでも、みながら操作がおこなえる靴下の着脱は、取り組みやすい活動でもあります。

はじめは、脱ぐ・履く動作の最後の動作からやってみます。脱ぐ動作は、かかとまで外した状態から子どもに指先部分を引っ張らせ、履く動作は指先をとおした状態から子どもに引っ張らせてみます。

靴下を一人で上手に履くポイントは、履くときの姿勢です。床に座り、履くほうの膝を立て、両側に左右の腕がくるようにして靴下を履きます。このとき、反対側の脚は床に倒すことで姿勢が安定します。そして靴下のかかとの部分が下になるように履き口の両端を両手で持たせると、自然にかかとにあわせて履けるようになります。

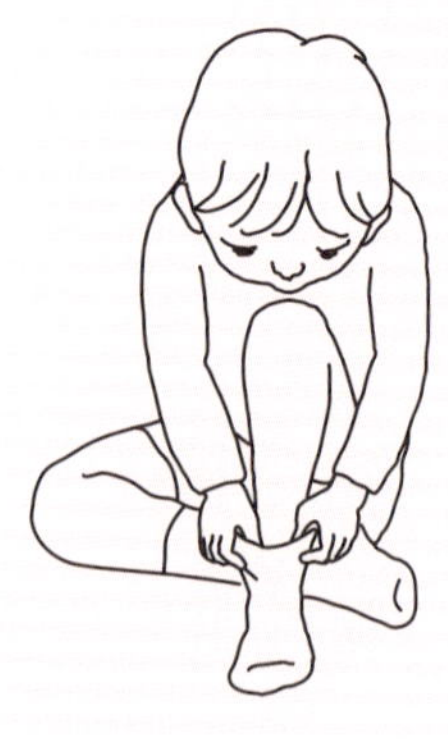

日常でできる原因別サポート法

❶両手がうまく使えない

輪ゴムを広げる練習から

靴下の履き口をうまく広げられないことがあります。輪ゴムに両手の親指を入れて引っ張り、広げる練習をしてみましょう。うまく広げられるようになったら、足にはめてみます。靴下を履く練習のときには、履き口のゴムが緩めのものや丈の短いものを用いるとよいでしょう。

❷感覚の未発達

素材や締めつける感覚に注意

靴下を履くことが苦手な子どものなかには、靴下の素材や刺繍の裏面のボコボコした感覚、締めつける感覚が苦手な子もいます。素材の違う靴下にかえてみたり、緩めのものにしてみましょう。また「靴を履くときは靴下を履く」、というルールを決めるなどの工夫も大切です。

③力のコントロールが苦手

履きやすい靴下で練習する

伸縮性のある靴下を操作するときには、力加減が重要なポイントです。まずは足をとおしやすい、やわらかくてなめらかな厚手の素材の靴下で練習するとよいでしょう。市販のスニーカーソックスは履き口も広く短いため、子どもが履きやすいでしょう。

④ものをみる力が弱い

目印や色などでわかりやすく

持つ位置やかかとの場所がわかりにくい場合には、ビーズや糸などで目印をつけた靴下や、かかと部分の色が違う靴下を準備するとよいでしょう。前後の位置関係や、上手に履けたときの正解がわかりやすくなります。

⑤身体イメージがとらえにくい

履くほうの膝を立てる練習を

靴下を履く際には、姿勢も重要なポイントです。あぐらで両膝が倒れた姿勢で靴下を履くと、靴下のかかとをあわせにくく、両手もうまく使えません。靴下を履くときは、あぐらの状態から履くほうの膝だけを立て、両腕の間に膝がくるような姿勢でおこなうとよいでしょう。体の正面で靴下を広げたり、足をとおしたりできるため、成功しやすくなります。まずはあぐらの状態から片方の膝だけを立てる動作や、体操座りから片方の脚だけを倒す動作の練習をしてみましょう。

靴下は必ず履いたほうがいい？

安全な場所では、ときには裸足で過ごしてみましょう。足の裏の感覚が育つことでバランスがよくなります。

ワンポイントアドバイス

靴下のたたみ方一つで履きやすさが違う

洗濯後の靴下をどのようにたたんでいますか？　左右の側面をあわせた靴下では、子どもがそのまま持って履いてしまい、かかとがしっかりあわないことがあります。子どもが慣れないうちは、前後をあわせた状態にして、両端を持って履くように教えましょう。

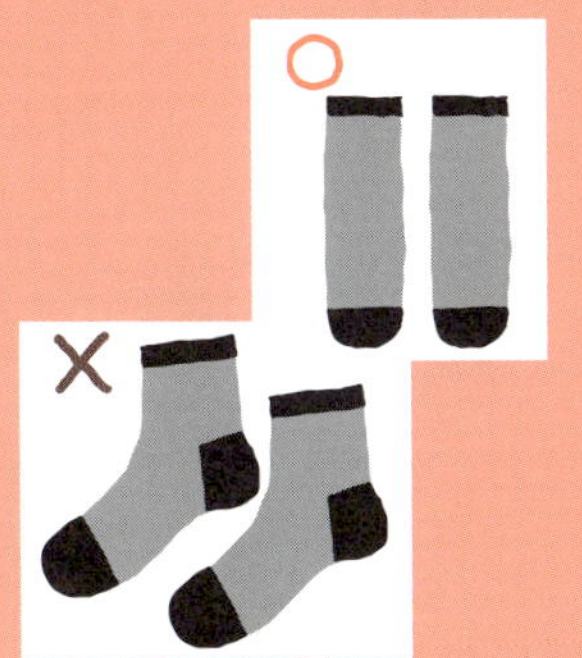

手袋

確認しておきたい動作

□ 1 リストバンドを手首にはめたり、外したりできますか。

□ 2 目隠しをしていても、どの指を触ったかわかりますか。

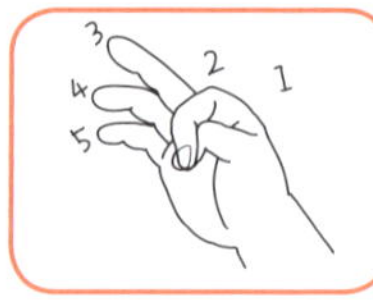

□ 3 目を閉じて一本ずつ順に指を曲げたり伸ばしたりできますか。

寒い時期の必需品である手袋は、手元での操作ではありますが、みえないなかで指をとおしていくという難しさがあります。指をとおしていくためには、一本一本の指の感覚が重要になります。またみえないなかでも、自分の指の動きがイメージできなければなりません。

まずは片手にはめる練習からはじめましょう。実際に手袋を使わなくても、輪投げの輪やゴムでつくった輪などでもかまいません。手首にとおすことができるようになったら、次に指をとおす練習に移ります。このときに、一気に五本の指をとおそうとするとうまくいかないので、焦らずに「親指からとおす」などと端から一本ずつとおすように習慣づけるとよいでしょう。

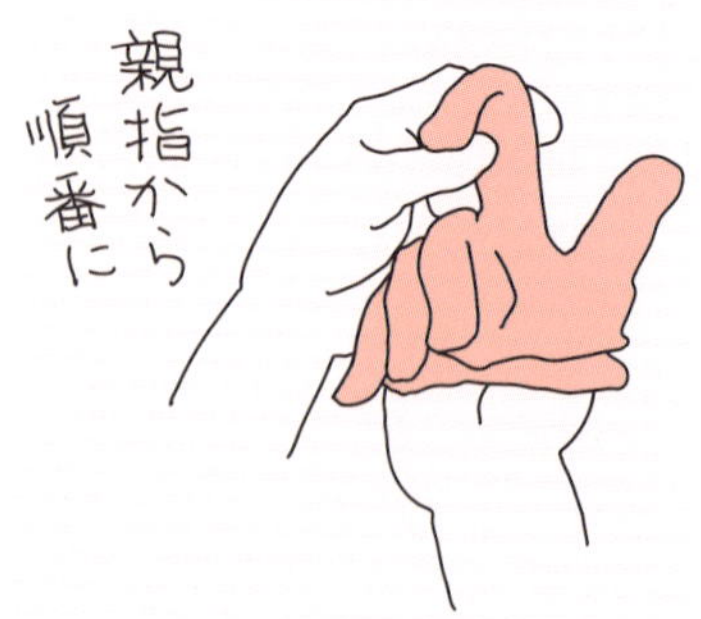

日常でできる原因別サポート法

❶両手がうまく使えない

まずは輪を手首にはめたり外したりする練習から

手袋をはめるときは、片手ずつ手の使い方が違います。まずはミトンや鍋つかみを使って、手にはめる練習をしましょう。また、リストバンドやヘアゴムを手首にはめたり外したりする動作もよいでしょう。

❷感覚の未発達

指の感覚を鍛える

目隠しをした子どもの指を大人が触り、どの指を触ったかあてるゲームをしてみましょう。また一本ずつ順に指を曲げたり伸ばしていくこともしてみましょう。自分の指の感覚がしっかりわかることは、感覚を頼りに、指を動かしていく基礎になります。

❹ものをみる力が弱い

とおす指と手袋の指があうように確認

手袋の各指先に番号を書いたり、色分けをすると、とおす指と手袋の指が確認しやすくなります。また、みえない状態で指をとおすことが難しい場合には、手袋の手の平部分をひっくり返すと、みながら指を入れられます。それから手首部分を戻すとよいでしょう。

❺身体イメージがとらえにくい

指先がみえる手袋がわかりやすい

手袋のなかで指を間違わずにとおすためには、指先がみえる手袋や指先を切った手袋から練習をしましょう。でてきた指と手袋の指を確認しやすくなります。

ほかの人の手に手袋をはめてみるのも、はめる動作の確認ができるのでよいでしょう。

❸力のコントロールが苦手

粘土を使って指の動きを確認

自分の指の動きをしっかり確認できるような活動をしてみましょう。粘土遊びは、粘土のかたさや形状にあわせて、手の平や指に力を入れておこなう活動として有効です。例えば、大きな塊のなかに指を一本ずつギュッと差し込んで穴を開けていきます。親指から小指まで全部の指でやってみましょう。ただ指の曲げ伸ばしをするよりも、力は要りますが、指の動きを感じることができます。

粘土

誤解！ 冬でなくても練習できる

手袋は冬場に使うものだからといって、冬場だけ練習すればいいわけではありません。粘土遊びや指人形遊び、手遊び、指輪をはめるなど、一本一本の指を意識する遊びを経験しておくとよいでしょう。

ワンポイントアドバイス 自分の手はどうなっている？

普段みている手ですが、どのような形をしているのか、もう一度確認してみましょう。まずは紙のうえに指を広げて手をおき、手の輪郭を描いてみます。手袋と同じ形をしていることがわかります。

靴

　走るのが上手になる2歳頃になると、子どもは靴を脱いだり、履いたりすることにも興味を持ちはじめます。靴は足を保護するだけでなく、足のアーチの形成や足首の安定性を高める役割があります。特に扁平足ぎみの場合には、かかとの骨が支えられるような、かかと部分がしっかりとしたものを選ぶ必要があります。足にあった靴を履くことでバランスや歩き方、走り方がよくなり、立ち姿勢を保持できる時間も延びてきます。

　靴を履き、外出する経験をしていくうちに、靴を履くと外に出かけられるという合図にもなってきます。楽しい外遊びを経験して、外遊びが好きになることで、遊びたいがために一生懸命に靴を履こうとします。ただ靴を履く練習ではなく、靴を履いたら何をしようかといった場面の設定も大切になってきます。靴を履いて出かけるようになってきたら、靴のままベンチにのらないことや靴をそろえて脱ぐことなど、マナーを同時に教えていくのも大切なことです。

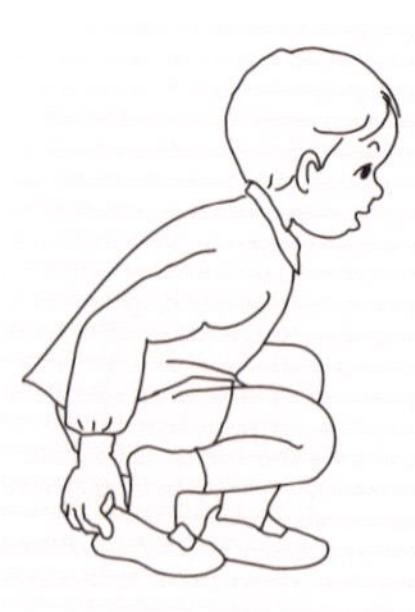

確認しておきたい動作

□ 1 長靴を履けますか。

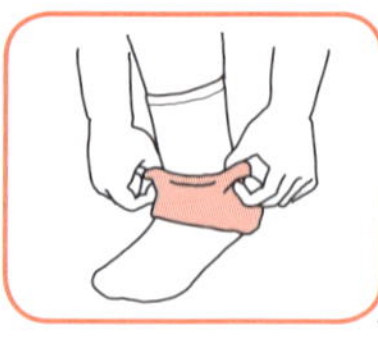

□ 2 リストバンドを足首まではめられますか。

日常でできる原因別サポート法

❶両手がうまく使えない

後方にリングをつける

　靴の履き口を持つことが難しい場合には、後方にリングをつけて、リングを引っ張り上げることで履き込むとよいでしょう。またハイカットシューズのように高さがある靴や甲の長い靴は履き口が小さく、子どもにとって履きにくいものです。靴を選択するときには、かかとの深さや前方の長さにも配慮しましょう。

❷感覚の未発達

型はめ遊びなどで感覚を育てる

　靴のかかとを踏んでいても気にならない子どもには、かかと部分がしっかりした靴を準備し、踏まずに履いていたらほめるようにしましょう。また型はめなどの遊びも、輪郭をとらえてはめる動作を経験でき、靴を履く感覚につながります。

③力のコントロールが苦手

立って体重をかけると履きやすい

靴を履くときは、手で靴を支えながら足をとおしていかなければなりません。立って履く場合には壁や靴箱などにつかまり、安定した姿勢でおこなうようにします。

練習を開始する頃には、足先を入れやすいように、履き口が広くゆったりしている靴や、マジックテープ式で履き口が広げられる靴を準備するとよいでしょう。足先を履き口から入れ、グッと奥まで足を入れる際には、立った状態でおこなうほうが自分の体重で履き込むことができ、有効なこともあります。

④ものをみる力が弱い

左右をわかりやすくする工夫を

左右の形の違いが少ない上履きなどは、内側同士に目印を入れるとよいでしょう。履く前に靴をそろえ、目印を確認するように教えます。

最近では、市販品でも左右を区別するイラストが入ったものや、中敷きなどもあります。

⑤身体イメージがとらえにくい

長靴で足の動かし方の練習を

履き口がわかりやすい長靴は足をとおすだけで履くことができ、足の動かし方を練習できるだけでなく、子どもも達成感を得られます。

また姿勢が不安定な場合には椅子に座り、みながら履くとよいでしょう。

誤解！

左右逆に履いて気持ち悪くないの？

子どもの足はまだやわらかく、靴もやわらかめのものが多いので、左右逆でもあまり気にならないようです。

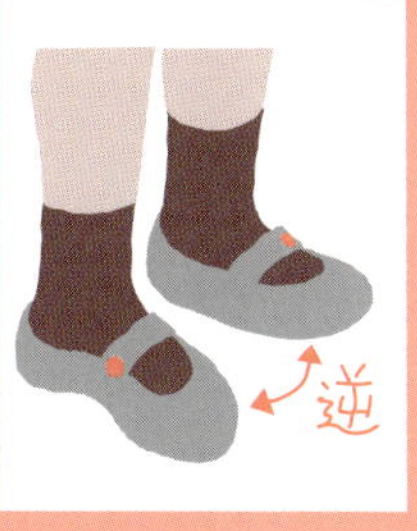

ワンポイントアドバイス

扁平足にはかかとのしっかりした靴を

扁平足ぎみの子どもには、かかとのしっかりとした靴を選びましょう。かかと部分を横からつまんだときに、かたくてしっかりとしたものがよいでしょう。併せて土踏まずの部分が盛り上がった中敷きを使用すると効果的です。

紐を結ぶ

結ぶ動作は、縄とびを束ねるときやお弁当箱を包むときのほか、エプロンや紐靴、鉢巻きなどの学校場面でも必要とされる動作です。交差させたり、できた輪にくぐらせたりと非常に複雑で三次元的な理解と操作が必要とされます。最近はマジックテープが使われることが多いので紐を結ぶ機会が少なくなってきています。学校に行くようになってから慌てて練習するのではなく、普段の遊びのなかから取り入れていくとよいでしょう。

好きなおもちゃを風呂敷に入れて持ち運ばせるのは、遊びたいときにほどく動作が必要となるためによい練習となります。外ではレンゲの茎などを止め結びで縛って遊んでみるのもよいでしょう。

結ぶ動作を通じて、算数の図形などに役立つ能力も育っていきます。結ぶことを楽しめるような工夫が大切です。

確認しておきたい動作

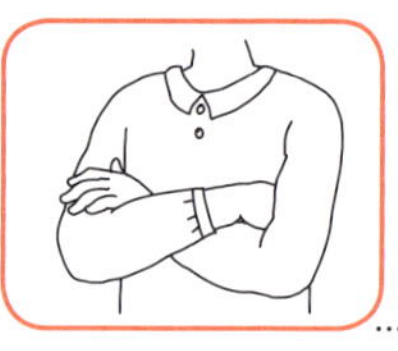

□ 1 腕組みができますか。

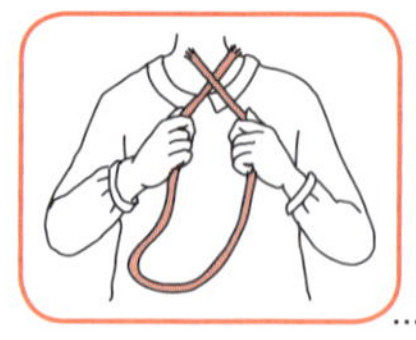

□ 2 紐でバツ（丸）がつくれますか。

日常でできる原因別サポート法

❶両手がうまく使えない

モールなど芯のあるもので練習を

モールなど芯のあるものを使うと、結んでいる途中で手が離れても形が保たれるため、工程を区切って練習する際に有効です。まずは片手で一本ずつ紐を動かしていき、結び方を練習するとよいでしょう。

❷感覚の未発達

指の感覚や動きを感じる経験を増やす

薄い紐ややわらかい紐、細い紐は、つまんでいる感覚がわかりにくいために結びにくくなります。まずは太めのしっかりとしたロープのようなもので練習してみましょう。また目隠しでの指あてゲームや粘土遊びなどを通じて、指の感覚や動きを感じる経験を増やすことも大切です。

❹ものをみる力が弱い

言葉での誘導が効果的

まずは一本の紐で、止め結びから練習をします。結び方を教えるときには、手本をみせるだけでなく、言葉でも「丸をつくって、バツにして、トンネルにとおします」といった具合に誘導するとよいでしょう。本結びや蝶結びの練習には空き箱を使い、箱の両側から色の違う二本の紐をだしたものを準備するとよいでしょう。色が違うことで見分けやすくなります。そして紐をテーブルにおいた状態で交差したり、とおしたりすることで、結び方の構造がわかりやすくなります。

❺身体イメージがとらえにくい

まずは目をつぶって結べるか確認

鉢巻きやエプロンなど、みえないところで結ばなくてはいけない場合があります。まずは目をつぶって結べるようにしてから、体のうしろや頭のうしろで結ぶようにしていきましょう。難しい場合には鉢巻きは結んでからかぶる、エプロンは前方で結んでから回転させる方法をとるとよいでしょう。

❸力のコントロールが苦手

大きめの布やロープをギュッと引っ張る

力のかけ方がわからずギュッと結べない場合には、大きめで、やわらかな素材の布を使い、弁当箱包みなどをおこなうとよいでしょう。結んだロープの両端を持ち、力いっぱい引っ張ってみることも有効です。

誤解!

マジックテープで大丈夫!?

生活用品には便利なマジックテープ式のものが増えています。しかし、紐結びは単にものを連結するだけでなく、できるようになることで算数の図形に関する基本的な知能も育みます。

ワンポイントアドバイス

この方法でも蝶結び

一本ずつ輪をつくる結び方が難しい場合には、別の方法もあります。二本の紐でそれぞれ輪をつくり、輪同士を交差させ、上側の紐を穴にとおして止め結びをします。輪の先端をしっかりとつまみ、左右に引っ張ると蝶結びの完成です。

1 基本動作 29

マスク

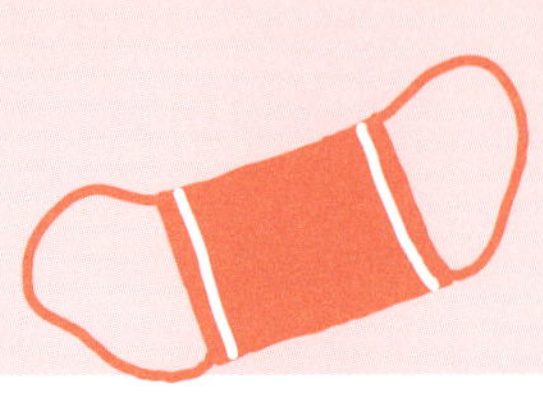

確認しておきたい動作

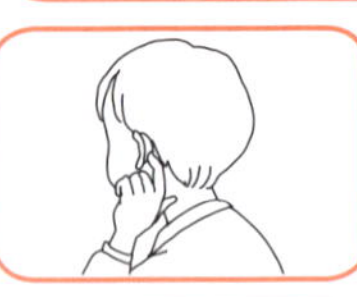

□1 耳のつけ根（裏側）を指先で触れますか。

□2 洗濯ばさみをつまんだまま手を動かせますか。

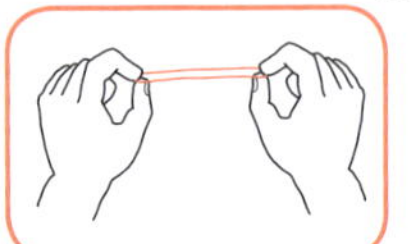

□3 輪ゴムを両手でつまんで引っ張れますか。

□4 輪ゴムを耳にかけられますか。

□5 眼鏡をかけられますか。

マスクの装着は、咳がでるときや冬場の風邪予防だけでなく、学校では給食当番や調理実習などでも必要となります。マスクをつける意味は、感染予防と他者への感染拡大予防が考えられますので、口と鼻をしっかりと覆う必要があります。しかし、一般的なガーゼや不織布のマスクでは、感染予防までの効果を期待するのは難しいようです。マスクをつけることで口・のどの保湿や感染拡大予防は期待できますが、体調が悪い場合やインフルエンザが流行っているときなどは、人の多いところを避けることが重要です。

学校生活は集団生活なので感染拡大の危険性が高い場所です。マスクをつけると同時に、手洗いやうがいを併せておこなう習慣をつけることで、感染予防と衛生面でのエチケットを期待できると思います。

また使用するマスクは、衛生的に考えると毎日かえる必要があります。

日常でできる原因別サポート法

❶両手がうまく使えない

かぶるタイプのマスクを使用

マスクのゴムを引っ張りながら耳にかけられないときには、片方ずつおこなうように教えましょう。

またマスクの工夫としては、左右のゴムを伸ばしてうしろで縛り、かぶるタイプにするとよいでしょう。市販の使い捨てマスクにもオーバーヘッドタイプのものがあります。

❷感覚の未発達

マスクの素材やつくりを見直す

マスクが口を覆う感覚やまとわりつくような感覚が苦手な子どももいます。使っているマスクの素材を検討してみるとよいでしょう。また市販品には鼻部分にパッドがあり、口周囲に接しにくいものもあります。

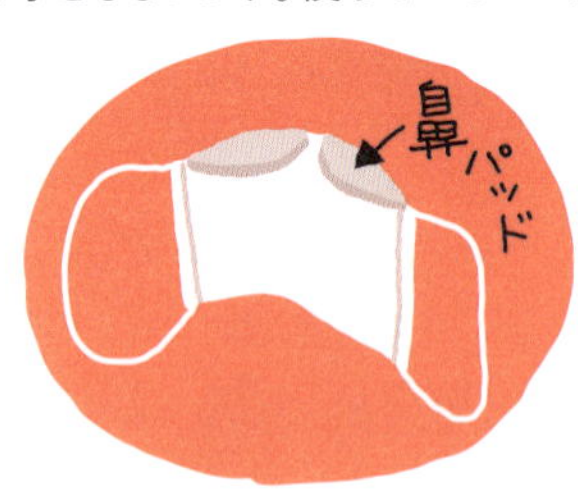

❹ものをみる力が弱い

鏡をみながら動作を確認

みえない口元の操作では、自分の動きを確認しにくいものです。鏡をみながら、自分はどのようにマスクをかけるかを確認するとよいでしょう。また、大人の口にマスクをかけることで動作を確認することもできます。

❺身体イメージがとらえにくい

耳にゴムをかけてからマスクを口にあてる

マスクを口にあてた状態で、押さえる手をかえながら左右交互にゴムをかけるのが難しい場合があります。そのときには、両方の耳にゴムをかけてからマスクの位置を調整する方法や、ゴムを片方の耳にかけたあとにマスクを口にあてて反対側の耳にかける方法をとるとよいでしょう。

❸力のコントロールが苦手

ゴムを太くするなどの工夫を

マスクをかけるときに、ゴムを引っ張り過ぎたり、反対に力が弱過ぎる場合があります。マスクのゴムをやわらかいものや太いものにするとよいでしょう。

誤解！

マスクをしていれば感染しない？

マスクをしていても風邪やインフルエンザには感染します。基本的には保湿と感染拡大予防と考えましょう。

ワンポイントアドバイス

耳のどこにかける？

耳のつけ根や裏側は普段みることができないのでわかりにくいものです。指でぐるっとなぞり、場所を確認しましょう。またここは触ることが少ない場所でもあるため、マスクのゴムの形状によっては、痛みを感じることもあります。

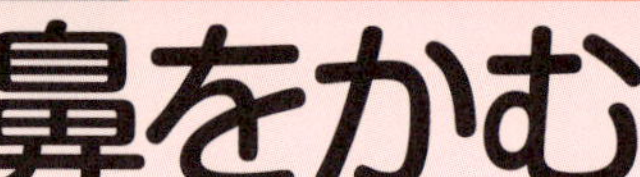

30

鼻をかむ

確認しておきたい動作

□1　顔を洗えますか。

□2　口を閉じて鼻だけで呼吸ができますか。

□3　右手で右の鼻の穴、左手で左の鼻の穴を交互に押さえて閉じられますか。

　子どもが鼻をかめるようになるのは、顔が洗えるようになったあとです。鼻をかむ動作は、息を吸いこんだあとに、口をしっかり閉じて鼻から勢いよく息を吐き出す必要があります。また、その息にあわせてティッシュペーパーなどを持った手で鼻水を受けます。より効率的にかむためには、片方ずつの鼻の穴を押さえることや、かむときに使用するティッシュペーパーなどを適度な大きさにたたむなど、指先の巧緻性が求められる行為になります。

　鼻がつまっているとボーッとして覚醒レベルがさがる場合もあり、様々な活動に不利になります。また必要に応じて鼻をかめると鼻呼吸を確保することができ、感染予防につながります。

　ほかにも、鼻水が垂れていたりすると交友関係や社会性の発達にもよくない影響がでてくる可能性があります。

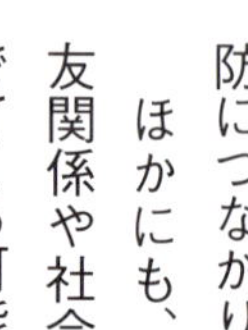

日常でできる原因別サポート法

❶両手がうまく使えない

机の上でティッシュペーパーを折る練習を

　鼻をかむ際に使用する紙を丸めずに、うまくたたむことができると、鼻をかみやすくなります。普段からタオルをたたむ手伝いや、折り紙を折るといった活動を取り入れるとよいでしょう。折り目のついているティッシュペーパーを机の上に開いておいて、折り目にそって二つに折る練習をしてみましょう。タオル地の小さめのハンカチを利用するのもよいでしょう。

❷感覚の未発達

気持ちのよい鼻呼吸の感覚を経験させる

　普段からいつも鼻水がでているような場合は、その感覚に慣れてしまっている可能性があります。鼻のまわりが乾いた気持ちのよい状態を経験させましょう。鼻水を吸いとる道具もあるので、大人がしっかりと鼻水を取り除いて、鼻だけで息をする感覚も経験させてあげましょう。温めたタオルなどで少し蒸してから拭くと痛くなく、鼻水がきれいに拭き取れます。

③力のコントロールが苦手

口のまわりの筋力を高める

口のまわりの筋力が低いと、鼻から息を吐こうとしたときに口から息が漏れてしまいます。その結果、しっかりと鼻水を息で押しだせなくなり、うまく鼻をかめないことがあります。普段の食事内容がやわらかいものばかりになっていないか確認してみましょう。

ラッパやシャボン玉などの口を使った遊びもたくさんしてみましょう。

④ものをみる力が弱い

鼻をかむ様子を目でみて確認

鼻をかむ際は、ティッシュなどで鼻を隠してしまいますし、ティッシュを押さえる手も自分ではみえにくいので、鏡の前でかんでみたり、大人がかむ様子をみせてあげましょう。ティッシュのない状態で、一番力の強い中指を中心に鼻の穴を押さえる動作もしてみましょう。

⑤身体イメージがとらえにくい

鼻の穴を押さえる動きを教える

年齢が低いと、鼻の下を手でこするような動きで拭き取ろうとします。鼻の穴を押さえる動きのイメージが育っていないことが考えられるので、まずは押さえる位置を確認させ、鼻の穴を横から片方ずつ押さえる動きを教えてあげましょう。うしろから介助してあげると動きがわかりやすくなります。

誤解!

呼吸が苦しいだけではない

鼻がつまっていると、ただ呼吸が苦しいだけでなく、頭がボーッとして学習効率もさがってしまいます。

ワンポイントアドバイス

耳鼻科受診が必要な場合も

常に鼻水がでていたり、つまっている状態のときは耳鼻科を受診し、必要に応じて治療を受けましょう。鼻をかむ練習は、顔を洗う際に鼻のまわりを丁寧に洗うことや、鼻の穴を押さえる動きを併せておこなうとよいでしょう。

1 基本動作 31

洗濯ばさみを使う

確認しておきたい動作

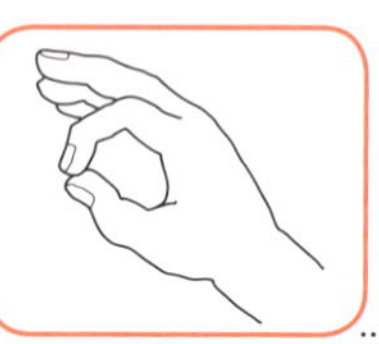

□1 親指と人差し指で丸がつくれますか。

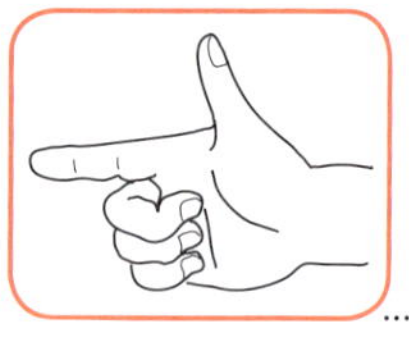

□2 手でピストルの形がつくれますか。

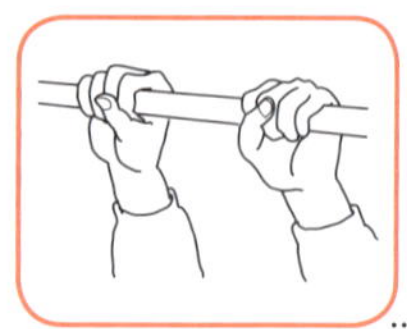

□3 鉄棒などにぶらさがれますか。

洗濯ばさみは、洗濯物を干したり取り込んだりするお手伝いのときに使いますが、手の機能の発達には非常に有効な活動になります。はじめは、棒を握るように指全体で握って開こうとします。これは指先だけの力で開くには、まだ力が弱過ぎるからです。指に力がついてくると、親指の腹と人差し指の第一関節と第二関節の間の親指側の側面でつまむ（側方つまみ）ようになります。このつまみ方が一番力のでるつまみ方になります。

さらに指に力がついてきて、親指と人差し指で丸をつくる動きができるようになると、洗濯ばさみを親指と人差し指でうまく開けるようになってきます。ただし開けるようになったばかりのときは、開くので精一杯で、持った腕を動かそうとすると洗濯ばさみが閉じてしまったり、とんでいったりしてしまいます。

日常でできる原因別サポート法

❶両手がうまく使えない

厚紙などを利用してつけ外し

10㎝四方の厚紙を用意します。利き手で洗濯ばさみを、反対側の手で厚紙を持って、つけたり外したりします。厚紙を持った状態で難しいときには、お菓子の空き箱などを机の上におき、箱を支えながら、つけ外ししてみましょう。

❷感覚の未発達

遊びをとおして指先の感覚を養う

指先の触覚が鈍いとうまくつまむことができません。あまり力のいらないペグさしやビーズとおしなどをして遊んでみるのもよいでしょう。

❹ものをみる力が弱い

目印をつけてわかりやすく

洗濯ばさみをつける場所がわかりにくい場合は、目印をつけてあげましょう。また洗濯ばさみのはさむ部分をつまんでしまう子どもには、持つところに印をつけてあげましょう。

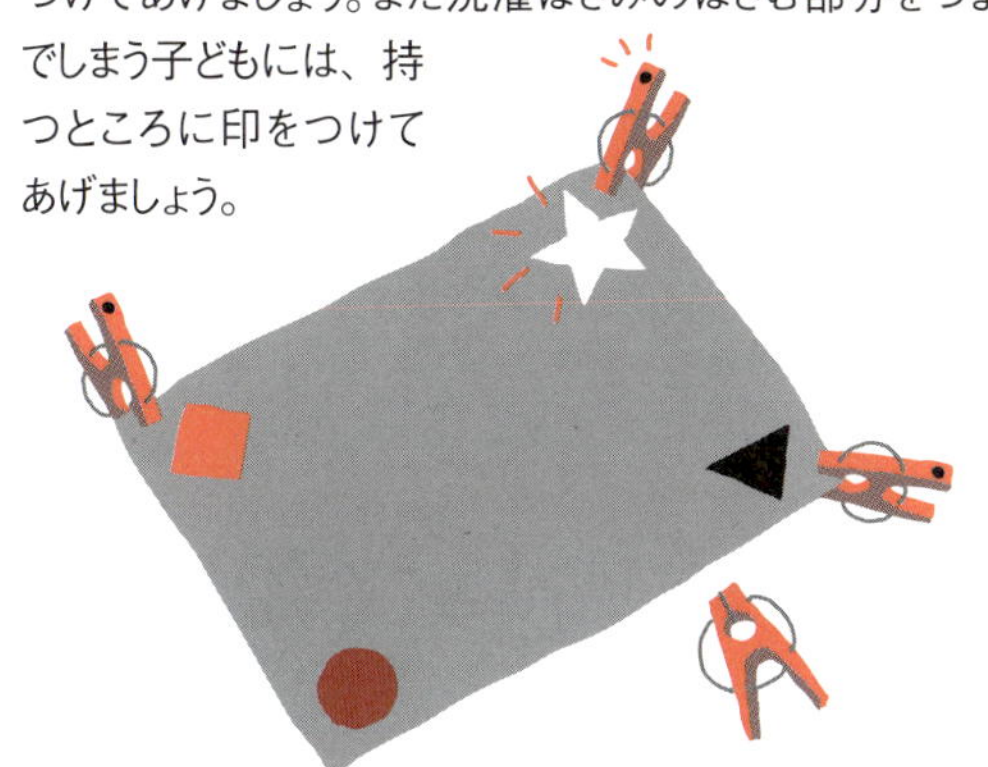

❸力のコントロールが苦手

子どもの力にあったものを

力を強く入れ過ぎていると、つまんだままの状態では腕を動かすことが難しくなります。子どものつまむ力の強さにあわせてやわらかめのばねのものや、つまむ場所の面が広くてくぼみのあるユニバーサルデザインの洗濯ばさみを用意してあげましょう。

❺身体イメージがとらえにくい

大人が手をとって動きを教える

洗濯ばさみをどのように扱ったらよいかわからない場合は、口で説明するだけでなく、実際に目の前でやってみせたり、片手でつまませて、その上から、大人が支えてあげながら洗濯ばさみのつけ外しの動きを教えてあげましょう。介助はうしろからおこないましょう。

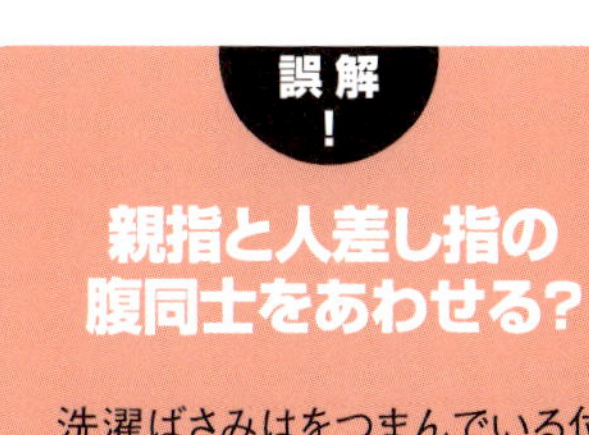

誤解！

親指と人差し指の腹同士をあわせる？

洗濯ばさみはをつまんでいる位置は、親指と人差し指の指先の腹と腹ではなく、人差し指は指先の親指側の側面を使っていることが多いです。

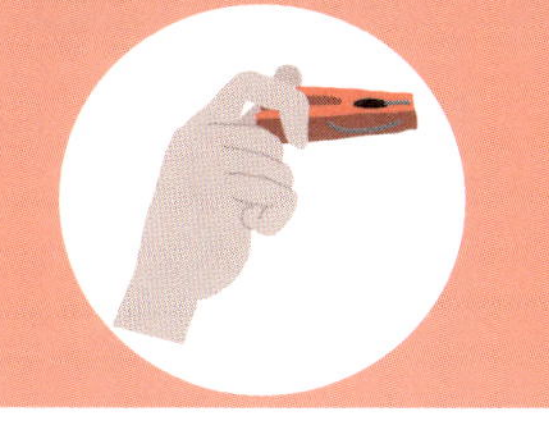

ワンポイントアドバイス

ハンガータイプがおすすめ

ハンガータイプの洗濯ばさみは、洗濯ばさみが固定されているので操作しやすくおすすめです。小さめのものを用意して、靴下などを干すお手伝いをさせてあげましょう。できたらたくさんほめてあげてください。

1 基本動作 32

片づけ

確認しておきたい動作

□1 年齢相当のパズルなどができますか。

□2 トランプなどをきれいに並べられますか。

□3 年齢相当に人の絵などが描けますか。

片づけをすると、気持ちやみた目がよいだけでなく、次に使うときにすぐにみつけられることで作業効率がよくなります。子どもは遊びに夢中になると次々におもちゃをだして、片づけることを忘れてしまいます。活動が終了するとそれで満足してしまうために、片づけまでできないことも考えられます。そのような状況をみると、大人はついイライラして口うるさくいってしまいがちですが、なぜ片づけがうまくできていないのかを分析することで、子どもにあった対応の方法がみえてきます。

また、家のなかが普段から整理整頓されているか、周囲の大人の片づけができているかといった生活環境も大きく影響しますので、今一度、生活環境を振り返り、必要があれば見直してみることをおすすめします。

日常でできる原因別サポート法

❶両手がうまく使えない

ものをうまく持てることから

ものを片づけるときには、両手で一つのものや二つのもの、大きなもの、小さなもの、そして様々な形のものを形にあわせて持つ必要があります。まずは、子どもが持ちやすい大きさや形のものを持って、箱に入れる練習をしてみましょう。

次にものを持ちかえる動きもしてみましょう。例えば右手で持ったものを左手に持ちかえて箱にしまうことなどをやってみます。

❷感覚の未発達

手が汚れるのが嫌で片づけたがらないことも

手が汚れるのが嫌で片づけをしたがらない場合があります。終了後にきれいに洗えることを保障して取り組ませるとよいでしょう。また手袋などを用意して、汚れないような工夫をしてあげることも有効です。

③力のコントロールが苦手

重いものは小分けにして運ぶ

重いものの片づけは、力の弱い子どもにとっては大変な作業です。例えば本などはまとめて運ぶのではなく、小分けにして運ばせるとよいでしょう。持ちにくさがある場合は、かごなどに入れて取っ手を持たせると運びやすくなり、力がだしやすくなります。

④ものをみる力が弱い

色などで見分けをつけやすく

形を見分けたり、組み合わせる力が弱い場合は、片づけが大変になります。片づける場所に片づけるものの写真をはったり、種類ごとに色分けされた箱などを用意して、そこに片づけるといった工夫が有効です。普段からパズルやブロックなどで形を組み立てるような遊びをしていくとよいでしょう。

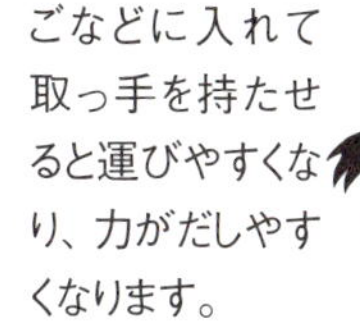

⑤身体イメージがとらえにくい

ものの位置をわかりやすく示す

自分の身体イメージが育っていないと、ものを片づけるときに自分ともの、ものとものとの位置関係や方向性などがわかりにくくなってしまいます。このような場合に言葉で誘導するには「○○の上に片づける」といった具合に、具体的に指示するとよいでしょう。ほかにも、例えば机の引き出しに文具などを片づけるのであれば、枠で仕切って色分けしたり、何を入れたらよいかわかるように名前やイラストなどを書いてあげるとよいでしょう。

写真がないと片づけられなくなる？

写真など視覚的な情報を用意すると、それがないとできない子になってしまうのではと思うのは間違いです。自分で片づけられる力を身につけることで、自信につながっていきます。

ワンポイントアドバイス

途中でこまめに片づける習慣を

散らかし過ぎる前に、片づけを途中でおこなう習慣をつけましょう。片づける量が減るので片づけやすくなりますし、片づけられたときにほめられる機会も増えるので、また片づけようという気持ちにもなります。いつまでも叱られて片づけていたのでは、すすんで片づけられるようにはなりません。

2 学習 33

鉛筆

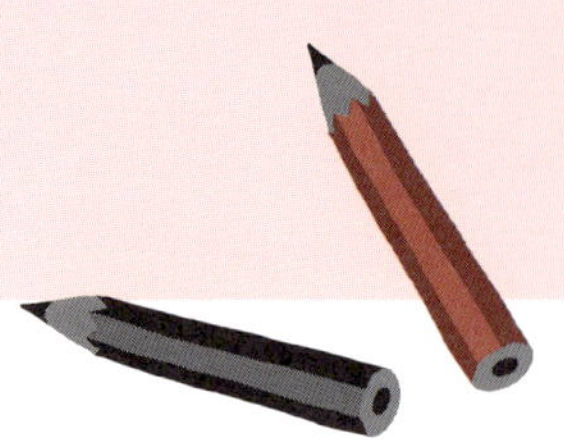

確認しておきたい動作

□ 1 親指で薬指と小指を押さえたチョキを反対の手で手伝わずにできますか。

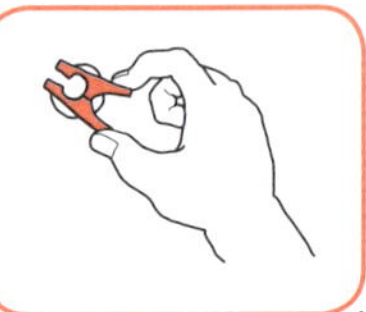

□ 2 親指と人差し指の腹で洗濯ばさみをつまめますか。

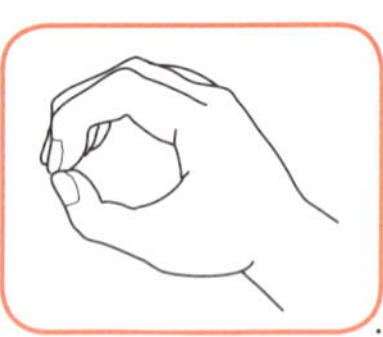

□ 3 親指と人差し指でつぶれていない丸がつくれますか。

子どもがなぐり書きをしはじめる時期は、1歳頃です。この時期にできる事柄は、①二〜三歩歩く、②指先で小さなものをつまめる、③積み木を積む、④箱にものを入れる、⑤「ちょうだい」といわれると渡せる、などがありますが、鉛筆の持ち方は指全体で握りしめ、小指側で書きます（手掌回外握り）。手の機能が発達してくると、同じように握りしめていても、親指側で書くようになってきます。そして次第に親指と人差し指が伸びて、鉛筆を支えるようになってきます（手指回内握り）。また手の機能が大きくかわる頃であり、小指側で鉛筆を支え親指側で操作するといった指の役割が分化してきます。この時期までは肩と肘の動きで書き、次の段階になると親指側の三本の指で持てるようになってきます（静的三指握り）。しかしまだ指が自由に動かないので、手首の動きを使って書きます。

次の段階になると、鉛筆を持っているときに親指と人差し指の間に隙間ができてきます。そして指が曲がったり伸びたりするような動きができるようになり、小さな丸などが書けるようになってきます。鉛筆の持ち方の発達はスプーンと同様で、箸動作の基礎となります。

日常でできる原因別サポート法

❶両手がうまく使えない

利き手と反対側の手で紙を押さえる

両手がうまく使えるためには、利き手が決まってくることが重要です。右利きであれば、左手で紙を押さえる動作が重要になります。書く場所の横に手をおくように教えてあげると、うまく押さえられます。紙の押さえがうまくいかないときには、すべり止めシートを利用してみましょう。左利きの場合には、無理に右手で持たせるようなことはやめましょう。右手で紙をうまく押さえられるようになるほうが重要です。

❷感覚の未発達

触覚の発達が重要

例えば目隠しをしてどの指を触られているかわかる、袋に入ったものの形や、そのもの自体をあてられるといった力の発達が重要になってきます。子どもがみえないように手を机の上において、一本ずつ触ってどの指を触られたかをあてる遊びなどをしてみましょう。答えるときは言葉でなく、反対の手の指差しで応じても構いません。

③力のコントロールが苦手

自然に適度な筆圧になるようなかかわりを

力が弱過ぎると筆圧が低く、強過ぎると高くなってしまいます。どちらも鉛筆の固定がうまくできていないことが原因の一つです。太めの鉛筆や、Qリング*などの補助具を利用するとよい場合があります。ただし、つまむ部分に装着する持ち方補助具は有効でないことがほとんどです。

鉛筆をうまく持てない場合には、厚紙と洗濯ばさみを用意して、洗濯ばさみを親指と人差し指の先でつまんで厚紙を挟む遊びをおこない、手の筋力を高めたり、指先の感覚を鍛えたりすることが効果的です。筆圧が自然と高くなるようなかかわりが重要で、「強く書いて」というだけの指導は、持ち方や操作の発達を一層妨げてしまいます。

＊ Q シリーズの詳細は178頁参照。

④ものをみる力が弱い

わかりやすいガイドを示す

形を描いたり、点と点を結んでみたりすることが難しい場合には、見本となる形の線の色を一本ごとにかえたり、描く方向を矢印で示してあげるとよいでしょう。数字が読める子どもの場合は、描く順番に番号を振ってあげるとうまく描けるようになることがあります。

⑤身体イメージがとらえにくい

小指側を固定させる工夫を

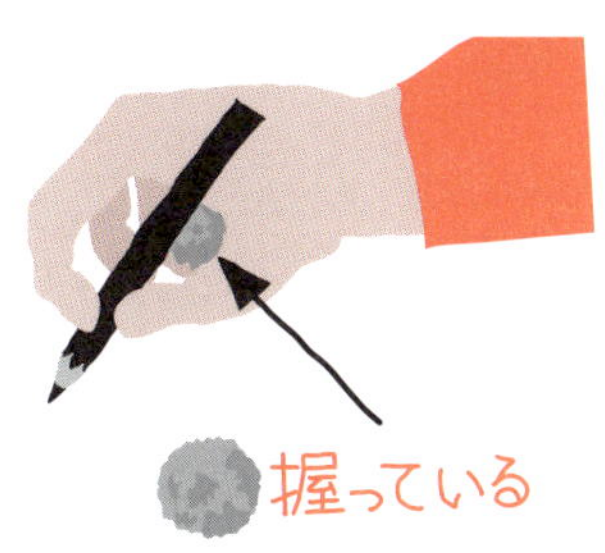

つまむ練習をいくらやっても、上手に鉛筆が持てるようにならないことがよくあります。そのようなときは、小指側がうまく固定されていないことがあります。小指側にティッシュを丸めたものなどを握らせて鉛筆を持たせてみましょう。Qグリップ*の使用もおすすめです。

誤解！ ものはつまめるのに鉛筆が持てないのはなぜ？

鉛筆は、つまんで持っているのではありません。親指の腹、中指の親指側、親指と人差し指の間の水かき部分の三点で固定しています。

ワンポイントアドバイス 持ち方ばかりにこだわらずたくさん書くことが大切

持ち方にこだわるばかりに、書くこと自体が嫌いになってしまう子どもがいます。そうなると描画の発達だけでなく、書字にも悪影響を及ぼしてしまいます。

子どもの手の発達段階にあった持ち方で、たくさん書かせてあげることが重要です。書いたものをほめて、家のなかに貼ってあげることなどで、子どものやる気は高まります。

消しゴム

消しゴムで消す動作は意外とおろそかにされやすいものですが、間違えた部分だけを消すことや、全体をきれいに消すことができるということは、学習に大きく影響していきます。算数の筆算がはじまる頃にはその影響が明らかになってきます。例えば、間違えたときに消すべきところだけでなく、繰り上がりの計算のときに覚えておくために書いておいた数字や、必要な数字まで消してしまい解答を間違えてしまうことがあります。漢字の画数が多い場合も同様です。

鉛筆を持って書きはじめたら消しゴムもセットで用意することで、幼児期から自然に消す動作が身につきやすい環境になります。

最近では様々な形や大きさの消しゴムがあり、なかにはモーターがついているものまであります。子どもと文房具店に行って、子どもにあった消しゴムを一緒に探してみるのもよいでしょう。自分の選んだ消しゴムなら大切に使ってくれるでしょう。

確認しておきたい動作

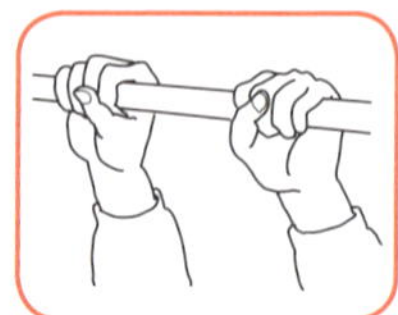

□ 1 鉄棒などにぶらさがれますか。

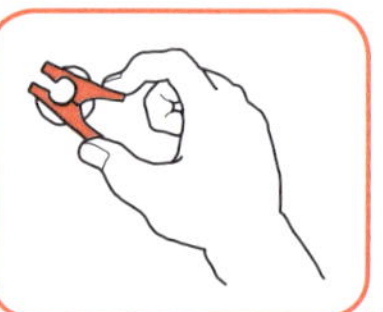

□ 2 親指と人差し指の腹で洗濯ばさみをつまめますか。

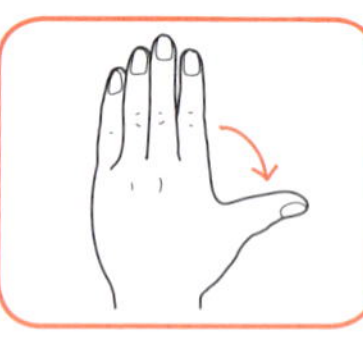

□ 3 利き手でないほうの手の親指だけを開けますか。

日常でできる原因別サポート法

❶両手がうまく使えない

紙をうまく押さえることを教える

消す動作のときには、消しゴムを持っていないほうの手で適切な場所をうまく押さえないと紙がくしゃくしゃになったり、破れたりしてしまいます。親指と人差し指を開いてできた空間に、消したいところが入るようにして押さえることを教えます。

❷感覚の未発達

日頃から指と手の平で押さえる感覚を育てる

押さえているときは、指先や手の平の押さえている感覚を持つことが重要です。感覚が鈍いと、消す動作のときに紙の動きを感じとりにくくなり、うまく押さえられません。テーブルをふきんなどで拭いたり、床のぞうきんがけなどをするなかで、指と手の平全体で押さえる練習をおこなってみるとよいでしょう。

❹ものをみる力が弱い

拡大コピーなどでみやすく

画数の多い漢字や筆算の計算式などはみた目に混乱しやすく、どの部分を消したらよいかがわかりにくくなっています。みた目に混乱しやすい子どもの場合には、問題を拡大コピーしたり、漢字も大きめのマスに書くようにするとよいでしょう。そうすることで問題もみやすくなりますし、消しやすくもなります。

❺身体イメージがとらえにくい

紙の向きをかえて前後の動きで消す

うまく消すためには、消す部分の形や大きさにあわせて、消しゴムのどの部分をあてていったらよいかや消しゴムの動かす方向など、手を複雑に動かす必要があります。前後方向のほうが動かしやすいので、左右の動きが難しいようであれば、紙の向きを変えて前後の動きに統一させて消してみましょう。手で押さえる場所がうまくわからない場合や手で押さえない場合には、必ず消す部分の横に手をおくことを教えてみましょう。

❸力のコントロールが苦手

すべり止めシートを利用する

消す動作にあわせてうまく力をコントロールできないと、消しているときに押さえている指が曲がってきて、紙を波打たせてしまうことがあります。そのようなときは、Qデスクシート*のようなすべり止めシートを利用することで、軽く紙を押さえるだけでうまく消せるようになります。消しゴムは、親指と人差し指の先でつまみ、中指で少し支えるような持ち方がよいでしょう。

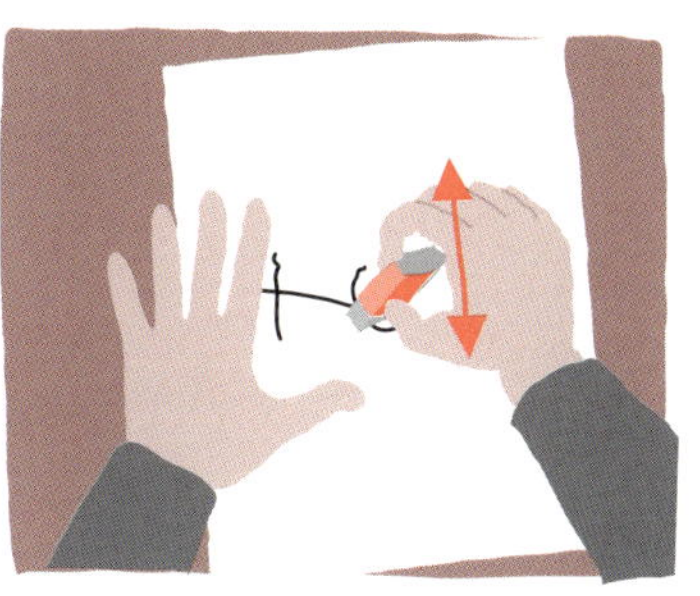

＊ Qシリーズの詳細は178頁参照。

誤解！

よく消える消しゴムを使おう

消しゴムは、何でも同じではありません。よく消えるものと消えないものがあります。よく消える消しゴムの代表的なものにはプラスチック消しゴムがあります。

ワンポイントアドバイス

消しゴムのかすを集める動きも練習

消しゴムで消したあとには、かすがでてきます。そのかすがそのまま紙の上にのっていると書きにくかったり、次の頁を書いているときに盛り上がってしまったりします。かすを一か所に指先を使って集め、次に反対側の手を器の形にして小指側をしっかりと机の端にあて、そのなかに入れる動きも併せて練習するとよいでしょう。

定規

定規の学習がはじまるのは、小学校二年生の算数からです。定規は長さを測るだけでなく、線を引いたり、紙をカッターで切るときなどに使用します。本を読むときに行を読みとばさないように、一行ずつずらしながら読むといった活用方法もあります。定規には様々な形や長さのものがあります。学習がすすむと二つの定規を組み合わせて、線や形を描くような活動もできます。

定規を使用する際には、押さえる手が非常に重要な役割をします。うまく押さえられていないと線がずれてしまったり、正しい長さを測ることができなくなってしまいます。また鉛筆側の手は鉛筆の先端が定規にあたるように操作する必要があり、左右を同時におこなう必要があるので、非常に難しい動作です。使いはじめのときは、定規がしっかりと固定されたほうがよいのですが、操作がうまくなってくると紙の上をすべらせるように操作するので、すべりやすいほうが使いやすくなります。

ここでは、使いはじめのときに使用される直線定規について述べます。

確認しておきたい動作

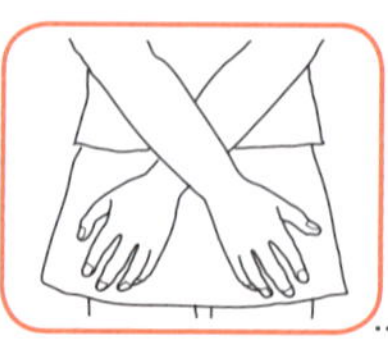

□ 1 腕を体の前で交差できますか。

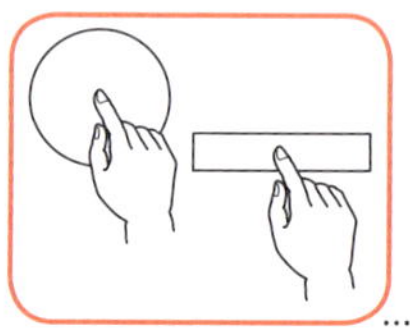

□ 2 ものの真ん中を指でさすことができますか。

□ 3 鉛筆を三本の指で持てますか。

日常でできる原因別サポート法

❶両手がうまく使えない

手の交差がうまくできることが大切

定規を横において線を引く際には、鉛筆を持つ手が押さえる手を越えて交差する必要があります。両手がうまく使えない場合には、この交差自体が難しい活動になります。右手で左の耳を触わるといった反対側の体の部位を触る動作をまねたり、手遊びや踊りなどを取り入れてみるとよいでしょう。

❷感覚の未発達

粘土を使って指の感覚を育てる

指先の感覚が鈍い場合には、定規を押さえている感覚がよくわからない状態と考えられます。粘土などを使って、人差し指から薬指までの三本の指先で押しつぶす遊びをするとよいでしょう。

④ものをみる力が弱い

目盛りがみやすい定規を使う

透明な定規や、定規の色と目盛りの色が似ていてコントラストがはっきりしないものはみにくくなります。1mmごとの目盛りも、同じ長さで描いてあるものだと、数えているうちにわからなくなってしまうことがあります。目盛りや数字は黒字に白といったコントラストがはっきりしたもので、かつ目盛りの長さに変化があるものがみやすい定規になります。

⑤身体イメージがとらえにくい

定規をおく場所、押さえる場所を教える

線や点に対して定規をおく位置や方向がわかりにくい場合は、横線を引くときには線の下に定規をおき、縦線を引くときには線の左側におく（右利きの場合）ようにルールを決めてみましょう。

また定規のどの部分を押さえたらよいかわかりにくい場合もありますので、定規の端ではなく、引く線の真ん中を押さえるように教えてあげましょう。

③力のコントロールが苦手

すべり止めつきの定規を利用する

押さえる力が弱くても強くても定規の操作は難しくなります。まずは、定規を押さえる位置を描く線の真ん中にするように教えましょう。

また、Qスケール15*のように、シリコンなどのすべり止めのついた定規を利用してみましょう。定規の操作時に紙が動いてしまうときは、Qデスクシート*などのすべり止めシートの利用が考えられます。これらを使うことで紙と定規が固定され、線を描いたときに定規がずれにくくなります。また指で押さえる部分が明確になっているので、自然にうまく押さえられます。

＊ Q シリーズの詳細は178頁参照。

誤解！

定規は透明がよい？

透明な定規はよいことばかりではありません。使いはじめは下が透けて、みえるとかえって目盛りなどがみにくくなります。

ワンポイントアドバイス

消しゴムで持ち手をつくると使いやすくなる

定規を持ちあげることが難しい場合には、持ち手をつけてあげるとよいでしょう。四角い消しゴムに両面テープを貼り、定規の上面の真ん中に横になるようにあわせれば、消しゴムが持ち手となります。持ち上げるだけでなく、操作もしやすくなる場合があります。左利きの子どもには左利き用を使いましょう。

日常でできる原因別サポート法

❶両手がうまく使えない

右手と左手が違う動きをする

はさみをうまく操作するためには、はさみを開閉しながら反対の手で線にそって紙を動かす必要があります。右手と左手とがまったく違う動きをするので、両手がうまく使えない場合には非常に難しい動作になります。曲がった線を切るときなどは、一度机の上において、紙を持ち替えて切るようにするとよいでしょう。

❷感覚の未発達

切るときに振動する感覚を鍛える

紙を切るときは、非常に細かく振動するような感覚があります。その独特な感覚を感じとることができないと、切り過ぎてしまったりすることがあります。いろいろな厚さや素材のものを切ることで、その感覚を鍛えてみましょう。

2 学習 36

はさみ

確認しておきたい動作

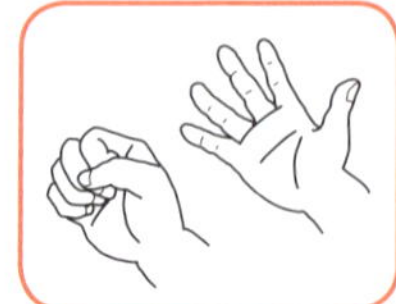

□1 グーパーができますか。

□2 チョキができますか。

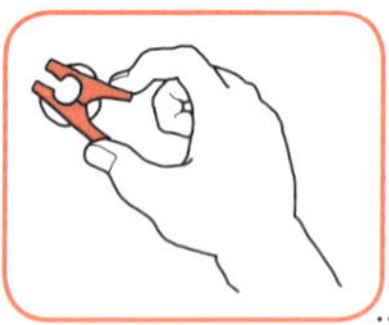

□3 親指と人差し指の腹で洗濯ばさみをつまめますか。

はさみは3歳頃になると使いはじめる道具です。はじめははさみを両手で開閉して使おうとします。また初期の段階では両脇を開いて操作することが多いので、親指が下になった状態ではさみを持って操作することもあります。

片手ではさみを持って開けるようになると、連続的に直線が切れるようになってきますが、そのときに紙を動かすのではなくはさみを動かして切りすすめていきます。しかし紙を持つ手の支えや操作がうまくいかないので、切る方向がかわるたびに机の上において持ち替える必要がでてきてしまいます。

次第に、はさみはおなかの前で先端が前方に向いた状態で固定され、反対の手で線にそって紙を動かしながら切れるようになっていきます。はさみは、切ることよりも開くのが難しいことも知っておくとよいでしょう。

❹ものをみる力が弱い

切るところをはっきりとみやすく

切る線をはっきりとした色で太くすることで、みやすくしてあげましょう。切るもののまわりに余白がある場合は、切るところまで紙の端から線を線で引いてあげるとよいでしょう。

また子どもの視線は右利きならはさみの左側、左利きなら右側をみるように教えると、切っているところがよくみえるので、うまく切れるようになります。

❺身体イメージがとらえにくい

手を複雑に動かす練習を

複雑な線を切りすすめるときには、紙を複雑に動かしていく必要があります。切る線を直線から曲線へ、単純な形から複雑なものへと段階づけていくとよいでしょう。

練習は、針金ハンガーを複雑に曲げたものと穴の開いた硬貨などを用意して、紙を持つ手を動かすように針金を動かしながら硬貨をとおしていくような遊びをしてみるとよいでしょう。針金の端はテープを巻くなどしてけがをしないようにしましょう。

❸力のコントロールが苦手

子どもの力に応じて段階的に

力の弱い子どもには薄い紙を、力が入り過ぎる子どもには厚めの紙を切らせてみましょう。そして段階づけて力の弱い子どもは厚く、入り過ぎる子どもは薄くしていってみましょう。

はさみを閉じた状態から開くことが難しい子どもには、バネつきのはさみを用意してあげましょう。このようなはさみは手の力を抜くだけで先端が開くので、切るところだけに集中することができます。そして次第にはさみを開く動きもできるようになっていきます。

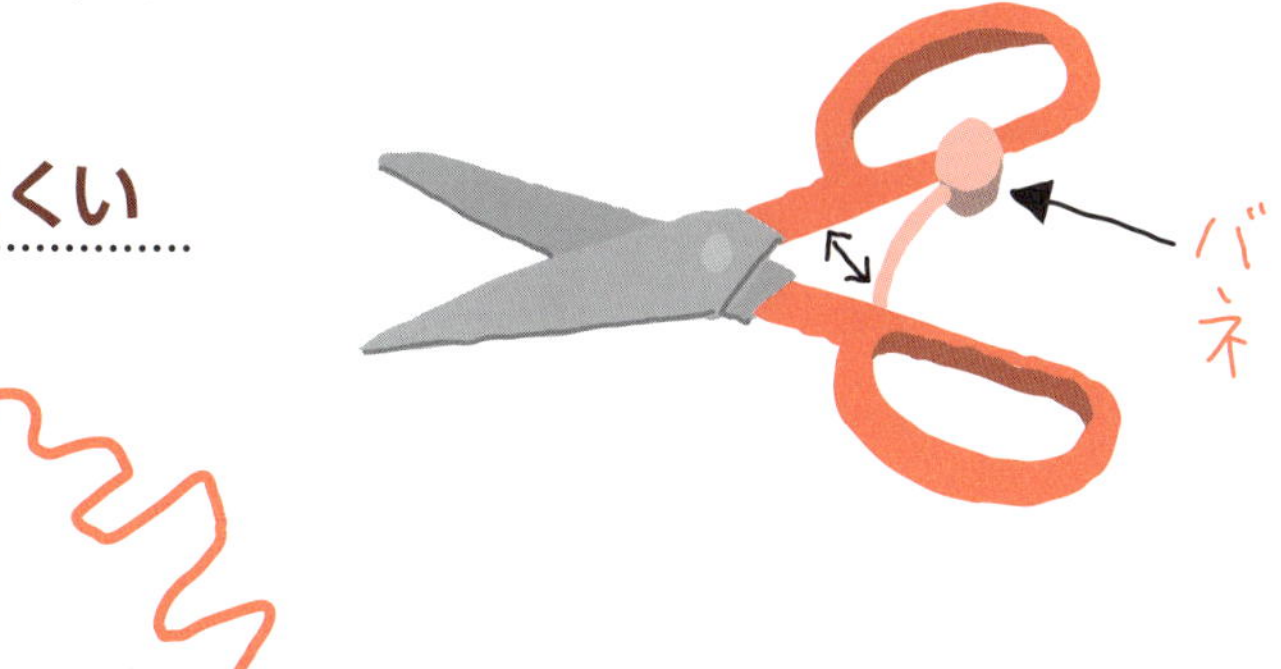

誤解!

よく切れるはさみを

紙専用のはさみは切れ味が悪いので、大人と一緒にはじめから切れるはさみを使わせてあげましょう。

ワンポイントアドバイス

左利きの子どもには左利き用のはさみを

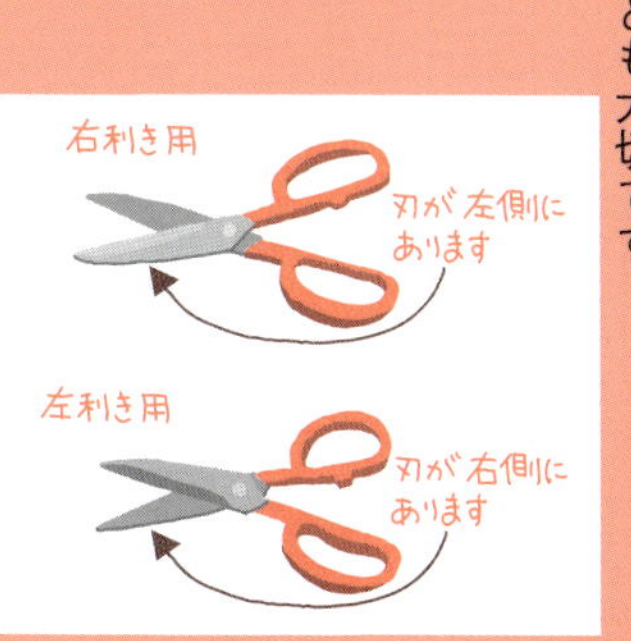

右利き用と左利き用では刃のあわせが逆なので、左利きの子どもが右利き用のはさみを使用すると、切っている部分がみえなくなってしまい、ずれてしまいます。

また、手の大きさにあった子ども用のはさみを使用することも大切です。

マウス

最近は幼児期からパソコンを操作する機会が増え、小学校入学後には学習にも取り入れられるようになってきています。パソコンを操作するものとしては、キーボードやマウスなどがあります。マウスは、画面のなかのポインタを動かすときに使います。マウスにも裏にボールのついたボール式のもの、裏面に赤い光が出ている光学式のもの、表面にボールがのったトラックボール、線でつながったものや無線で操作できるものと様々です。そのほかマウスパッドもあります。

マウスの操作性を高めるために、例えばウィンドウズパソコンでは、「アクセシビリティ機能」(http://www.microsoft.com/ja-jp/enable/default.aspx)があり、子どもが使いやすいようにマウスの設定をすることができます。ここでは、一般的な光学マウスの操作について説明します。

確認しておきたい動作

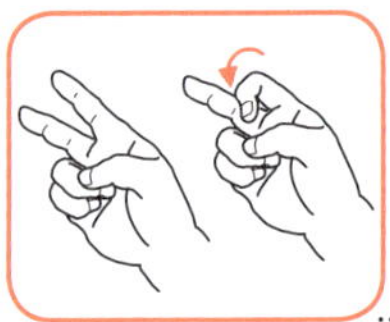

□ 1　チョキのまま一本ずつ別々に指の曲げ伸ばしができますか。

□ 2　目を隠した状態で丸、三角、四角などが描けますか。

日常でできる原因別サポート法

❶両手がうまく使えない

利き手にあわせた設定に変更する

マウスは片手で操作するのであまり影響がありませんが、利き手にあわせた設定をすると使いやすくなります。通常右利き用に設定されていますが、アクセシビリティ機能の設定で左利き用に設定すると、左右のクリックの役割を入れ替えることができます。また、ダブルクリックの早さも調節可能です。

❷感覚の未発達

紙ヤスリを貼って指の感覚をわかりやすく

目でみないでクリック操作する必要があるので、指の感覚が重要になってきます。指のあたる部分に、例えば240番くらいの紙ヤスリを小さく切って、両面テープなどで貼ってあげるとよいでしょう。指先であたっている感覚がわかりやすくなります。

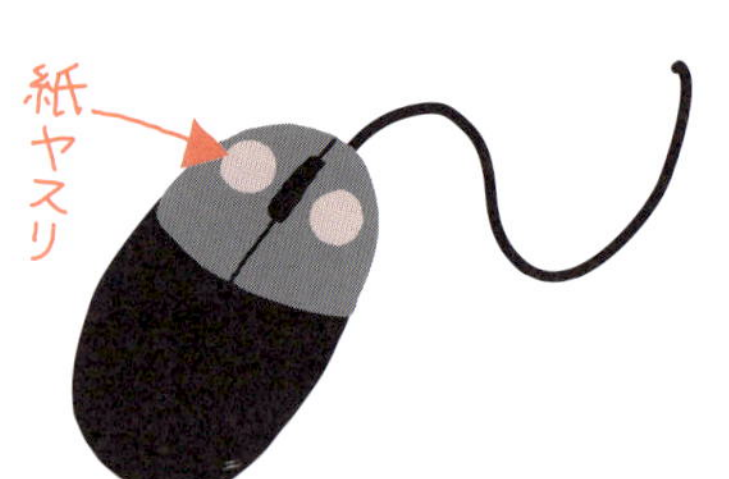

③力のコントロールが苦手

底にビニールテープを貼るとすべり過ぎなくなる

机の上で動かす場合に、すべり過ぎてポインタを目的の場所に移動できないことがあります。そのような場合には、光がでている部分をふさがないように、マウスの底にビニールテープを貼ってあげるとすべり過ぎなくなります。

マウスのプロパティでポインタのスピード設定も可能です。

④ものをみる力が弱い

ポインタの動きをわかりやすくする設定を

マウスポインタの動きについていけなかったり、マウスポインタがどこにあるのかがわからなくなる場合があります。マウスのプロパティで、軌跡を表示させたり、ポインタの大きさや色、アニメーションのものに変更したりすることでみやすくなる場合があります。またコントロールキーを押すことで、ポインタの位置を視覚的にわかりやすく表示してくれる設定もあります。

⑤身体イメージがとらえにくい

前後、左右、斜めと段階的に練習を

マウス操作時は画面をみているので、手をみないで動かす必要があります。はじめはマウスを前後に動かす練習をして、次に左右、その後、斜めといった順に動かす練習をしていくとよいでしょう。動かす方向とずれてしまう場合は、動かす方向にあわせて長めの定規をおき、それにそわせて動かす練習をしてみましょう。子どもが持っている手の上からマウスを一緒に持ち、動きを誘導してあげることも有効です。

マウスを使わなくても操作できる

ウィンドウズパソコンは、マウスを使わなくてもキーボードだけで操作ができるようになっています。例えば矢印キーでカーソルを移動させたりすることができます。

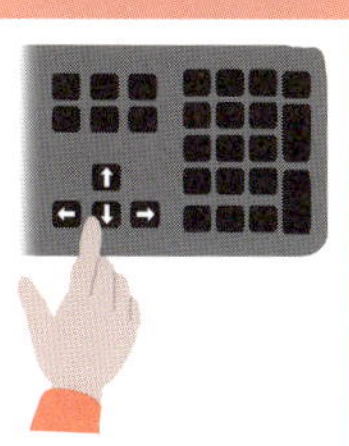

ワンポイントアドバイス

子どもにあったマウスを用意しよう

子どもの手の大きさにあったものが使いやすいですし、左利きであれば左利き用か左右対称のマウスを用意してあげましょう。手をうまく動かせない子どもには、指だけで操作できるトラックボールを使わせてみるのもよい方法です。

コンパス

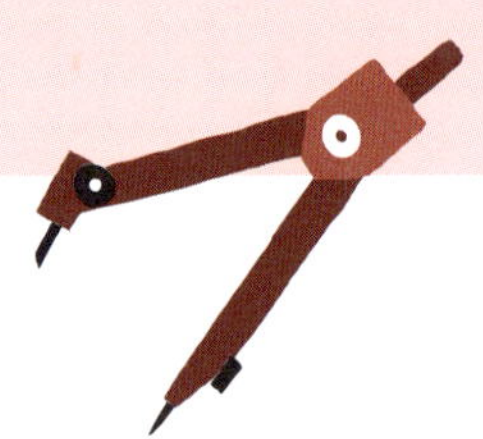

小学校三年生の算数からコンパスを使いはじめるようになります。コンパスは円を描くだけでなく、様々な図形を描くときにも使用されます。通常、コンパスは利き手の指先だけで操作します。円を描く場合には上部の円柱部分を回しますが、針と鉛筆の芯部分が両方とも浮かないようにしつつ、針が抜けないように操作する必要があり、非常に難しい動作になります。針が抜けないように工夫するためには、デスクマットなど針が刺さりやすいものの上で操作することが重要になってきます。

コンパスの操作はコマを回す動きに似ています。最近はコマを回して遊ぶ子どもも減ってきていると思いますが、コマ回しなどの遊びを幼児期からすることで、学習動作にもよい影響を与えることになります。

最近は持ち手の部分が回転し、指で回転させなくてもよいものがでてきています。しかし、実際にはこの機構だけでうまく描くことはできません。子どもにあった操作法や道具の工夫でできるようになる子どもも多いので、子どもにあった方法を考えていきましょう。

確認しておきたい動作

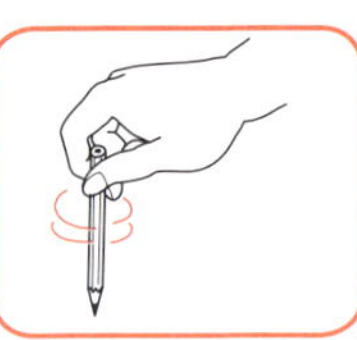

□ 1 鉛筆などをコマを回すような動きで回せますか。

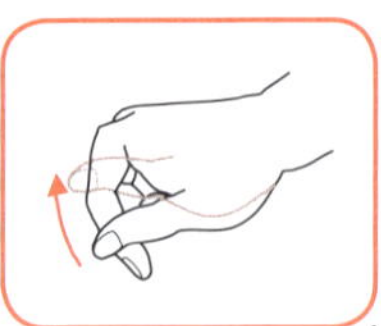

□ 2 親指で人差し指を指先から第二関節まで上下にこすれますか。

日常でできる原因別サポート法

❶両手がうまく使えない

利き手側だけを動かして広げる

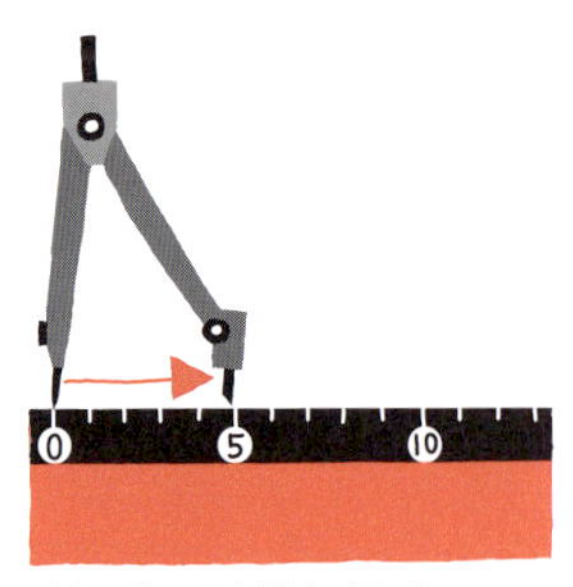

コンパスを任意の幅に広げる際には、両手で脚をつまみながら定規の目盛りにあわせて広げる必要があります。単純な動きのようですが、開き過ぎたり足りなかったりと微妙な調節が必要です。両手を一緒に動かさないようにして、利き手と反対側が目盛りの0になるように定規をおきます。利き手側だけを動かして広げるようにすることで調節しやすくなります。

❷感覚の未発達

コマで回す動きを練習

何も持たない状態で、親指の腹で人差し指の親指側の側面をスライドするようにこすりあわせる動きをしてみましょう。次に、軸の太めのコマを指で回して遊んでみましょう。コマを回す動きとコンパスを操作する動きはとても似ているので、コンパスを動かす感覚の練習を楽しくすることができます。

❸力のコントロールが苦手

針を抜けにくくする工夫を

軸となる針が抜けないように回す必要があるので、針を抜けにくくする工夫が必要です。針が抜けなければ、もし鉛筆の芯側が浮いてしまっても、再度描き続けることが可能です。Qデスクシートなどを利用することをおすすめします。

❹ものをみる力が弱い

みるところを決める

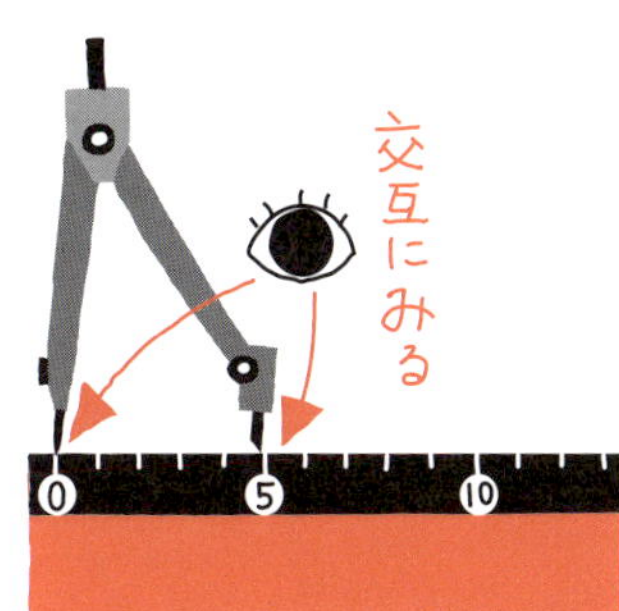

コンパスを任意に広げようとするときには、針側を0の目盛りにあわせておきながら、芯側を任意の目盛りまで動かしていきます。そのとき、針と芯を交互に目で確認する必要があります。難しい場合は、デスクマットなどに定規を両面テープで固定して、針を0のところにしっかりと刺し、芯側だけをみていればよい状況にします。

❺身体イメージがとらえにくい

太い円柱から段階的に細い円柱を回せるように

はじめは太めのマジックなどを、コマを回すように親指と人差し指で回してみましょう。次に細いものを同様に回していき、最終的には鉛筆程度の太さを一回転回せることを目標にします。指を動かすイメージを身につけていくことが大切です。

Qコンパス*の利用も有効な場合があります。

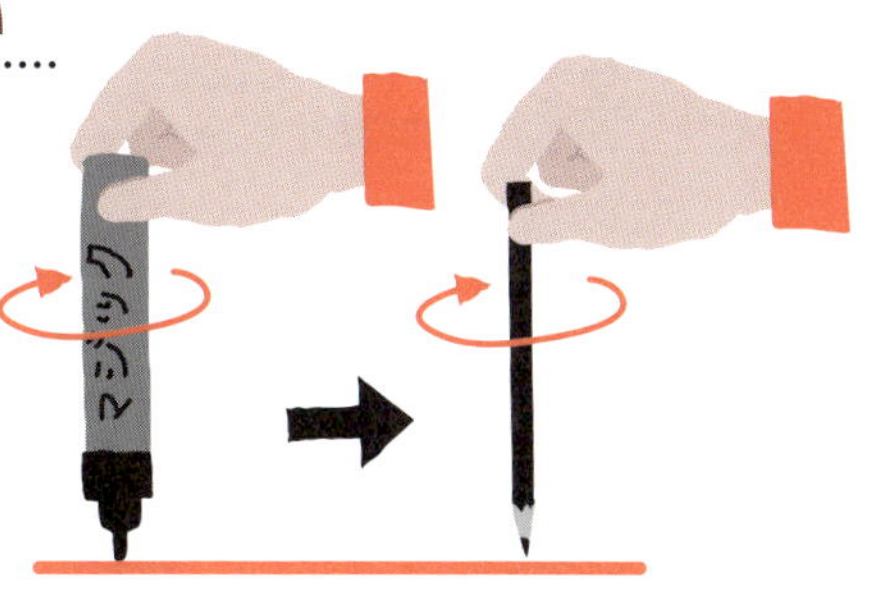

＊ Q シリーズの詳細は178頁参照。

誤解！

コンパスは何でもいいわけではない

100 円均一の店などでもコンパスは売られていますが、安すぎるものは脚のジョイント部分が緩いなどで使いにくいものが多いです。

ワンポイントアドバイス

両手で操作する方法も

通常コンパスは片手での操作ですが、片手でうまく操作できない場合には両手でおこなう方法があります。この場合は、軸の部分ではなくジョイント部分をつまみます。半分程度円を描いたら穂（針のついているほうの脚）の部分を反対の手で持ち、ジョイント部分を持ち替えて残りを描きます。このときに進行方向に向けてコンパスを傾けると、より描きやすくなります。

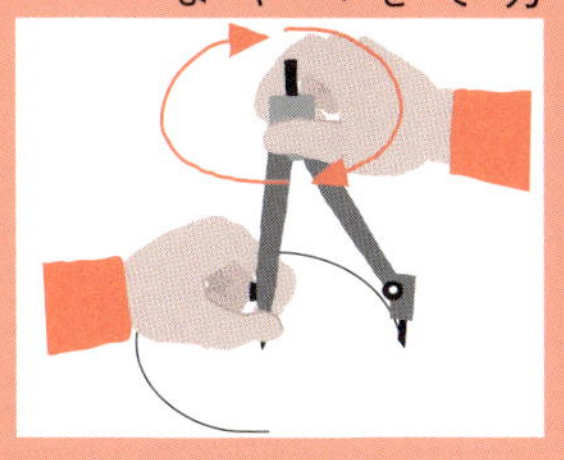

39

文字を書く

平仮名を学習として学びはじめるのは本来小学校一年生からですが、早期教育の影響で就学前に名前が書ける程度にと指導されていることが目立ちます。文字を書くことの前には、たくさん絵を描くことが必要です。絵を描くことを嫌う子どもは、文字を書くことも嫌う傾向にあります。

また、文字を読む力も、文字を書く前に獲得する必要があります。ただ線や文字をなぞったり、点と点を結ぶような課題をいくらやっても、意味のある文字を書くことができるようにはなりません。書いた文字に意味を持たせるためには、文字に興味を持ち、読めるようになることが最も重要です。そのためには、親からの本の読み聞かせが大切です。年齢の低い段階から、絵本などを読み聞かせられることにより、本に興味がでて、自分でも読んでみたい気持ちになってくるでしょう。

確認しておきたい動作

□ 1 絵を描くことが好きですか。

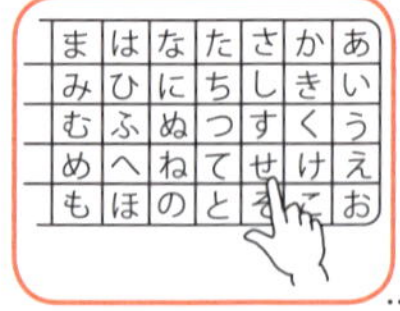

□ 2 平仮名を読めますか。

日常でできる原因別サポート法

❶両手がうまく使えない

普段の生活のなかで両手を使うことを心がけて

左利きや利き手が決まっていない場合には、鏡文字を書くことがあります。しかし、書きはじめのときは心配ありません。また書く文字の横に反対の手をおいて紙を押さえることで、うまく書けるようになります。普段からご飯を食べるときには茶碗を持つなど、両手を使うように心がけるとよいでしょう。

❷感覚の未発達

腕を自由に動かせることが基本

空中で指を用いて文字が書けますか。文字でなくとも丸や三角や四角などの形を描けるかどうか確認しましょう。手や腕を自由に動かせることは、文字を鉛筆などで書くことの基礎の力になります。

❹ものをみる力が弱い

位置関係を把握する力も重要

文字を書くときに、紙のどの場所から書いたらよいかわからない場合があります。文字が複雑になればなるほど困難さが増していきます。このような場合は文字を書くだけではなく、見本と同じ位置に配置するといった遊びをとおして位置関係を把握する力を養いましょう。

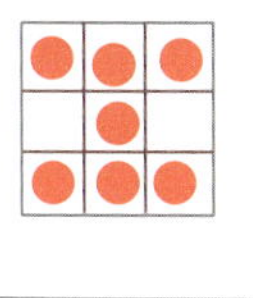

❺身体イメージがとらえにくい

手遊びや踊りなどで身体イメージを育てる

自分の身体イメージがとらえにくい場合には、自分とほかのものとの位置関係や、自分自身の姿勢などがわかりにくいことが考えられます。手遊びや踊りなど、ほかの人の姿勢や動きをまねるような遊びをすることで、身体イメージを育てることができます。

❸力のコントロールが苦手

自然に筆圧が高まるかかわりを

筆圧が高過ぎたり低過ぎたりしてもうまく文字を書くことができません。しかし、文字を書くときに筆圧を気にし過ぎることは問題です。自然に筆圧が高まることが重要で、筆圧を高くすることを目標にしないようにしましょう。

紙の下にQデスクシートや180番程度の紙ヤスリを敷くと書いている感覚が感じとりやすくなり、力のコントロールがしやすくなります。

誤解！

なぞり書きは鉛筆操作の練習

いくらなぞり書きをしても、文字を書けるようにはなりません。なぞり書きは鉛筆を操作する練習であり、白紙に文字を書けるようにするための練習ではありません。文字の形を描くことだけではなく、それに意味を持たせることが重要なのであり、それには文字の読みが基本となります。

ワンポイントアドバイス

まず絵を描くことが好きになるように

文字ではなく、絵を描くことが好きになるようにしましょう。子どもの描いた絵を批評することなく、ほめて部屋に飾るようにすることで、子どもは描くことが好きになっていきます。

簡単な「目、鼻、口」の人の顔程度が描ければ、平仮名を書く力は育っています。

2 学習 40

マスのなかに書く

　文字の書きはじめは、文字の大きさをそろえることと書く位置を明確にするために、マスのあるノートを使用します。最初は8マス程度のマスがよいでしょう。マスがあることで、白紙と比べて書く領域が狭くなるので、書く位置はわかりやすくなります。しかし、マスのなかのどの位置から書きはじめてどこまで書いたらよいかといった空間能力は必要です。

　使用するマスの大きさは、手指機能の発達にあわせて選択する必要があります。静的三指握りの時期は指先が曲がったり伸びたりするような動きができないので、小さな文字が書けません。この時期は、8マスノートの4マスを使う程度の大きさのマスにするとよいでしょう。指先が屈伸するようになる動的三指握りの状態になったら、8マスノートの1マスに一文字を書くようにするとよいでしょう。

確認しておきたい動作

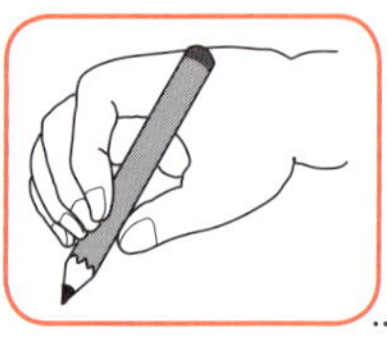

□ 1 鉛筆は静的三指握りですか。

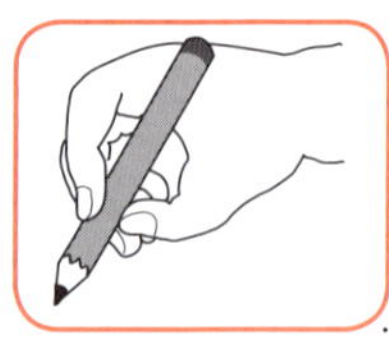

□ 2 鉛筆は動的三指握りですか。

日常でできる原因別サポート法

❶両手がうまく使えない

反対側の手でマスの横を押さえる

　マスの横を手で支えることで、うまくマスのなかに書くことができますが、鉛筆で書くことに非常に努力を要している場合には、反対の手に力が入りやすくなり、指が曲がりやすく、紙が丸まったりゆがんだりしてしまいます。その場合は、まず絵を描くときに反対の手でしっかり押さえることを意識しておこなうようにしましょう。

❷感覚の未発達

ぞうきんがけなどで指の感覚を鍛える

　マスを押さえる手の指を伸ばして、手の平全体で押さえるようにしてみましょう。机の上をふきんで拭いたり、床をぞうきんがけするなどの手伝いをさせることで、紙を押さえる指の感覚を鍛える練習になります。手の平で粘土が平らになるように押しつぶす遊びもよいでしょう。

③力のコントロールが苦手

フレームを利用する

マスから字がはみだしてしまう場合は、マスにあわせてくりぬいた厚紙を用意します。それをマスにあわせておき、そのなかに書きます。枠があることで、はみだしそうになっても枠にあたって止まるようになります。厚紙だとすべって動いてしまうので、専用のQフレーム*を利用するとよりよいでしょう。

④ものをみる力が弱い

枠の線を太くわかりやすく

マスの線をうまく見分けることができない場合は、枠の線を目立つ色で太く書くとよいでしょう。十字リーダーがついていることでみえにくい場合もありますし、8マスを4つ使用して書く場合は、そのマスがわかるように線を引き直す必要があります。

色は蛍光ペンのピンクがおすすめです。マスの横に手をおくことで、書く場所を意識させることも大切です。

⑤身体イメージがとらえにくい

書きはじめに目印をつける

マスのなかのどこから書きはじめて書き終えるかといった位置関係がわかりにくい場合は、書き始める部分に点を書いてあげるとよいでしょう。右手や左手といった、左右がわかることも大切です。

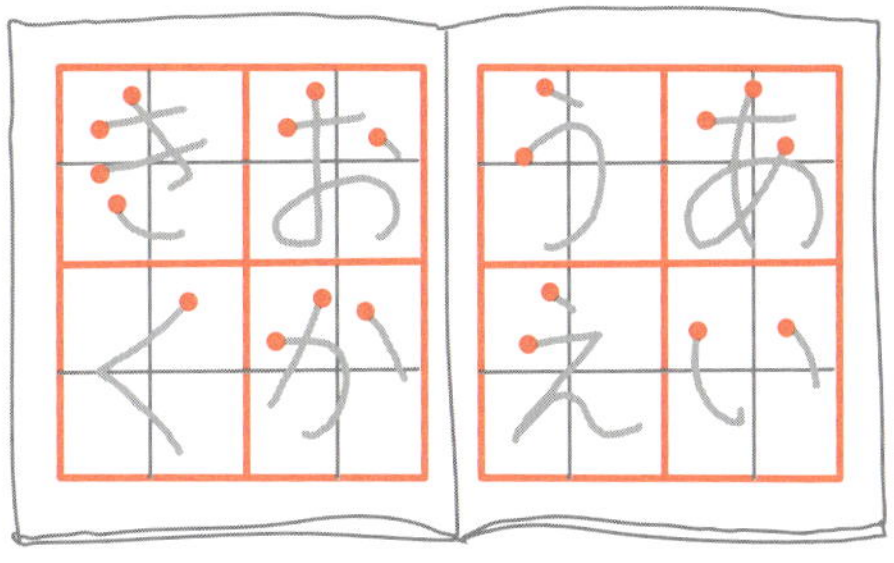

＊ Q シリーズの詳細は178頁参照。

誤解！

子どもの発達にあわせたマスを

小さいマスを用意したら小さな字が書けるわけではありません。手指機能の発達との関係があります。

ワンポイントアドバイス

わかりやすいマスを用意して

市販のマスのあるノートには、ほとんどに十字リーダーがついています。十字リーダーが邪魔になりうまく書けないようであれば、ワープロソフトなどを利用してオリジナルのマスを用意してあげるとよいでしょう。マスが複数あることで混乱する場合は、一枚の紙に1マスだけつくるとみやすくなります。

2 学習 41

板書の写し

確認しておきたい動作

□ 1 目の前に同じ距離でおかれたものをスムーズに見比べられますか。

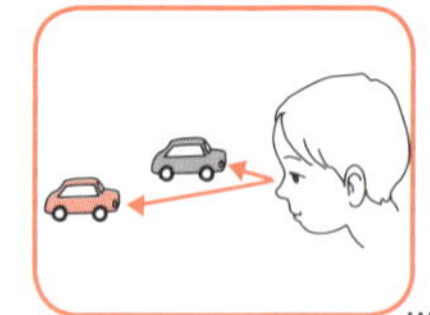

□ 2 目の前に違う距離でおかれたものをスムーズに見比べられますか。

小学校に入り、学習時や翌日の予定など板書された字を書き写すのは、非常に重要な動作です。

板書を写すには、様々な能力が必要です。まず黒板との距離があるので、それに見合った視力が必要です。次に書き写す部分がどこなのか、理解する力を要します。そして、みた内容を読み取って記憶しなければならず、記憶する力が弱いと何度も見直す必要がでてきます。黒板をみてノートをみて、また黒板をみてと視線を動かし、視線を移した際に先ほどまでどこをみていて、続きはどこからなのか判別できなければなりません。

また黒板とノートとでは、レイアウトをかえて書かなくてはならないので、再度構成する力も必要です。これらの動作には注意力や集中力が必要で、覚醒状態も保たれていなければなりません。

日常でできる原因別サポート法

❶両手がうまく使えない

両手と両目の動きがスムーズに連動するように

両手がうまく使えない子どもは、両目の動きもスムーズでないことがあります。片方の目だけでみていたり、スムーズに追視できないことがあります。風船バレーなど、ゆっくりと動く対象物を見続ける遊びなどをするとよいでしょう。

❷感覚の未発達

雑音が気になる場合はイヤーマフを

ざわざわしているところでは集中力が保てない場合があります。板書の写しをするときは、なるべく集中しやすいように静かな環境を用意します。どうしても周囲の雑音が気になる場合は、イヤーマフの利用もおすすめです。最近では容易に手に入りますし、学校で利用する子どもも増えてきています。

❹ものをみる力が弱い

席を前にし、板書ははっきりと

席を黒板の近くで、かつ中央にします。前の人が視野に入ることで、うまくみることができない場合もあります。

教師は黒板にははっきりと濃く、見た目にごちゃごちゃしないように書きます。ホワイトボードを利用している場合は、擦れたマーカーではなくはっきりと書けるマーカーを使い、コントラストがはっきりするような色使いをしましょう。

❺身体イメージがとらえにくい

構成をわかりやすくする配慮を

黒板に書かれたものを再構成して書き写すことが難しい場合には、教師がノートにそのまま書き写せばよい書き方をすることが大切です。身体イメージがとらえにくい子どもは、特に図形などがわかりにくいことがあるので、色使いなどに配慮しながら書きましょう。立体的なパズルを見本をみながらつくるような遊びをしてみると、イメージの構成に役立つでしょう。

❸力のコントロールが苦手

写すのが遅いときはコピーや撮影などの対応を

学年があがってくると、板書の量が増えるとともに、スピードも要求されてきます。ゆっくり書いていると消されてしまい、書き写すことができなくなってしまいます。スピードが遅い場合には、最低限書き写さなくてはいけない場所を教師が明確にすることや、友人のノートのコピーをもらう、デジカメで黒板を撮影するなどの工夫が大切です。

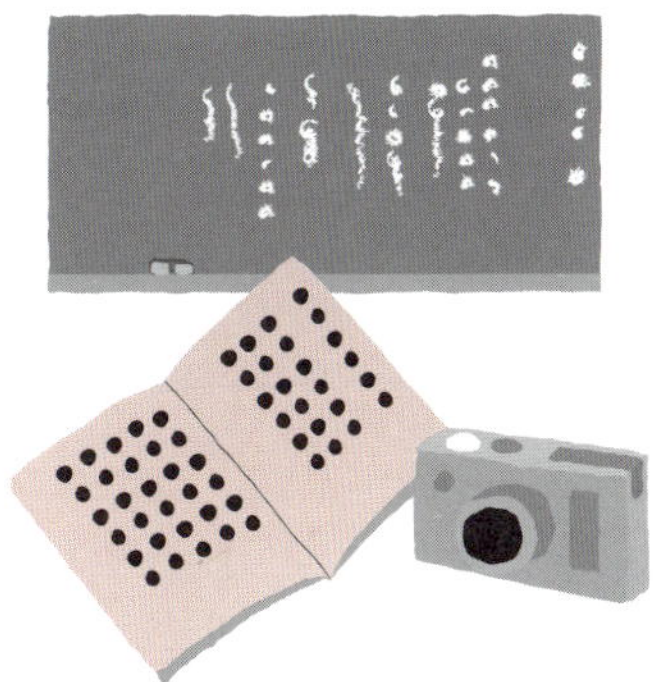

誤解！

教師の書き方でもかわってくる

子どもばかりに原因があるのではなく、教師の書き方で子どもの板書能力は大きくかわってきます。教師はきれいな字で読みやすく、整った配列で書きましょう。

ワンポイントアドバイス

横においたプリントを書き写すことから

視線を移す距離が長いことで板書の写しが困難な状態になっている場合には、板書すべき内容を事前にプリントで用意してもらい、ノートの横において書き写すようにするとよいでしょう。友達のノートを書き写すことからはじめてもよいと思います。

2 学習

図形を描く

確認しておきたい動作

□1 縦、横、斜めといわれて体や手で表現できますか。

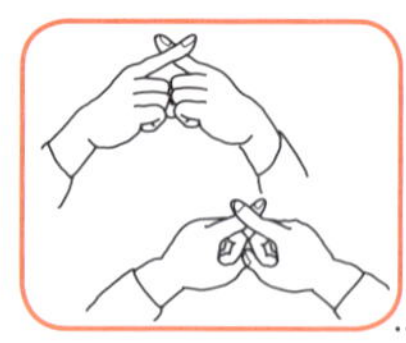

□2 大人が腕や指でつくった十字やバツをまねできますか。

子どもはなぐり描きからはじめ、ぐるぐると丸を描くようになり、直線をまねて描くようになります。3歳代では一つ丸や十字、四角が描けるようになり、人の絵は顔だけ描けるようになります。4歳代はバツや三角が描けるようになり、人の絵は頭から手足がでてきます。すべて斜めの線で構成されている菱型は、7歳以降に描けるようになります。これらのことから、縦横の線に比べて斜めの線を描くほうが難しいことがわかります。それは目や手の動きが、縦横よりも斜めに動かすほうが難易度が高いことも理由の一つです。

一番重要な能力の発達は、線がどこからはじまり、どこまで描いてあるか、線と線がどのように構成されているかといったことがみてわかるようになることであり、この力を空間能力といいます。この力は文字を書く際にも重要な力となります。

日常でできる原因別サポート法

❶両手がうまく使えない

利き手を育てることが大切

利き手が決まっていないと、自分の体の中心より右は右手で、左は左手で描くことがあります。このような場合は、ご飯を食べるときに茶碗を持たせたり、ビーズとおしなどの遊びで利き手を育ててあげましょう。公園の遊具などで全身を使って動くような遊びもとても大切です。5歳以降の場合は、よく使うほうの手を利き手として育ててみましょう。

❷感覚の未発達

様々な感覚情報を経験する

鉛筆などで図形を描くだけでなく、例えばお風呂のくもった鏡や公園の砂に指で図形を描くなどもしてみましょう。指先から直接感覚が感じられることで、複合的な感覚が脳に伝わります。粘土を使って様々な形をつくってみることもおすすめします。袋に入れた様々な形のブロックなどをみないで当てるゲームもよいでしょう。いろいろな情報を得ることが、図形を描く力に結びつきます。

❸力のコントロールが苦手

自由に体を動かせることが大切

力が入り過ぎても弱くても、体を動かしたときに筋肉や関節からの感覚情報がうまく脳に伝わりにくい状況だと考えられます。図形をうまく描けるためには、自分の体を自由に動かせて、体を動かしたときの結果がわかることが大切になってきます。ジャングルジムや鉄棒などの力を入れて遊ぶ遊具を活用するとよいでしょう。

❹ものをみる力が弱い

空間能力を高める工夫を

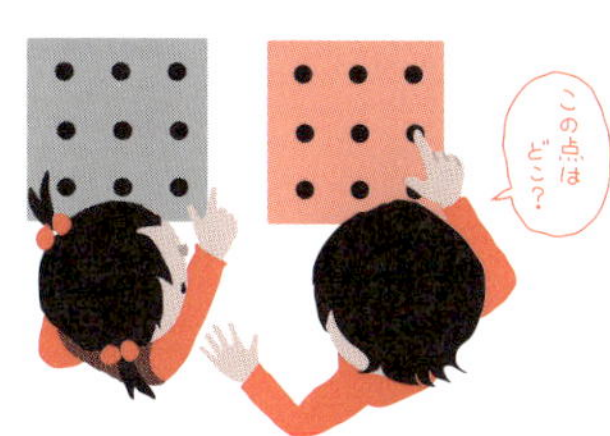

図形のイメージが頭にしっかりととらえられない段階では、図形の見本が必要になります。図形を構成する線を色分けした見本を用意すると、どのように構成されているかがわかりやすくなり、まねして描きやすくなります。

二枚の紙に同じように点を書き、片方の紙の点を指差して、子どもにもう一枚の紙の点を指差しさせる遊びも空間能力を高めます。

❺身体イメージがとらえにくい

大人の姿勢のまねをして身体イメージを育てる

身体イメージが育っていないと、どちらからどのように線を描いていったらよいかなどがわかりにくくなります。描く前に、大人が手や腕や体でつくった姿勢のまねをさせてみましょう。腕を水平に広げてみたり、体の前で交差してみたり、指で三角や四角などをつくってみます。手遊び歌で遊ぶこともよいでしょう。また図形を描く前に人の絵を描いてみましょう。人の絵がうまく描けないときは、鏡に映った自分の体のパーツに気づかせながら描いてみるのもよいでしょう。

日常生活も図形を描く力につながる

積木やブロックなどを組み合わせていろいろな形をつくったり、洋服などをたたんだりするような日常生活の動作が図形を描く基礎力を伸ばします。

ワンポイントアドバイス 段階的に図形を描く力をつける

なぞって描いているだけでは、描けるようにはなりません。はじめはなぞって描くのもいいですが、三つの点を結んで三角を書いてみるなど、段階的にすすめましょう。目印の点の数を次第に減らしていくことで、図形を描く力が育っていきます。

描くことが難しい場合は、棒を用意し、棒を組み合わせて様々な図形をつくってみましょう。長い棒を床の上で全身を使って組み合わせるのもよい方法です。

ものを模倣して描く

確認しておきたい動作

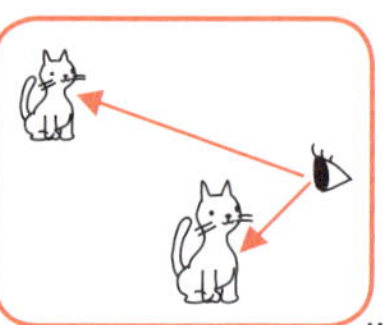

□1 二点を見比べることができますか。

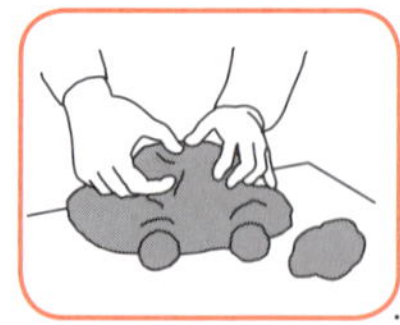

□2 ものをまねて粘土などでつくれますか。

教科学習としては、図工の時間に絵を描くようになってきます。ものの絵を模倣して描くときは、立体的なものを紙の平面に描いていかなくてはなりません。描きはじめの頃は、立体的な三次元のものを二次元のものとして描きます。そして次に三次元の立体的な絵になっていきます。立体的な絵が上手に描けるようになってくるのは、小学校高学年以降になります。

最初は時計など平面で描けるものから描くようにするのも一つの方法ですが、立体にこだわることなく自由にたくさん描いて、描くのを好きになることが大切です。描くものをいくつかのパーツにわけて描いていくことで、うまく描けるようになる場合もあります。

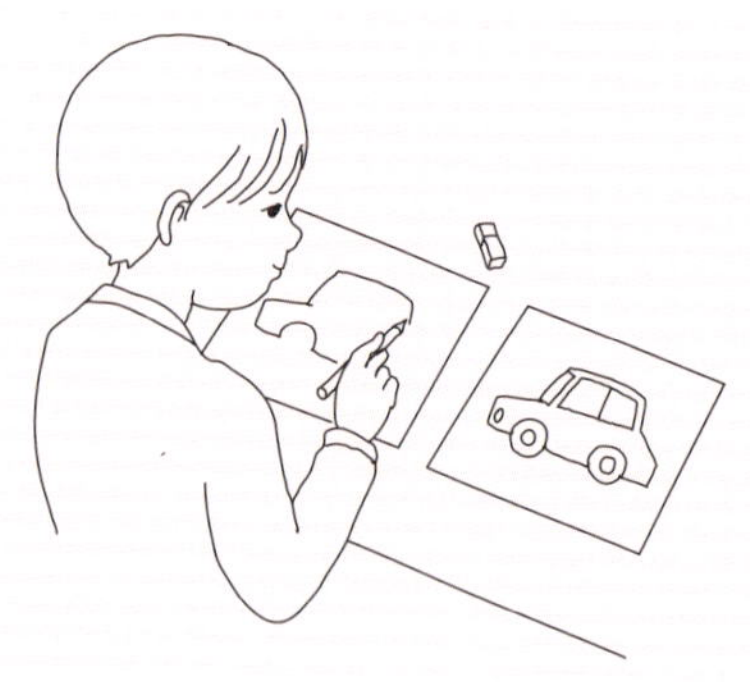

日常でできる原因別サポート法

❶両手がうまく使えない

実際のものを手で扱う経験を多く

立体的なものを立体的にとらえるためには、実物をたくさん手で扱う経験が必要です。裏をみてみたり回転させてみることで、ものの形状を立体的に把握することができます。身近なものを両手で回してみてみましょう。

❷感覚の未発達

立体的なものの質感を指で感じる

立体的なものの表面を指先で触れて、形状を確認してみましょう。例えばリンゴでは芯の出ているところのくぼみや、表面のなめらかさ、芯のかたさといった、部位や色によりかたさやなめらかさの違うところなどを感じとってみましょう。

❹ものをみる力が弱い

立方体からはじめるとわかりやすい

立体的なものは、みる位置で奥行きの感覚などに変化がでてくるなど、高い空間能力が必要とされます。ものをしっかり触り立体的にとらえることができるようにしてから、おかれたもののみる位置をしっかりと決めて描いていきます。目印となる頂点のある立方体から描きはじめるとわかりやすいでしょう。面の色を変えると、よりわかりやすくなるでしょう。

❺身体イメージがとらえにくい

自分の体を立体的にとらえることから

身体イメージがとらえにくいと、ものを立体的にとらえにくい状態となります。まずは、自分の体の部位の位置関係を把握してみましょう。上下左右だけでなく前後の位置関係も加えていくとよいでしょう。そうしていくことで自分の体を立体的にとらえやすくなります。粘土やブロックなどでものをまねしてつくってみるのもよいでしょう。

❸力のコントロールが苦手

もののかたさの違いを知る

やわらかいものをそっと持ち、かたいものをしっかりと持つことが難しい場合に、絵でかたさややわらかさを表現することは難しくなります。そこでやわらかいものからかたいものへと順番に並べて触らせ、そのかたさの違いに気づけるようにしていきます。鉛筆などの道具を操作することが加わるとうまく描けない場合には、描く前に粘土などで模倣してつくってみることも大切です。直接手で形づくることでイメージしやすくなり、描くよりも難易度をさげることができます。

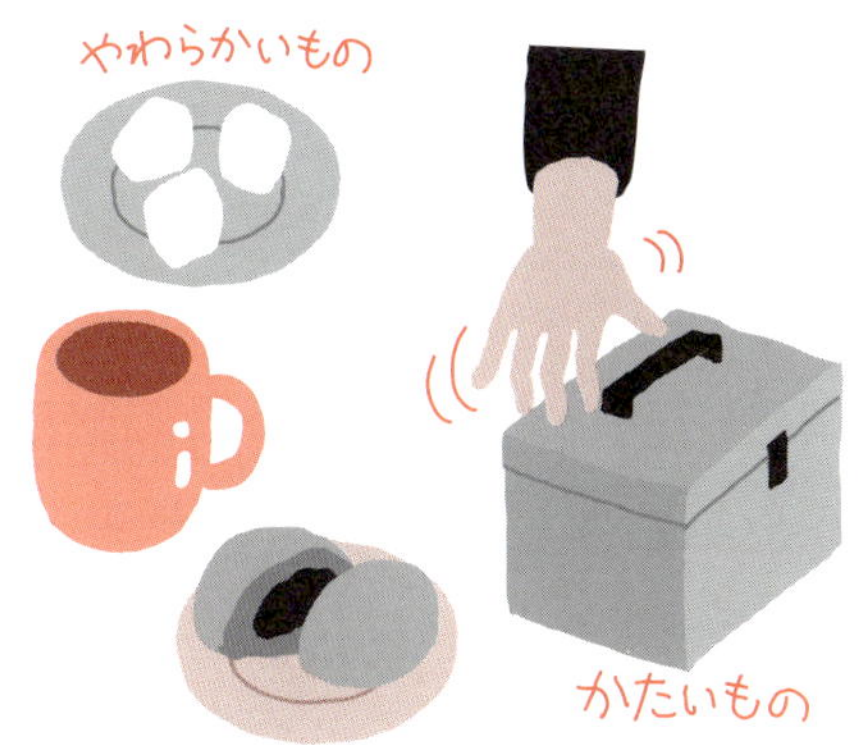

誤解！

必ず見本をまねて描かなければならない？

見本がなくても大丈夫です。経験したことや、本を読んでイメージしたことを描いてみることも、イメージする力を育てます。

ワンポイントアドバイス

描くことを好きになることが一番大切

実物の形や色にこだわらず、自由に表現させてあげましょう。描いていくなかで上手になっていきます。描いたものをほめて、家のなかに貼ってあげましょう。描くものはマジックでも筆でも、鉛筆でもなんでも構いません。自由な発想力を高めていくことが、ほかにもよい影響を与えていきます。

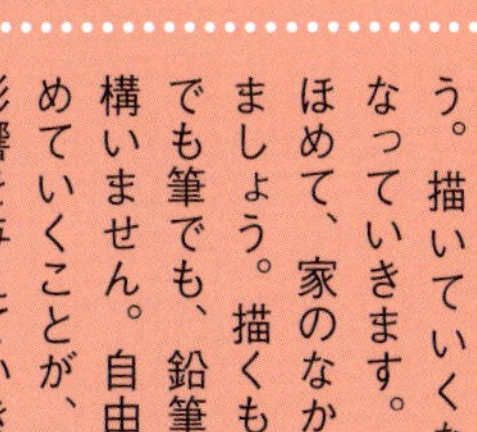

2 学習 44

本を読む

本を読めるようになるためには、文字を読めることが必要です。最近は、小学校に入る前に五十音程度が読めるようになっている子どももいますが、無理に教え込むのではなく、興味を持って文字を覚え、本に親しむことで読むのを好きになることが重要です。そのためには、幼児期から本の読み聞かせを習慣化することが大切です。

まずは耳から聞いて言葉を覚えていきます。そうすることで、文字にも興味がでてきますし、文字が読めるようになったときにスムーズに本も読めるようになります。また子どもの興味にあった内容の本を用意してあげるとよいでしょう。

子どもにかかわる大人も本を読むことが好きになる必要があります。普段から本を読んでいる大人がいる環境だと、子どもも自然に本を読むのが好きになる可能性があります。

確認しておきたい動作

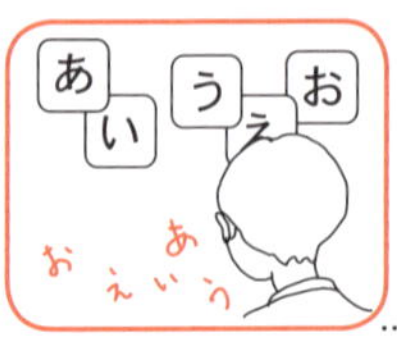

□ 1 文字が読めますか。

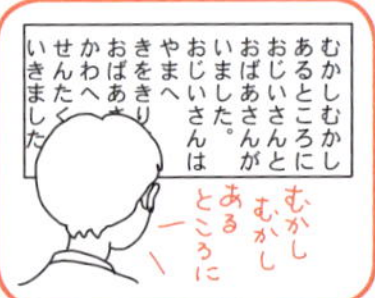

□ 2 読みとばしなく読めますか。

□ 3 スムーズに読めますか。

日常でできる原因別サポート法

❶両手がうまく使えない

読むところを指でさしながら

両手がうまく使えない子どものなかには、目でうまくものを追えない子どもがいます。このような場合は、読むべきところを指でさしながら読んでいくとよいでしょう。うまく指でさしながら読めない場合は、大人が指をさしてあげましょう。行間や文字の間が狭かったりすると読みにくいので、広いものからはじめましょう。

❷感覚の未発達

集中できる環境を整える

周囲の雑音があると集中して読むことができません。少しの音でも気になる子どもの場合は、テレビを消したり、静かな部屋や図書館へ行くなど環境を整えてみましょう。イヤーマフなどを利用することで集中して読めるようになることもあります。

❸力のコントロールが苦手
読みやすくする工夫を

本をうまく持っていられなかったり、めくれない場合には、本をすべり止めマットの上において読んでみましょう。頁が浮いてしまうときは、本の中心を開き、そこを押さえて紙に癖をつけることや、文鎮などを利用して不用意に頁がめくれないように工夫してあげましょう。

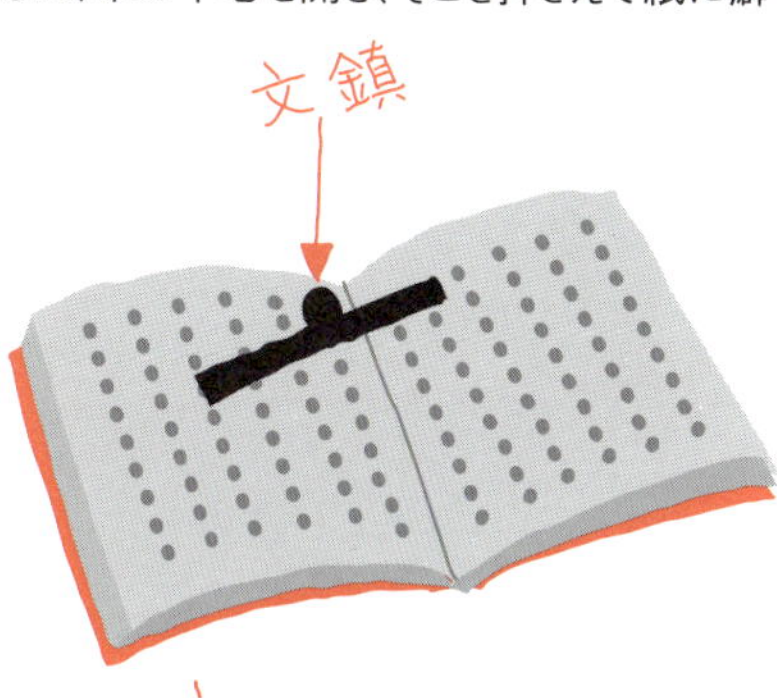

❹ものをみる力が弱い
色眼鏡や色セロファンを利用して読みやすく

薄い青や黄色の色眼鏡をかけることで、うまく読めるようになることがあります。海外で市販されている専用の眼鏡もあります。色セロファンを文字の上において代用することもできます。絵がたくさん描いてあったり、文章がいろいろな場所に配置してある本は読みづらいので、シンプルなものを選びましょう。

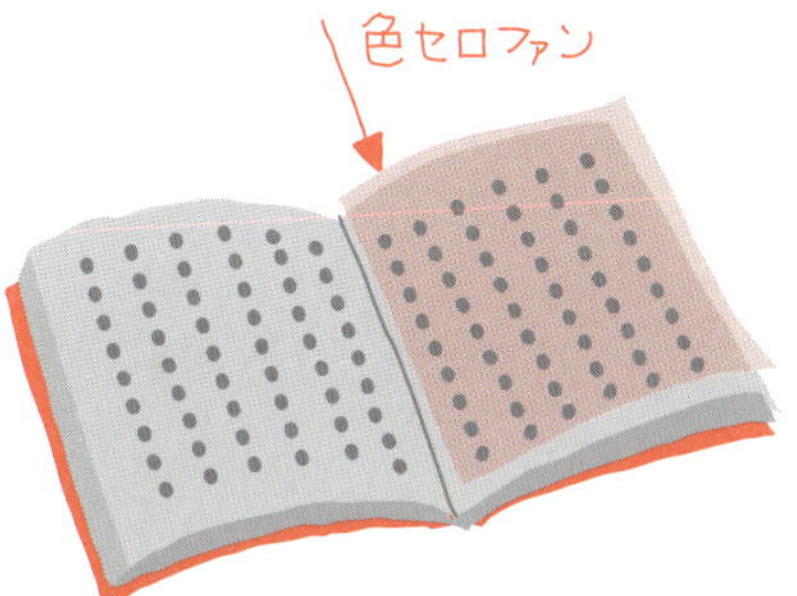

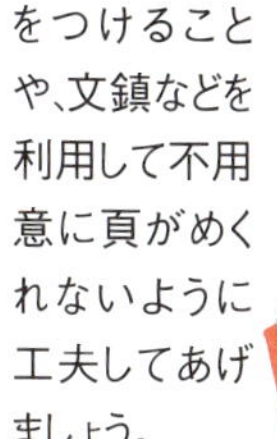

❺身体イメージがとらえにくい
空間能力が弱い場合は読むところにガイドを

文字の読みとばしや、行を間違えて読む子どもの場合は、読むべき行の下や横に不透明な定規をおいて読むと、うまく読めるようになることがあります。赤いセロファンを行の幅にあわせてくりぬいたものを用意して、読むべき行を明確にすることも有効です。

目を自由に動かせるように、風船をお手玉のように手で何度も空中にあげて遊ぶのもよいでしょう。

読めれば理解できるわけではない

本はただ文字を読めればよいわけではありません。内容を理解できているかが重要になってきます。書いてある内容について質問し、理解できているかを確認してみましょう。

ワンポイントアドバイス

読むスピードと理解力は関係している

本を読むスピードと、内容を理解する力は関係があります。一文字ずつ読んでいる逐次読みの段階では、読むことで精一杯な状態で、内容の理解までは難しいです。

本の読みはじめは、0～1歳用といった絵本を読むとところからはじめるとよいでしょう。大人が子ども宛にほめる内容の手紙を毎日書いてあげるのもよいでしょう。

プリントをしまう

確認しておきたい動作

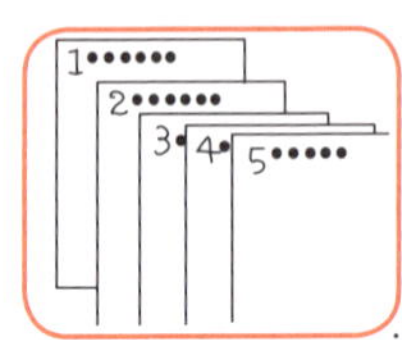

□ 1 向きがばらばらな紙の向きをあわせられますか。

□ 2 同じ大きさの紙をきれいに束ねられますか。

□ 3 角をあわせて紙を半分に折れますか。

就学すると、子ども自身で配付物を家に持ち帰ることが多くなります。プリントは大きさや紙の質が違うこともあり、教科書やノートに比べると薄くてまとめにくいために、扱いが難しい場合があります。教科書やノートの間に挟まっていたり、ランドセルの底にぐちゃぐちゃになった状態でいつまでも入っていたりして、必要事項が親に伝わらなかったりすることがあります。このような状況は、子どもにとっても親にとってもよい状態とはいえません。結局子どもが叱られることになりかねませんし、親としても大切なことをしてあげられなくなる可能性がでてきてしまいます。

プリントはうまく向きをあわせてまとめられるかが重要で、それができれば、そのあとはクリアファイルなどに入れやすくなります。最近はA４サイズのランドセルなど使いやすいものもでてきていますが、工夫することでうまくプリントをしまえるようになりますので、試してみましょう。

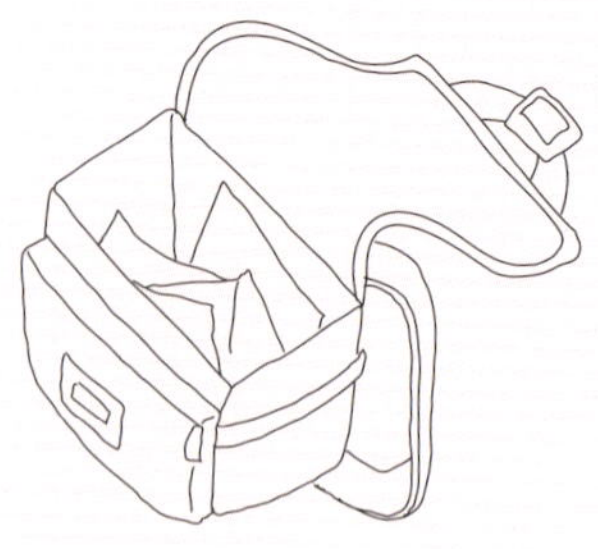

日常でできる原因別サポート法

❶両手がうまく使えない

折り紙を二つに折ることから

両手がうまく使えないと、紙を折ることができない場合があります。普段からタオルをたたむ手伝いや、折り紙を折るといった動作を取り入れるとよいでしょう。折り紙を二つに折ることが難しい場合には、軽く折り目をつけた状態から折ってみるとよいでしょう。

❷感覚の未発達

日めくりカレンダーなどで薄い紙を扱う

手の感覚が未発達なために、薄い一枚の紙を扱うのが困難になることがあります。トランプや日めくりカレンダーなどをめくるような練習をしてみましょう。

❹ものをみる力が弱い

あわせる角に目印をつける

角をあわせて折ることが難しい場合には、折ったときに下になる角に蛍光ペンなどで印や色をつけてみましょう。その色を手がかりにするとあわせやすくなります。

❸力のコントロールが苦手

適切な力加減で紙を束ねる練習を

何枚ものプリントを束ねるときには、紙を支え、指を軽く開いた状態で机に「トントン」と打ちつけます。力が入り過ぎると難しい動作になります。

まずは葉書やトランプなどの厚めの紙から束ねる練習をするとよいでしょう。

❺身体イメージがとらえにくい

ケースファイルを利用して

プリントの向きをあわせられない場合は、100円均一の店などで売っているA4サイズの紙が入る薄めのケースファイルを利用しましょう。大きく開いて一枚ずつ入れるようにしていくことで向きをあわせやすくなりますし、ランドセルに入れるときも折れ曲がることがありません。

向きをあわせる練習としては、トランプの向きをあわせて束ねたりしてみましょう。入れ物にしまうようにしていくと、より練習になります。

誤解!

叱るよりもできるようになる工夫を

子どもはわざとぐちゃぐちゃにしているのではなく、何か原因があってうまく入れられないのです。叱ってもできるようにはなりませんから、ランドセルに入れやすい工夫が重要になります。

ワンポイントアドバイス

子どもの状態にあわせて使いやすいものを

プリントを上手にしまうためには、大きさや向きをあわせて束ねたあとに、クリアファイルやケースファイルなどに入れてからランドセルにしまうようにしましょう。紙のままだと、どうしてもぐちゃぐちゃになってしまいます。クリアファイルよりもケースファイルのほうが入れやすいので、子どもの状態にあわせて選んでみましょう。

鍵盤ハーモニカ

確認しておきたい動作

□1 笛やラッパなどが吹けますか。

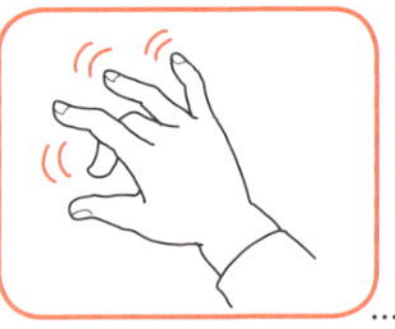

□2 指を一本ずつ順番に動かせますか。

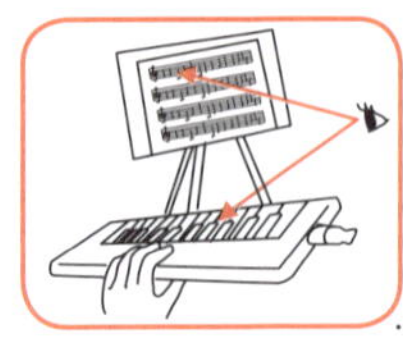

□3 二点を見比べることができますか。

幼稚園などに入ると、発表会の演奏などで鍵盤ハーモニカが使われることがあります。口から息を吹き込みながら指で鍵盤を弾くといった、複雑な動作の楽器です。鍵盤を弾くだけでも難しいうえに、それにあわせて呼吸もしなくてはならないので、うまく弾けずに困っている子どもが多く見受けられます。さらに、立った状態や歩きながら演奏しなくてはならないこともあり、その場合さらに難易度はあがります。

小学校の学習指導要領をみると、一～二年生でハーモニカと打楽器に親しみ、二年生ではオルガンが加わります。三年生で鍵盤楽器・打楽器・リコーダーを演奏することが目安となっており、三年生からでてくるリコーダーにつながる息を吐く動作なので、一～二年生からハーモニカではなく、鍵盤ハーモニカが選択されることが多くなっています。

日常でできる原因別サポート法

❶両手がうまく使えない

机の上において演奏してみる

鍵盤ハーモニカを持ちながら演奏するのが難しい場合は、机の上において演奏してみましょう。

口でうまくくわえられないときは、片手でホースを支えながら反対の手で演奏しなくてはなりません。ラッパや笛などの吹く遊びを普段から取り入れるとよいでしょう。

❷感覚の未発達

皮膚や体の感覚を鍛える

指を動かすときには、皮膚の感覚と筋肉や関節からの情報を頼りに動かします。その情報がうまく伝わらないと、目でみながら手を動かさなくてはならなくなってしまいます。

まずは親指と人差し指、次に親指と中指というふうに、順番に小指まで指をあわせる運動を、はじめは目を開いた状態でおこない、うまくなってきたら目をつぶってもできるようにしていきましょう。

❹ものをみる力が弱い

色分けで楽譜と鍵盤の関係を示す

楽譜と鍵盤の関係がわからない場合には、楽譜を音にあわせて色わけしてみましょう。その色と同じシールを鍵盤にも貼ります。楽譜の色と鍵盤の色とを見比べながら弾いていくことで、曲を弾くことができるようになります。

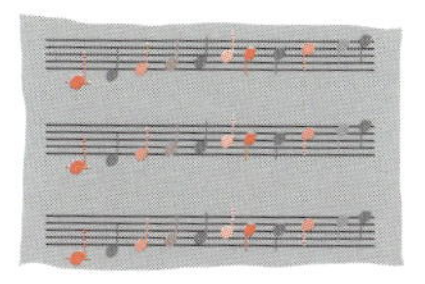

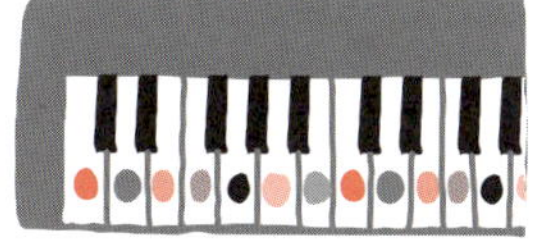

❺身体イメージがとらえにくい

一本指で弾いてもよい

どのように鍵盤ハーモニカを支えたらよいか、指を動かしたらよいかがわかりにくい場合があります。支える部分に目印をしたり、一本指で弾くようにしてみましょう。

❸力のコントロールが苦手

吹く強さと音の大きさを段階的に意識づける

息を吐く力が弱過ぎると音はでませんし、強過ぎると大きくなってしまいます。弱い場合は、うんていやブランコなど腹筋を使う体を使った遊びをしてみましょう。笛やラッパなどの口でくわえて吹く遊びもたくさんしてみます。くわえて吹くことが難しければ、ろうそくの灯を消すように息を吹くだけの練習でも構いません。強過ぎる場合は、例えば一番大きな音を5として、少し弱くした音を4、次に3、2、1というように吹く強さと音の大きさの意識づけをしてみましょう。「今は3で吹こうね」といった具合に指示をします。

誤解!

本来の目的は音楽に親しむこと

鍵盤ハーモニカが必ず吹けないといけないわけではありません。音楽に親しむことが本来の目的なので、ほかの楽器で参加するようにすればよいのです。

ワンポイントアドバイス

唾液を飲み込むことを教える

ホースの先端をくわえた状態で息を吐いていくので、口が半開きの状態になります。そのため唾液がでやすく、チューブのなかにたまってしまいます。時折、くわえた状態で唾液を飲み込むような練習をするか、先端を口から離して唾液を飲み込むように教えてあげましょう。

リコーダー

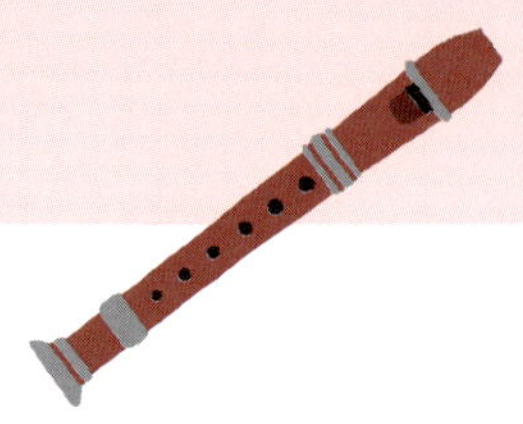

リコーダーは、小学校三年生から習いはじめる楽器です。二年生までに習った鍵盤ハーモニカと口で息を吐く点は似ていますが、口と両手で支えながら、両手の指を複雑に動かす必要があります。音が高くなるにつれて支える指の本数が減るので、口と指とで協調してバランスをとって力を入れていく必要があります。

また、手の小さな子どもは、穴をうまく押さえられないことがあります。したがって、鍵盤ハーモニカに比べてリコーダーを吹くほうが難易度は格段にあがります。息の吐き方によって音がうまくでたりでなかったりするので、ただ音をだすだけでも苦労する子どもがいます。

確認しておきたい動作

□ 1 笛やラッパなどが吹けますか。

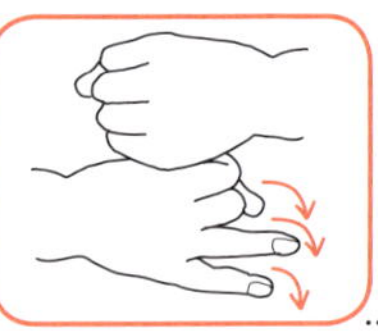

□ 2 両手のこぶしを縦に並べ、片方の小指から一本ずつ開いていけますか。

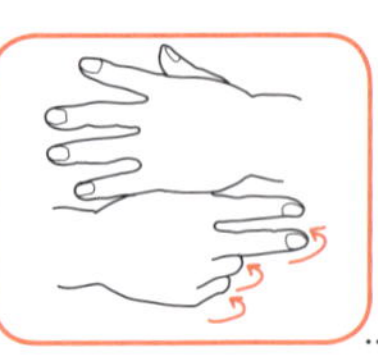

□ 3 逆に片方の小指から一本ずつ閉じていけますか。

日常でできる原因別サポート法

❶両手がうまく使えない

段階的に練習していく

まずは下のドからファまでを練習して、うまくなったら下の手は笛の先を持ち、ソから高いドまでを練習していきます。下のドからファまでの練習の際に反対の手でうまく穴をふさげない場合には、ソから高いドの穴をテープなどでふさいであげましょう。

❷感覚の未発達

穴にプラスチックの板を貼る

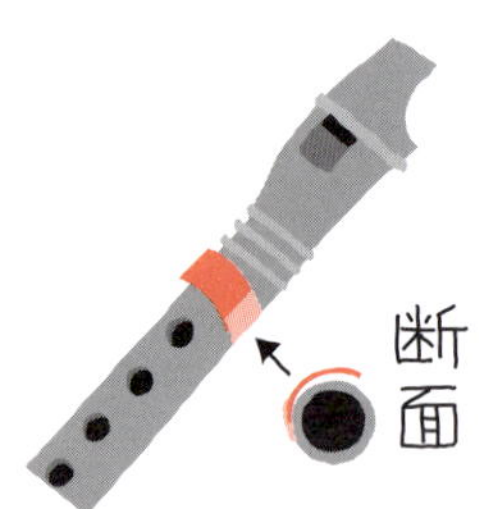

リコーダーの穴を指先で感じとりにくい場合には、うまく穴を押さえられない場合があります。このようなときは、うまく押さえられない穴に薄いプラスチックの板を貼り、その上から指で押さえるようにするとうまく音がでるようになります。目でみないで指先で穴を触る練習もよいでしょう。

④ものをみる力が弱い

頭のなかで音をいいながら吹けるように

楽譜をみながらそれにあわせて音をだしていくのは、複合した感覚を用いるために難しい動作です。まずは、低いドから高いドまでを頭のなかでその音をいいながら吹けるように練習します。次に楽譜を暗記して、楽譜をみないで吹いていきます。暗記できない場合は、横で誰かにいってもらうか、楽譜を読み上げた音声を録音したものを聞きながら吹いてみます。

⑤身体イメージがとらえにくい

まねをすることからイメージを高める

身体イメージがとらえにくい場合には、指を自由に動かすことが非常に難しくなってきます。例えば、指で狐をつくった見本をみてまねしてみるといった、指の形をまねるような遊びをすることで、指のイメージを高めていきます。

③力のコントロールが苦手

ウオノメ用のパッドを利用して

指の力がうまく入らず、穴をふさげない場合があります。このような場合には、ウオノメができたときに貼るドーナツ状のパッドを穴にあわせて貼ってみます。そうすると指で穴を押さえたときにしっかり穴をふさげるようになり、音がでやすくなります。

ウオノメパッドは薬局で販売されており、種類が豊富にあります。いくつかそろえて、子どもが一番押さえやすいものを探してみるとよいでしょう。押さえるコツがわかってくると、外してもうまく押さえられるようになっていきます。

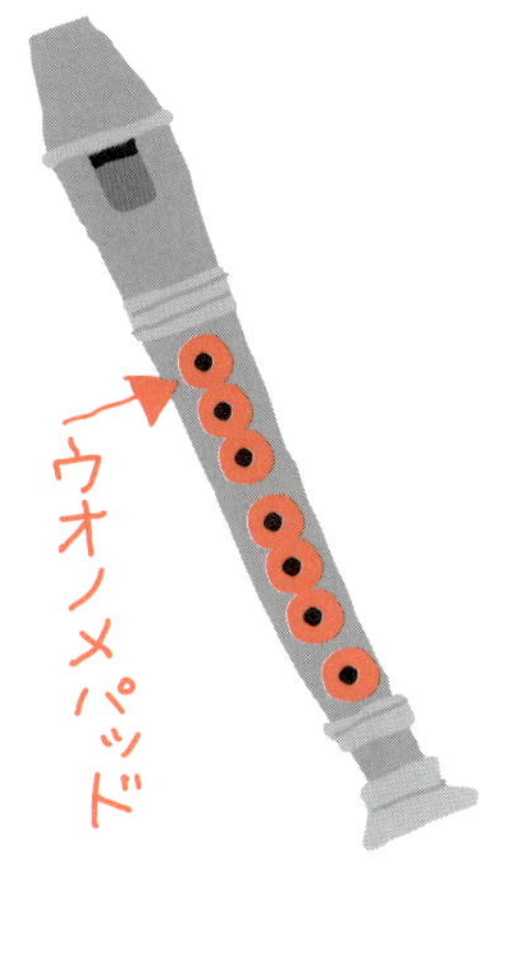

必ずしも吹けなくてよい

リコーダーが必ず吹けないといけないわけではありません。鍵盤楽器でもよく、重要なのは音楽に親しみ、意欲をもって主体的に取り組むような楽器の活動を実践することです。

親指のフックで支えやすく

ワンポイントアドバイス

下の手の親指でリコーダーをうまく支え続けられない場合には、親指を引っかけられるようにフックをつけてあげます。

また、笛に紐をつけて首からかけられるようにしてみるのもよいでしょう。

2 学習 48

ランドセルを背負う

小学校の入学にあわせてランドセルを購入します。現在のランドセルは、カラーバリエーションだけでなく、形や大きさまで様々なタイプのものがあります。個々の子どもの好みにあわせて購入できるのはうれしいことです。

ランドセルを背負う動きは意外と難しい動作です。それは、みえない背中で腕を動かさなくてはならないからです。背負う動きとしては、羽織り服を着る動きにも通じる部分があります。ですから、羽織り服やリュックサックをマントのように羽織る動きで着脱していると、いざランドセルを背負うときに困る場合があるのです。就学前から羽織り服を片手ずつ着脱する方法を学んでおくとよいでしょう。

確認しておきたい動作

□1 羽織り服を片手ずつ着脱できますか。

□2 リュックサックを片手ずつ着脱できますか。

日常でできる原因別サポート法

❶両手がうまく使えない

机においたランドセルを背負うことから

両手がうまく使えない場合には、片方の腕がとおっても、反対の手がうまくとおせないことがあります。これははじめにとおした腕でうまくランドセルを支えられていないことが原因なので、背負うのにちょうどよい高さの机においた状態で腕をとおしてみるところからはじめましょう。

❷感覚の未発達

肩ベルトの位置を意識づける

腕・肩周囲や背中の皮膚の感覚が鈍い場合には、どのように肩ベルトがかかっているのかがわかりにくくなります。お風呂で体を洗う際に、肩ベルトがあたるところでは「ここにランドセルのベルトがくるね」と意識させる声かけをして、こすってあげるとよいでしょう。

❸力のコントロールが苦手

まずは空のランドセルで練習

力のコントロールが難しい場合には、中身が入っているとうまくコントロールできません。空の状態で練習してみましょう。軽すぎるようなら、少しずつ中身を入れて調節してみましょう。

また力の入れ方がうまくいかない場合には、うしろからランドセルを持ってあげて、ランドセルの動きを誘導してあげるとよいでしょう。

❹ものをみる力が弱い

鏡で視覚的に確認しながら

ランドセルは背中に背負うので、視覚的に確認することが難しい状態です。鏡の前で背負ってみたり、他人が背負う動きをみせてもらいましょう。

❺身体イメージがとらえにくい

利き手でないほうの腕からとおす

うまく腕が動かせないと、ランドセルを背負うことは困難になります。あとから入れる肩ベルトを少し緩めにして背負うと、とおしやすくなります。また利き手のほうが力があり意識的に動かしやすいので、はじめにとおす腕は利き手でないほうからがよいでしょう。

リュックサックでもよい？

ランドセルには適度なかたさがあり、教科書やノートを入れてもゆがみにくくなっています。一方のリュックサックは形が崩れやすいので、背負う練習にはあまり向きません。

ワンポイントアドバイス 背負いやすい服装で

厚着をしていると、背負いにくくなります。はじめは長袖Tシャツなど薄手の服を着た状態で練習するとよいでしょう。半袖では肘の内側がこすれて痛くなったりします。

ランドセルを大人が軽く持って誘導するのもよい方法です。背負えたら「さすが1年生、カッコイイね！」などとほめてあげましょう。

歩く

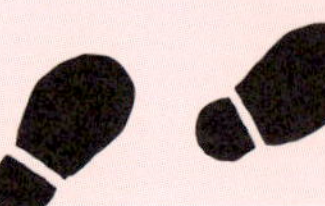

確認しておきたい動作

□ 1 しっかり立っていられますか。

□ 2 両手両膝をついた姿勢で体を支えられますか。

□ 3 バランスを崩したとき手が前にでますか。

□ 4 腕を振って歩いていますか。

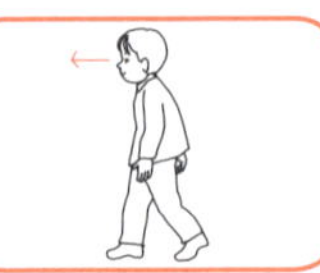

□ 5 足元をみずに前をみて歩いていますか。

歩くことは、人間の移動手段の一つです。日常で自然におこなっている動きですが、立ち姿勢を保ち、バランスをとりながら足を交互に動かし、体を移動させる動作です。これらの動作は脳の成熟とともに発達し、13か月で約50％、17か月で約90％の子どもが一人で歩くことができるようになります。

歩きはじめの時期は、両足の幅を広くとることで安定性を保ち、足を前ではなく横に持ちあげて斜め前に運び、足の裏全体を地面につけます。手は少し万歳しているような形をとったりします。3歳くらいになると前方にだした足をかかとから地面につけ、ほかの関節も協調的に動かし、手の振りもみられ、なめらかな歩き方になります。その後少しずつ歩き方が変化し、6、7歳で成人と同じ歩き方になります。

これらの動作をおこなうためには、重力に逆らって体を保持し、手足を協調的に動かす適切な筋肉のはたらきが重要になります。また、歩く場所の状態を感じとり、危険なものを回避することも必要になります。列に並んでいるときは、前の人との距離を保ちながら歩く必要があります。これらの機能がうまくはたらかないと、転びや

日常でできる原因別サポート法

❶両手がうまく使えない

安全なところは一人で歩く

転びやすいからといって、いつも手をつないで歩くのはよくありません。自分でバランスをとれるよう、安全なところは一人で歩かせましょう。また不安定なところでバランスを崩したときに、手をついて自分を守れるようになることも大切です。ポケットに手を入れたまま歩いたりすることはやめるよう注意しましょう。

❷感覚の未発達

歩くことを意識的に

歩いている感覚を十分に認識できないと、ふらふらしたり、障害物につまずいたりすることがあります。原因は様々な感覚の未成熟さにあると考えられます。歩くことを意識的にする必要があるので、線の上を歩いたり坂道を歩いたりといった練習をすることがよい場合もあります。

③力のコントロールが苦手

芝生、砂浜などいろいろな場所を歩く

無駄に手を振ったり、力を入れて歩いたりするとぎこちない動きになり、疲れやすかったりします。歩く姿勢を意識させ過ぎるとかえってぎこちない動きになりますから、自然にさせたほうがよいでしょう。歩く場所の状態によって、体の動きを微妙にかえてバランスをとる必要があります。歩きやすいところだけでなく、芝生、砂浜、坂道などいろいろなところを歩かせましょう。

でこぼこ

④ものをみる力が弱い

目標物や障害物をわかりやすく

落ちているものや段差に気づかず、つまずいてしまうことがあります。また、列に並んで歩くときは前の人とぶつからないように歩幅を調節する必要があります。まわりの環境に注意を向けやすいように目標物を明確にしたり、障害物について事前に話をしておくなど、よくまわりをみて行動するように促しましょう。

⑤身体イメージがとらえにくい

体がどうなっているか感じる経験を

ものや人によくぶつかってしまったり、まっすぐ歩けなかったりします。例えば、狭いところや低いところをぶつからないように歩く遊びなどをとおして、自分の体がどうなっているか、どうしたらうまくいくかを経験させてみましょう。

すかったり、すぐ疲れたり、落ち着いて歩くことができなかったりします。

誤解！

楽しめることが大切

体の筋肉をしっかりさせようと子どもに筋力トレーニングをさせても、環境にあわせた体の動かし方は学習できませんし、楽しくないので長続きしません。

ワンポイントアドバイス

遊びをとおして体の使い方を学ぶ

体を使った様々な遊びを経験することによって、体をまっすぐに保つことや、環境にあった使い方を学習していきます。歩くことにこだわらず、体を使った遊びをたくさんしましょう。公園にあるアスレチックなどもよいでしょう。

走る

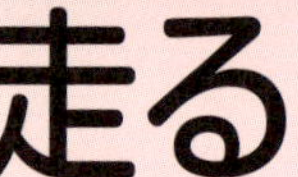

確認しておきたい動作

□1 安定した姿勢で歩いていますか。

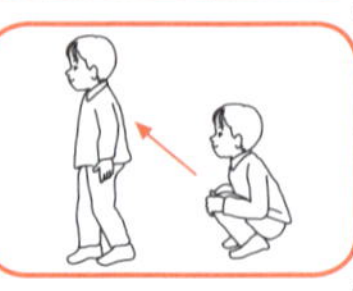

□2 しゃがんだり、立ったりができますか。

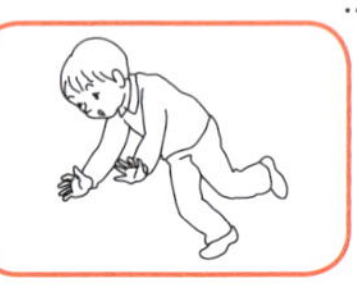

□3 バランスを崩したとき手が前にでますか。

□4 腕を振って走っていますか。

□5 足元をみずに前をみて走っていますか。

走ることは、およそ16か月で約50%、20か月で約90%の子どもができるようになります。歩くことと同じく立ち姿勢でおこなう移動手段の一つですが、移動速度をあげるため、歩いているときよりも手足の関節の動きを大きくし、地面を押す力を強くしなければなりません。ですから、走っているときは両足同時に地面につくことがなく、両足が地面から浮いているときがあるといった特徴があります。

走りはじめの頃は、手足の曲げ伸ばしの動きは小さいですが、年齢増加とともに大きく、協調的になり、速度が速くなります。

走るためには歩行と同じような機能が必要になりますが、さらに足や腰の筋肉のはたらきが重要になります。また、動いているなかでの危険回避も必要になります。これらの機能がうまくはたらいていないと、ばたばたした動きになり、まっすぐ走れなかったり、うまく止まれなかったり、転びやすかったりします。

日常でできる原因別サポート法

❶両手がうまく使えない

腕を振る練習でイメージをつかむ

走っているときの腕の振りはバランスをとることに使われています。左右ばらばらの動きでは、バランスはとれません。学齢期になっても腕の振りがばらばらであれば、立っている姿勢のまま、腕の振りを練習してイメージをつかみましょう。左右リズミカルに、腕だけでなく体もひねりながらおこなうとよいでしょう。

❷感覚の未発達

早歩きから段階ごとに教えていく

走るときは、歩くときよりも多くの感覚情報をより早く処理しなければなりません。感覚が未発達であれば、この処理がうまくできずに手足がばらばらに動いたり、まわりの状況をうまくとらえきれずまっすぐに走れない、障害物にぶつかるといったこともあります。この際には速く走ることを目標とせず、早歩き、ゆっくり走るなどの段階を経て教えていきましょう。

③力のコントロールが苦手

止まる練習も大切

走る動作は、歩く動作よりも手足の関節を大きくすばやく動かすことが必要です。特にお尻や足の筋肉を使って地面を力強く蹴ることが早い移動につながります。力のコントロールが苦手な人は、思いっきり走ることはできますが、状況にあわせてスピードを緩めたり、止まることができず、壁にぶつかったり転ぶことで自分の体の動きを止めたりします。自分の力でしっかりと止まることができなければ、友達や障害物にぶつかることも多くなり、けがにつながります。音にあわせて止まったり、方向を変えるような遊びをとおして、体を動かす、止める練習をしましょう。

④ものをみる力が弱い

目標物や障害物をわかりやすく

歩いているときよりも、目でものをとらえることが難しくなるので、つまずくことも多くなります。よくまわりをみて行動するように促しましょう。

⑤身体イメージがとらえにくい

体がどうなっているか感じる経験を

身体イメージがとらえにくい人は、自分の姿を鏡で映して腕の振りの練習などをおこないます。そうすると、自分の体の動きを目で確認し、修正することができます。

強制的な練習は禁物

まずは走って遊ぶことが楽しくなければいけません。強制的な練習は本人が望んでいない限りやめましょう。

ワンポイントアドバイス

体を使った遊びをたくさんおこなう

バランスの悪い走り方をしていると、転ぶことも多くなります。歩行と同様に体を使った遊びをたくさん取り入れましょう。

また転んだり、人とぶつかったりしてけがをしないよう、しっかりと止まれること、転んだら手をだせることが大切です。

様々な遊びをとおして体の使い方を学習しましょう。

階段の上り下り

確認しておきたい動作

□1 片足で体を支えることができますか。

□2 段差や不安定なところを怖がりませんか。

□3 ものにつかまらず階段を上り下りしていますか(3歳以上)。

階段の上り下りは、はじめはバランスをとることが難しいため、人の手を借りたり、壁や手すりにつかまって一段ずつ、足をそろえながらおこないます。およそ2歳で手すりにつかまって、階段の上り下りができるようになります。ものにつかまらず足を交互に出して階段を上れるようになるのは、3歳頃です。そのあと、自分一人で足を交互に出して下りることが可能となります。しかし、階段は奥行きと高さがいろいろあるので、そうした環境にも影響されます。

段を上るときも下りるときも、片方の足で体をしっかりと支えることが必要です。うまくバランスがとれないと、階段を怖がったり、ものにつかまらないと上り下りができなかったりします。また、自分の体がどう動いているのか感じることに問題があると、階段の位置を毎回目で確認して体を動かすことが必要となり、スムーズさに欠けたりします。

日常でできる原因別サポート法

❶両手がうまく使えない

手で体を支える経験を

手は体のバランスをとる、転んだときにけがをしないように体を支えるなどの役割があります。両手がうまく使えない子どもでは階段の上り下りを怖がることもあります。手すりをしっかり持って体を支える感覚を身につけさせましょう。また、座っているときに両手で体を支える経験をさせることも練習となります。

❷感覚の未発達

安心感を与えながら少しずつ

階段は上るよりも、下りるのを怖がることが多いです。恐怖心を示す場合は、大人が手をつないだり、そばにいてあげたりして安心感を与えながらおこないましょう。つかまるところがない高い階段は、より恐怖心をあおります。大人にとっては上り下りしづらいですが、奥行きが広く段差の低い階段は安定感があるので、恐怖心が和らぐかもしれません。子どものレベルにあわせて少しずつ難易度をあげていくとよいでしょう。

④ものをみる力が弱い

段差をわかりやすくする工夫を

ものをみる力が弱いと、段差があいまいになってしまうことがあります。このような場合には、階段の縁に色テープを貼ったり、一段ごとに足形のシールを貼り、段差に注意を向けさせるようなサポートが有効なこともあります。

③力のコントロールが苦手

無理強いせず低い台から

恐怖心で体をかたくしていたり、手すりを握る手、つないでいる手に力が入り過ぎている場合があります。無理強いはせず、低い台に上ったり下りたりする難易度の低いことからおこないましょう。

⑤身体イメージがとらえにくい

時間をかけて練習を重ねる

身体イメージがとらえにくい子どもは、自分の体がどう動いて安全な位置にあるのかを確認するために、ものと自分の体の位置を常に目でみて確認しながら行動することが多くなります。階段では足元を確認して一段ずつ上り下りするため時間がかかったりします。しかし、このようなことを積み重ねることで、イメージができるようになってきますので、根気よく対応することが必要です。

誤解!

自分で上り下りする経験が大切

怖がる、時間がかかるからといって、いつも抱っこやエレベーターに乗っていては子どもの運動発達を妨げてしまいます。

ワンポイントアドバイス

たくさんほめることを忘れずに

階段を怖がる場合は全部をやらせようとせず、「残り一段だけ自分で下りてみよう」など少しずつおこない、できたときはたくさんほめてあげましょう。そして、徐々に難易度をあげていきます。また、階段を使用する場合は少し時間の余裕を持って行動してください。せかすこと、無理強いは絶対にしてはいけません。

ジャンプ

確認しておきたい動作

□1 低い段差からとび下りることができますか。

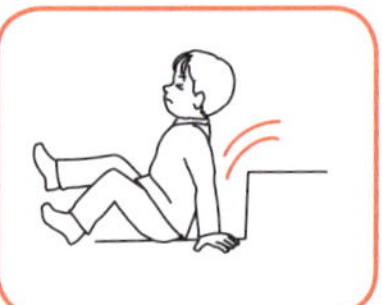

□2 低い段差からとび下りたとき、転ばずに着地できますか。

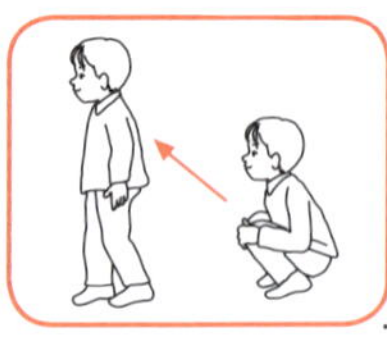

□3 しゃがんだり、立ったりができますか。

ジャンプは基本的な運動の一つで、体を動かす活動でよくおこなわれる動きです。両足や片足でおこなうもの、立ち幅とび、走り幅とびや垂直とびのように距離を求めるもの、その場でとぶ、リズムにあわせてとぶなど様々な方法があります。

2歳前の子どもでは、幼児番組のダンスをみながらまねをして体を動かします。ジャンプのときは宙に浮いていませんが、膝と股を曲げてジャンプしているかのように動きます。両足ジャンプはおよそ2歳半、幅とびは3歳過ぎ、ケンケンは4歳過ぎで可能となります。

目的によって筋肉の使われ方が違いますが、地面を蹴るため、または着地したときの衝撃を和らげるための足や腰の筋肉がしっかり、そして協調的にはたらく必要があります。また、体を支えるためのおなかや背中の筋肉、腕や肩の動きに必要な筋肉のはたらきも重要になります。これらがうまくはたらかないと、しっかりとべなかったり、両足をそろえてジャンプできなかったりします。また、とんだあとにバランスを崩して転がってしまったり、繰り返しとぶことができなかったりします。

日常でできる原因別サポート法

❶両手がうまく使えない

その場で連続してとぶ練習から

前方に両足でジャンプするとき、手の振りは反動をつけるために重要です。足を曲げたときに両手はうしろに、とぶ瞬間は前に動きます。その場で連続してとぶ場合は、手の振りはなく、自然に下にまっすぐ伸びています。このような動作をジャンプする前に練習することで、うまくとべるようになることがあります。

❷感覚の未発達

少しずつ上下の揺れに慣れる

連続したジャンプはよりたくさんの前庭感覚を伴う活動のため、苦手な子どもはみんなが元気にジャンプしていても、じっと立ったままでいるかもしれません。大人が手をとってあげ、ジャンプに至らなくても両膝を屈伸するなどして、少しずつ上下の揺れに慣れるようにしてみましょう。

❸力のコントロールが苦手

体の動きを大きくし過ぎていないか注意

連続してとぶことができない子どもは、1回のジャンプで床を力強く蹴るために、体の動きを大きくし過ぎてバランスを崩し、次の動作に移れない場合が多いです（無駄にジャンプしている）。小さくとぶ、優しくとぶなど言語的にも説明し、力を調節するよう促しましょう。床にマス目をつくり「はみ出さないようにジャンプしよう」といった目印をつけると、力を調節しやすくなります。

❹ものをみる力が弱い

実際に体に触れて動かしてあげる

ものをみる力が弱いと、指導者の動作をみてまねることがうまくできない場合もあります。そのため、実際に子どもの体を動かして手や足の動かし方を教えるような配慮も必要です。

❺身体イメージがとらえにくい

段差のあるところからとび下りてみる

両足のジャンプは股関節、膝関節、足関節を協調的に動かし、体を安定させておく必要があります。しかし、前にとぶ、上にとぶ、連続してとぶ動作では、少しずつ筋肉の使い方が違います。床から足を浮かせることができない場合は、まず前にとぶ練習をしましょう。少し段差のあるところから両足でとび下りてみると、床からとぶよりも蹴る力が少なくてすみますが、とんだ気分になりますし、ジャンプするときの関節の動かし方を学習できます。大人が前に立ち、子どもの手を持っておこなうと安心かもしれません。目印のところにとぶ、床においた棒をとび越えるという練習もよいと思います。

誤解！

トランポリンでジャンプの練習？

トランポリンはとぶ感覚は楽しめますが、足元が不安定で床上とは違った体の使い方が必要で危険を伴います。床上で安定したジャンプができるようになってから使用するか、大人が一緒におこなうようにしましょう。

ワンポイントアドバイス

床を蹴る力を養う

両足ジャンプは、自分の体を宙に浮かせるのですから、同時に床を蹴る力が必要です。遠くにとんだり、高くとんだりするときには、股関節や膝関節を大きく曲げ強く床を蹴る必要があります。連続してその場でジャンプするときは股関節をほとんど曲げず、膝関節の小さな屈伸でおこないます。

スキップ

確認しておきたい動作

□ 1 両足ジャンプで前進できますか。

□ 2 片足立ちが2秒以上できますか。

□ 3 左右の足それぞれケンケンとびで前進できますか。

□ 4 手でリズムをとることができますか。

スキップはジャンプしながら移動する、ケンケンとびよりも複雑な動作です。まず片足で体を支えること、片足でジャンプするケンケンとびができることなどバランスの発達が必要です。およそ3歳半で2秒以上片足立ちができるようになり、およそ4歳でケンケンとびができるようになります。ケンケンとびは一定のリズムで片足だけでとび続ける動作ですが、スキップは片足で交互に、軽くとび跳ねながらすすむ動作です。片足で2回ジャンプしますが、2回目のジャンプの際、足が地面に着いてからおよそ半分の時間でもう一方の足に切り替え、その動きを交互にくり返し、手を振り、リズミカルに移動します。スキップはおよそ5歳でできるようになります。

スキップはジャンプと同様に、地面を蹴る、または着地したときの衝撃を和らげるための足や腰の筋肉がしっかりと協調的にはたらくこと、そして体を支えるためのおなかや背中の筋肉、腕や肩の動きに必要な筋肉のはたらきも重要です。さらに動きを左右交互にリズミカルに切り替え、動作を連続しておこなう、協調的な動きも要します。これらがうまくはたらかないと、馬の駆け足のようなギャロップになったり、リ

日常でできる原因別サポート法

❶両手がうまく使えない

動作ごとに分解して練習

スキップしているときの腕の振りは、前にでた足とは反対側が前にでます。大きく前進しながらのスキップでは、手の振りはジャンプするときの反動やバランスをとることに使われており、左右ばらばらの動きだとバランスはとれません。そのために、最初は大股で歩く動作に手の振りをあわせる練習をしたあとに、足でのステップを組み入れるような、動作ごとの練習からはじめるとよいでしょう。

❷感覚の未発達

どのように体を動かしているか意識できるように

手足をタイミングよく協調的に動かすために、手足の筋肉からの感覚は運動をおこなううえで重要な情報となります。筋肉の緊張が低い子どもは、この情報を十分活用できないこともあり、自分がどのように体を動かしているのかを認識できないことがあります。このような場合には、鏡をみながら動作の練習をしたり、スキップをおこなう前に準備運動として歩いたり走ったりという基本的な運動をおこなうとよいでしょう。

❸力のコントロールが苦手

その場スキップで力を調節

スキップは前にすすむことと、片足ずつ交互にジャンプすることを同時におこなわなければいけません。力のコントロールが苦手な子どもは、床を強く踏んで大きなジャンプになりリズムがとれなかったり、前にすすもうとスピードを出し過ぎて、バランスを崩してしまいます。そうした場合には、二つの動作を一緒におこなわず、まずその場でジャンプを踏む練習をしてみましょう。タッタのリズムでステップできない場合は、タッタッのリズムでやってみましょう。子どもによっては、言葉での説明が力の調節に有効に作用する場合もあります。

❹ものをみる力が弱い

言葉での誘導も有効

スキップは複雑な動作であり、できるようになるためにはモデルとなる動作をみる、実際にやってみるなどの学習が必要となります。みる力が弱いとみて学ぶことが難しくなる場合もあり、動作を言葉で誘導したり、手を添えて教えていくことが必要となります。

❺身体イメージがとらえにくい

リズムを体で感じられるように

リズムがとれない場合は、タッタ・タッタと口でリズムをいったり、両手でリズムを叩く練習をしましょう。次は手で左右交互に自分の腿や机をそのリズムで叩いてみましょう。うまく叩けないときは、大人が子どもの体に対してリズムを刻んだり、大人が手を持って一緒にやってあげると、子どもは正しいリズムを体で感じることができます。

ズムにのれず止まってしまったり、手の振りとあわなかったりして、ぎこちない動作になります。

ワンポイントアドバイス

「できる」よりも手足を協調的に動かすことが大切

スキップは、大人でもうまくできない人がいます。必ずできることを目標とせず、ケンケンとびやギャロップなど手足を協調的に動かすような活動をおこなう過程で、できる子には教えていくとよいでしょう。

リズムがとれない場合は、椅子に座って足でリズムを刻んでみるのもよいです。子どもと一緒に鏡の前でスキップのときの足の動きを確認すると、足のあげ方などがイメージしやすくなります。

誤解！

5歳でスキップができないのはおかしい？

5歳になってスキップができなくても、ほかのことが年齢相応にできていれば心配ありません。スキップに限らず、体を協調的に動かす複雑な行動や動作ができるようになる時期は、個人差がかなりあります。

ボール

ボールを使った活動は、乳幼児期から様々な場面でおこなわれる、ものの操作を伴う遊びの一つです。2歳を過ぎると止まっているボールを蹴ること、上からボールを投げることが可能となります。ボールを使った活動は、足を使う、手を使う、道具を使う動作があります。また方向やスピードを調節すること、ボールが止まっているか動いているか、ボールの大きさ、相手の動きにあわせることなどの要素が入ると必要なはたらきが少しずつ違ってきます。

ここでは投げる動作と受けとる動作について説明します。投げる動作は、はじめは肘関節の動きで前に押し出すようにし、それと同時に握っているボールをはなします。発達とともに肩関節の動き、肩と肘を組み合わせた動きがみられ、さらに体を反らす・ねじる、後方から前方への体重移動を伴った動きがでてきて、遠くに投げられるようになります。それぞれの関節がタイミングよくはたらかないと、ボールが地面にたたきつけられたり、前にとばなかったりします。

受けとる動作は、体や腕、手を使っておこなわれ、年齢の低い子どもはより体と腕を使い、発達とともに手とその他の部分を組み合わせて使い、最終的には手だけで受

確認しておきたい動作

投げる動作

□ 1 肩の動きも使って投げていますか。

□ 2 投げるときに片方の足が前にでますか。

□ 3 投げるときに片方の足が前にでて、体のねじれがみられますか。

受けとる動作

□ 4 ボールを受けとるときに目をつぶっていませんか。

□ 5 ボールのほうに体を向け、構える姿勢はみられますか。

日常でできる原因別サポート法

❶両手がうまく使えない

ボールの空気を少し抜いて

ボールをうまく受けとれない場合、腕と体ではさむようにおこなっていることが多いと思います。小さいボールでは腕から逃げ、弾みやすいボールでは体にあたり跳ね返って落ちてしまいます。少し空気を抜いたやわらかい大きめのボールでおこなうと、失敗も少なくできます。また、うまくできない理由に、受けとる手の準備が遅い場合があります。子どもにあらかじめ手の構えをさせてからやってみましょう。

❷感覚の未発達

力をうまく調節する練習が必要

感覚ではみる力が重要ですが、それとともにボールの重さや投げる力をうまく調整する筋肉の感覚が必要となります。そこで投げ方を子どもに教えるときには、少し重たいボールを使うと有効な場合があります。

一定の方向に投げる練習では、近くの的にあてるような遊びをとおして投げる力の調節を学習させるのもよいでしょう。

③力のコントロールが苦手

手首のスナップをうまく使う

相手に届かせよう、遠くに投げようと意識すると力が入り、肩や腕を強く振ってしまい、手首のスナップがうまく使えなかったり、ボールを握っている手の力の調節をタイミングよくおこなえなかったりします。そうすると、ボールがすっぽ抜けたり、床にたたきつけられたりします。同じように手首のスナップや指の握りと開きが必要なものとして、紙飛行機や的当てなどがあります。そのような遊びで、前に向かって投げるための動きを練習させてみましょう。これらの遊びは「ボールを速く投げる」動作にもつながります。

④ものをみる力が弱い

目で追いやすい状況から練習

ボールを目できちんと追い、つかむ動作と結びつける練習として、転がってくるボールをつかむ、自分のほうにとんできた風船をつかむ、バウンドしているボールをつかむなど、目で追いやすい状況から練習するとよいです。

⑤身体イメージがとらえにくい

動作を視覚的にわかりやすく

まずは大人が手本をみせたり、子どもの体を触って最初の構えを教え、鏡などをみて確認させながら、自分でその姿勢をとれるようにしましょう。前方への体重移動を促したい場合は、一歩前に足を出す位置を示しておくなど、動作を視覚的にわかりやすく誘導してみるとうまくいく場合があります。

けとれるようになります。

誤解!

子どもの発達レベルにあわせて

子どものボールの投げ方、受けとり方がどのくらいの発達レベルにあるのか確認してみましょう。初期のレベルにあるのに大人のような投げ方を教えても身につきません。

ワンポイントアドバイス

ペアで練習する方法も

ただ力任せに投げる子どもには、カゴに入れるなど力を調節する遊びを取り入れてみましょう。例えば、二人ペアで一方が投げる役、もう一方がカゴを持ちボールをキャッチする役になります。たくさん受けとったほうがよいので、投げるほうは受けとりやすいボールを投げる必要があります。受けとる役も、ボールをとる構えをつくり、しっかりボールをみる練習になります。

3 動き・遊び 55

すべり台

確認しておきたい動作

□ 1 階段をあがれますか。

□ 2 しゃがむことができますか。

□ 3 床に座った姿勢で、前から押してもすぐに倒れたりしませんか。

□ 4 高いところを怖がりませんか。

すべり台は代表的な遊具です。公園にあるものは階段、踊り場、坂から構成され、高さとすべる機能からスリルがあるので、多くの子どもは繰り返しおこないます。安全なすべり方は、足を伸ばして、座った姿勢を保ちます。すべっている間は加速に負けないようにこの姿勢を保つ必要があり、体を支える腹筋や背筋のはたらきが重要です。前のめりになり過ぎると足のほうに体重がかかり、ブレーキがかかってスピードがでなかったりします。

体にはたらく加速度は前庭という器官で察知します（前庭感覚）。それは加速度が増すと強くなります。そのため、前庭刺激に敏感な子どもは、体の位置やその変化を怖がり、すべり台を嫌がったりします。

体をしっかりと支えることが難しい場合には、すべっている最中やすべり終わったときに加速する力に勝てず、坂に頭をぶつけてしまったりします。またものをみる力が弱かったり、体とものとの位置関係をとらえるのが難しい場合はけがにつながりやすくなります。踊り場のトンネル状の柵に頭をぶつけてしまうことも多いので、注意しましょう。

日常でできる原因別サポート法

❶両手がうまく使えない

しっかりと握ることを促す

階段は危険なので、手すりにしっかりとつかまってあがるように促しましょう。もししっかり握れない場合は、力が弱いか感覚の問題があるかもしれません。いずれの場合も、ほかの遊びでしっかり握ることや、感覚に慣れる活動をおこなってみましょう。

手はスピードを調節することにも使用します。すべり下りるときは急な姿勢の変化に対応できるようにすべり台の坂の縁に手をおくことを意識させます。そして坂の途中でしっかり握ると止まる、緩めるとすべっていくという動作をおこなってみましょう。

4ものをみる力が弱い

まわりに注意を払うよう促す

すべり台をすべることだけに集中してしまい、まわりの人の様子がみえていない場合があります。すべる前に話をして、まだすべっている途中の人がいないか、下り口に人がいないか注意を払えるように促しましょう。

5身体イメージがとらえにくい

ボールに乗ってバランスを保つ練習を

姿勢が崩れない程度に体の位置を微妙にかえて、重心の位置を移動させることですべり下りる速さを調節できます。そこで、大きなボールの上にしっかり座り、大人がボールを支え、前後にゆっくり動かしてバランスを保つ練習をしてみましょう。まずは安全に繰り返し乗ってみることが大事です。

2感覚の未発達

少しずつ慣れていくように

高いところやすべり下りる刺激が苦手な子どもは、無理強いをさせてはいけません。低いものや大人と一緒におこなうことで少しずつ慣れさせていきましょう。手すりやすべり台の感触が嫌だったり、服に砂がついたりすることを嫌がる場合もあります。外遊びのときは着替えさせて、汚れてもよいということを認識させてからおこなうのもよいでしょう。

3力のコントロールが苦手

体の筋肉がしっかりしていることが大切

体の筋肉がしっかりしていないと、すべり下りたときに勢いに負けて頭をぶつけたり、階段でバランスを崩して自分だけでなくほかの人にけがを負わせる可能性があるので、注意が必要です。心配な場合は上手にすべれる子どもや大人がうしろについてすべるとよいです。

誤解！

強引にやらせない

慣れさせるためといって無理にやらせると、かえって恐怖心を植えつけてしまいますので、無理はやめましょう。

ワンポイントアドバイス

大勢ですべるすべり台は発達がすすんでから

すべり台によっては、すべり過ぎるものもありますので、姿勢がうまく保てない子どもの場合は、大人がすべって様子を確認することが必要です。特に、大勢ですべる、つかまるところのないすべり台は、はじめは一人ですべらせないようにしましょう。次々と子どもがすべり下りてくるので、下りたらすぐに立ちあがって安全なところに移動する俊敏さも必要となります。

ブランコ

ブランコは揺れる感覚を楽しむ遊具です。およそ5歳でブランコに立って乗り、自分でこぐことができるようになります。

ブランコは「こぐ」という動作が必要で、ブランコの動きにあわせて、体の重心を移動しながら姿勢をかえる必要があります。座ってブランコをこぐ場合に、前方へ動かすときは上体をうしろに倒して足を伸ばし、後方に動かすときには体を前にかがみ膝を曲げます。ブランコからずり落ちないようにしながら、ブランコの動きにあわせて繰り返しおこなわないとなかなか軌道に乗りません。体の安定が必要ですが、目にみえない揺れの感覚に対して自分の体を微妙に調節しなければいけないため、難しい操作になります。立ってこぐ場合は、不安定な板にバランスよく立ち、前後へ動かしていくには足を曲げて板を踏みながら、屈伸運動によって振りを大きくしていきます。立って乗ったほうが大きく揺らすことができます。

ブランコは揺れる活動なので、前庭刺激に敏感な子どもは怖がります。体を支える筋肉がしっかりしていないと、急な動きや大きな揺れに耐えられず、姿勢を崩し、けがをしてしまうおそれがあるので気をつける必要があります。

確認しておきたい動作

□1 不安定なところや揺れる動きを怖がりませんか。

□2 ロープなどにつかまって体を支えられますか。

日常でできる原因別サポート法

❶両手がうまく使えない

しっかり握って体を支える経験を

ブランコに乗っているときは、ロープをしっかりと握っていなければいけません。苦手な場合は鉄棒やのぼり棒などの活動で、しっかり握って体を支える経験をしましょう。揺れにおどろいて手をはなしてしまわないように、様子をみながらおこないましょう。

❷感覚の未発達

足の届く高さなら安心

前庭刺激に敏感な子どもは、小さな揺れでも非常に恐怖を感じます。自分の体で操作ができるようブランコは足の届く高さでおこなうと安心感が出ます。逆に激しい揺れを好む子どももいますが、体がしっかりしておらず揺れに負けてバランスを崩すことがあるので注意が必要です。

❸力のコントロールが苦手

全身を使う活動で筋肉を鍛える

体の筋肉がしっかりしていないと、揺れの動きに負けてバランスを崩し、ロープや鎖をしっかり握っていられず、落ちてしまうことがあります。鉄棒やのぼり棒、アスレチックで手や全身を使う活動をおこない、体をしっかり保ったり支えたりする経験をしましょう。

❹ものをみる力が弱い

動く風景に慣れさせる

ブランコに乗っていると、みている風景が常に動いていることになります。みる力が弱い子どもでは、その状況を把握できず、恐怖心を持ってしまうことがあります。まずは、ゆっくりとした動きから少しずつ慣れさせていくようにしましょう。

❺身体イメージがとらえにくい

体の動きをブランコの動きにあわせるよう操作

ブランコは、姿勢が崩れない程度に体の位置を微妙にかえて重心の位置をブランコの動きにあわせる必要があります。ブランコが前に動くときは足を伸ばして体はうしろのほうに反り、うしろに動くときは足を曲げて体は少し前屈ぎみにさせましょう。ブランコの動きにあわせられないようなら、大人がブランコの動きを操作してあげると、体の動きとブランコの動きの感覚を感じとれるようになります。その際、子どもがとるべき姿勢を「伸ばす」「曲げる」など声に出して伝え、繰り返しおこなうとイメージがしやすくなります。

誤解!

恐怖心を植えつけない

揺れに慣れさせようと、怖がる子どもを無理にブランコに乗せるのはやめましょう。恐怖心を植えつけるだけです。お母さんの膝の上に乗せて一緒に乗ると安心できます。

ワンポイントアドバイス

子どもからみえる場所で揺らしてあげる

揺れを怖がる子どもは、うしろから押されるともっと恐怖を感じます。子どもからみえる前か横にいて押してあげましょう。

立って乗る場合に、最初の揺れを自分でうまくつくりだせない場合は、ほんの少し揺らしてあげると、自分から動きをつくりだしやすくなります。

鉄棒

確認しておきたい動作

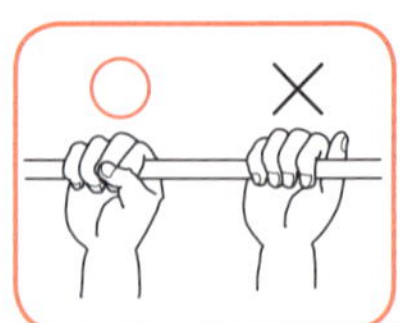

□ 1 親指とほかの指でしっかりと鉄棒を握っていますか。

□ 2 地面に足がつかなくても怖がりませんか。

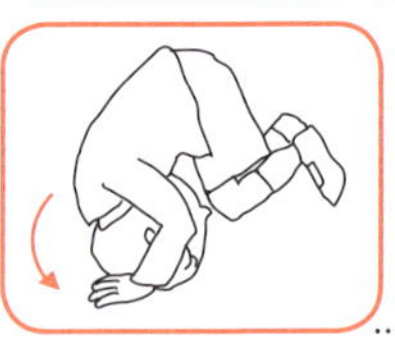

□ 3 でんぐり返しを嫌がりませんか。

□ 4 両手両膝をついた姿勢で体を支えられますか。

鉄棒は園庭や校庭にほとんど設置されており、体育の授業でもおこなわれる活動です。2歳半過ぎになると、鉄棒などに両手で数秒間ぶらさがれるようになります。

遊び方は、手や足を使ってぶらさがる、回転を伴う動作などがあります。まずはしっかりと鉄棒を握り、宙に浮いている姿勢を保つこと、とびあがって腕とおなかで体を支えることが必要です。回転を伴う前回りや逆上がりでは、腕を曲げながら体を鉄棒に引き寄せ体を丸めて回転します。着地の際は全身を伸ばし、足から静かに下りないと危険です。したがって、自分の体がどの位置にあるのかということを感じることも重要になります。

握る力が弱かったり、両手で体を支える力が弱いと、鉄棒から手や体がはなれて危険です。また自分の体がどうなっているのか感じとることが難しいと、回転するのを怖がったり、適切な姿勢がとれずに動作をうまくおこなえないことがあります。

日常でできる原因別サポート法

❶両手がうまく使えない

まずは棒を握り続けることから

鉄棒は両手でしっかり握れないと危険を伴う活動です。まずは足のつく高さで、鉄棒を握ったままでジャンプしたり、前方にスウィングしたりする遊びからはじめ、握り続ける練習をするとよいでしょう。

❷感覚の未発達

すぐに足がつく高さで

足のつかない状態を怖がる子どもがいます。足が届く高さの鉄棒はぶらさがりにくいですが、すぐに足がつく高さのものを使用するようにしましょう。前庭刺激に敏感な子どもは、回転するのを怖がる場合があります。床上での前転ができるか確かめてからおこないましょう。

❹ものをみる力が弱い

突然手をはなさないように注意

鉄棒ではみる力はあまり影響しませんが、みることに一生懸命になるとほかのことがおろそかになってしまう場合があります。よそ見をしたときに、突然手をはなしてしまうこともありますので注意が必要です。

❺身体イメージがとらえにくい

動かし方を確かめながら介助する

前回りは、マットでの前転のように体を丸めて回転します。うまくできない場合は姿勢を介助してあげるとよいです。ただ介助するだけでなく、どこに力を入れるのか、どちらのほうに動かすのかを確かめながら介助すると、動きの感覚を感じとれるようになります。

❸力のコントロールが苦手

ぶらさがりながら揺れても体を保てるように

前回りや逆上がりは、棒に体を引きつけておくことが重要で、より腕の力が必要になります。手でしっかりと棒を握り支える力がない場合は、まずはぶらさがること、ぶらさがりながら前後の揺れに体を保てるような活動をおこないましょう。

体を鉄棒に引きつけられない場合は腰にタオルをあて、両端のタオルは鉄棒と一緒に手で握ると体が鉄棒に引きつけられて回りやすくなります。しかし手がすべりやすくなりますので見守りながらおこないます。低い鉄棒は、とびあがってその高さに体を持っていく必要がなく、安心感も得られますが、腕の力が弱い場合は回転した勢いを調節できず、着地の際に足を強く打ちつけることになるので注意します。

＊タオルを使用するのは逆上がりの場合に限る。

誤解！

けがをしないよう見守って

鉄棒は単純な遊具ですが、正しく使用しないと大けがにつながります。棒に体を引きつけておけない子どもの場合は、大人の監視が必要です。

ワンポイントアドバイス

腕で体をしっかり支える

自分の体をしっかりと腕で支えるために、両手両膝をついて遊んだり、ぞうきんがけをするとよいです。また布団を敷いたり、体操のマットをつかんで引っ張る動作は、しっかりつかむ練習になります。

前回りで体を棒に引きつけておくことができない状況では、逆上がりは難しいです。

のぼり棒

のぼり棒は、まっすぐな棒を主に手や足を使って上ったり下りたりする活動です。手足を引っかけて体を支える突起物がないため自由度はありますが、体を支えるのは手と足の力だけになるため、その姿勢や握る力、しがみつく力がより必要になります。また、その場でつかまっているだけでなく、移動することができなければ遊びに発展しません。一般的な上り方は、手と足を縮め、棒に近づいてつかまります。ももやすねの内側と足の裏で棒を挟み込んで体を支え、両腕を上に伸ばして棒をつかむ位置をかえ、それに足を近づけて移動するという、尺取り虫のようなすすみ方です。

移動の際は、手と足の両方をいっぺんにはなしてしまうと落ちてしまうので、支えることと移動することを交互におこなう必要があります。下りるときも同様ですが、力の抜き方が難しく、ゆっくり下りないとけがをしてしまいます。

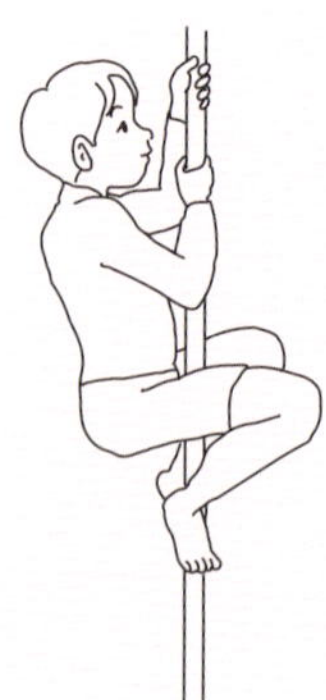

確認しておきたい動作

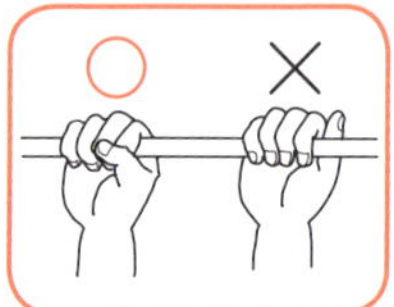

□1 親指とほかの指でしっかりと鉄棒を握っていますか。

□2 鉄棒にぶらさがっていられますか。

日常でできる原因別サポート法

❶両手がうまく使えない

握ることと腕を曲げることを同時におこなう

のぼり棒では、しっかり握ることと体を引きあげるために腕を曲げることを同時におこなわなければならず、この動作ができなければ上ることができません。まずは綱引きやロープを引っ張りながら坂道を上るなど、手にかかる力を少なくしながら両手の動作をうまくおこなえるような練習をするとよいでしょう。

❷感覚の未発達

筋肉からの感覚が運動に反映されることが必要

のぼり棒を上るには、筋肉をうまくはたらかせる必要があり、力のコントロールが重要となります。そのため、筋肉からの感覚が運動にきちんと反映されなければ上手にできません。坂道を上ったり、手押し車のような遊びは、のぼり棒の準備段階としておこなうとよいでしょう。

❹ものをみる力が弱い

高くても危険性を理解できない場合も

みたものをうまく理解できない子どものなかには、高く上っていてもその危険性を十分理解できない場合があります。安全性に十分配慮しておこなわせる必要があります。

❺身体イメージがとらえにくい

大人が介助して動きをイメージしやすく

手と足を交互に動かして上りますが、移動には手の力だけでなく、内股と足での支えと、足の裏での棒の蹴りが重要です。足の蹴りがうまくいかない場合は、足の下の棒を大人が握って、蹴る部分をつくってあげるとよいです。または足の裏がしっかり棒に向くように、手で介助して押さえてあげると蹴りやすくなり、足の動きをイメージしやすくなります。

❸力のコントロールが苦手

落ちない程度に手足の力を緩めることが必要

のぼり棒では棒をしっかり握る力、そして体が棒の近くにくる姿勢を保つ手足の力が必要です。しかし上るときは移動しなければいけないので、手足の力は交互に、落ちない程度に緩めて動かさなければいけません。下りるときも少しずつ手足の力を緩めないと、棒に接している皮膚を擦りむいてしまいます。

下りるのは簡単？

下りるのは上りよりも力が少なく簡単そうですが、徐々に力を抜かないと皮膚を擦りむいたり、地面に落ちてしまったりするので注意が必要です。

ワンポイントアドバイス

まずはしがみついていられる練習を

まずは棒にしがみついていられることが必要です。しがみついていられる時間が短い子どもは、上りは介助し、しがみつく練習や、力を徐々に抜きながら下りる練習をしましょう。すべらないようにするため、裸足でおこなったほうがよいでしょう。

3 動き・遊び 59

うんてい

確認しておきたい動作

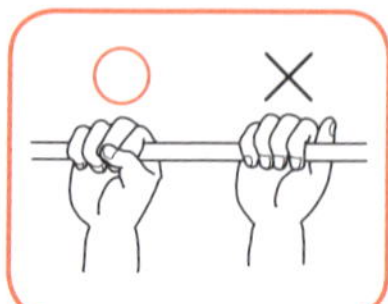

□ 1 親指とほかの指でしっかりと鉄棒を握っていますか。

□ 2 地面に足がつかなくても怖がりませんか。

□ 3 鉄棒にぶらさがっていられますか。

うんていは鉄棒と同じ要素を含む活動ですが、移動するための動きが必要となります。まずは棒をしっかりと握り、地面に落ちないよう支えることができなければいけません。

移動は、階段の上り下りと同じように一つずつすすむ方法と、左右交互にすすむ方法があります。一つずつすすむのは、前進する際の体の振りが十分にできない場合や、一方の手で体を十分に支えられない場合にみられます。すすむのに時間がかかり、ぶらさがっている時間も長くなります。左右交互に手を出してすすむのは、体を前後に振り反動をつけて、前方に体が移動するのと同時に、後方の手を棒からはなして次の棒をつかむことを左右交互に繰り返し、すすんでいきます。この際、支えているほうの腕で頭上の棒に体を引きつけながらおこなわないと、次の棒にもう一方の手が届かなかったりします。体の振りと手をはなして腕を前に出すタイミング、次の棒をしっかりとつかむタイミングと力が必要になります。また勢いをつけてリズミカルにおこなわないと途中で止まってしまい、体を揺らすことが難しくなります。

日常でできる原因別サポート法

❶両手がうまく使えない

手の動きだけを練習

ぶらさがることに精一杯で手をはなせない場合は、大人が体重を少し支え、手の動きを練習させてあげるとよいです。

手の動きは、一つずつすすんでいくやり方と、手を交互に出すやり方があります。交互にだすやり方のほうが、体の振りと片手での保持が必要となり難しいです。

❷感覚の未発達

怖がる子には無理強いしない

足のつかない状態を怖がる子どももいますので無理強いはせず、足が届く高さの鉄棒にぶらさがることからはじめましょう。

❹ものをみる力が弱い

しっかりと目標をみられる工夫を

みる力が弱いと、次の棒をしっかりみて、それにあわせて手を伸ばしてつかむことが難しくなることがあります。しっかりと目標をみながら手を伸ばすように声かけをすることや、棒ごとにシールなどで目印をつける工夫をするとよいでしょう。

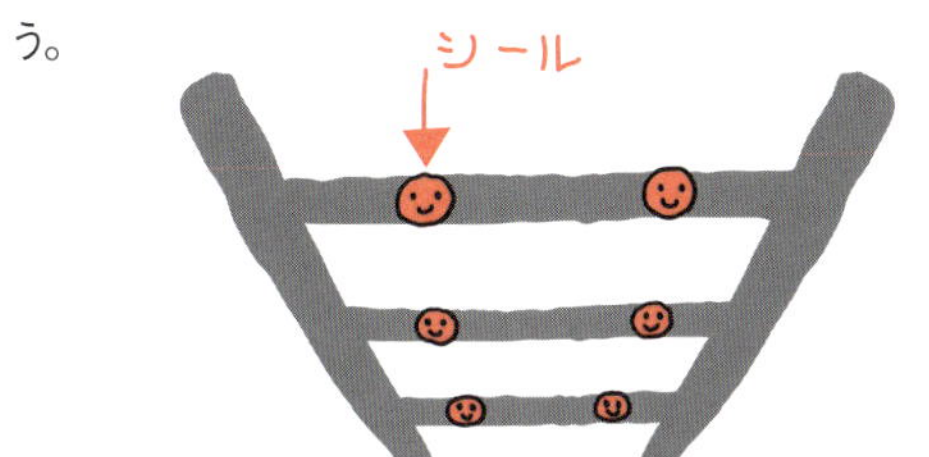

❸力のコントロールが苦手

揺れに負けずにぶらさがる練習を

短い時間ですが、移動時は体重を支える手が一つになりますので落ちやすいです。まずはぶらさがること、そして一つずつすすんでいくやり方からやってみましょう。移動には手の力だけでなく、体を前後に揺らす動きも必要です。ぶらさがる時間が長くなったら、大人が他動的に揺らし、揺れに負けないでぶらさがる練習をしてみましょう。

❺身体イメージがとらえにくい

大人が動かして重心の動きを感じさせる

移動には、体を前後に振り重心を移動させ、重心が前にいったときに手をはなすということをタイミングよくおこなう必要があります。どうやったら体が揺れるのか、大人が子どもの体を他動的に動かし体の動きを感じさせましょう。また、手をはなすタイミングがつかめない場合は大人が少し子どもの体重を支え、前後の揺れをゆっくりになるようにし、手をはなすタイミングを経験させてあげるとよいでしょう。

誤解!

ぶらさがるだけでもよい

自分ですすむことができなくても、ぶらさがって遊んでみましょう。ぶらさがりながら棒の位置を確認したり、傾斜のあるうんていではいろいろな位置でぶらさがって地面に下りる練習をすると、うんていで遊ぶ準備になります。

ワンポイントアドバイス

前後に体を揺する動きをイメージ

前方にものをおき、ぶらさがりながらものを両足で蹴るような遊びを入れると、前後に体を揺らすイメージができます。傾斜のついたうんていは、下りるほうが力が少なくてすみますので、握る力が弱く、体の振りがうまくだせない子どもは真ん中の高い位置からおこないましょう。

とび箱

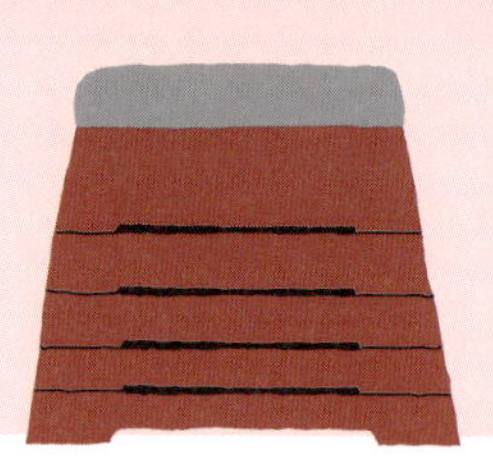

確認しておきたい動作

□ 1 助走から両足で踏み切ることができますか。

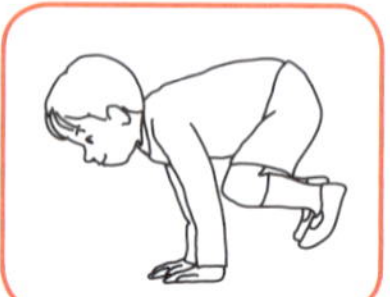

□ 2 手で体を支えられますか。

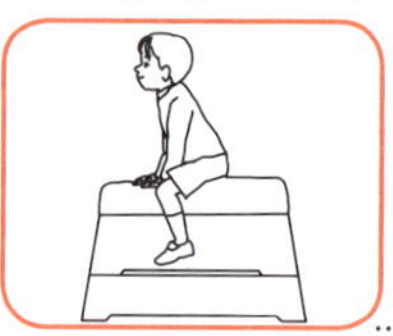

□ 3 とび箱に手をつき、ジャンプしてとび箱の上に乗れますか。

□ 4 ジャンプしたあと、両足でしっかり着地できますか。

とび箱は鉄棒やマット運動と同じく器械運動の一つで、学校の体育の授業でおこなわれます。足を広げて台をとび越す「開脚とび」や、台の上ででんぐり返しをする「台上前転」など、いろいろなやり方があります。普段の遊びでは馬とびや、校庭などにある半分埋まったタイヤをとび越す動作が開脚とびと似ています。

小学校の学習指導要領によると、低学年ではとび箱にとび乗ったり下りたりできること、中学年で開脚とびや台上前転に取り組み、高学年でこれらの動きが安定してできることを目標としています。ここでは開脚とびについて記載します。

開脚とびは、大きく助走→踏み切り→手をつく→とぶ→着地にわけられ、複数の動作が組み合わさった運動です。そのため、前の動作が次の動作に影響を与えます。助走が遅い、タイミングよく踏み切ることができない、踏み切りが弱過ぎる、手をつく位置が手前過ぎる、しっかり手に体重をのせられない、手で体を支えられない、といったことが原因でうまく開脚とびができないことがあります。

日常でできる原因別サポート法

❶両手がうまく使えない

工程ごとに順番に練習していく

手をつくときは、遠い位置に左右同時について、体重を手に移動させて支える必要があります。ジャンプし、両手をついて体を支える練習には、マット上でしゃがんだ状態からカエルとびのように前に両手をつきながらすすむ方法があります。手をつく位置を少しずつ遠くにしながらおこなうとよいでしょう。

❷感覚の未発達

怖がる場合は床の上で練習

とぶ動作は、前方に動いているなかで手だけで体を支えるので、勢いで顔から落ちていきそうになり恐怖を感じる子どももいます。無理におこなわないようにしましょう。怖がる場合は、手をついて体重を移動し手で支える動作を床上でおこなってみましょう。

❹ものをみる力が弱い

踏み切る位置や手をつく位置を目立たせる

踏み切る場所や手をつく位置をしっかりみていないといけませんが、みていてもタイミングをうまくとれないことが多く、動作に大きく影響します。踏み切る位置や手をつく位置を目立つようにすることは、意識づけによいと思います。

❺身体イメージがとらえにくい

大人が介助しながら工程ごとに

とび箱の動きは様々な動作の連続で構成されています。両手がうまく使えない場合にもいえることですが、一つひとつの工程ごとに大人が介助し、体重移動と動きのイメージを繰り返し経験させましょう。例えば、両手に体重をのせるにはお尻を高くあげる介助をしてみましょう。

❸力のコントロールが苦手

各動作を分割して練習する

とび箱では各動作ごとに運動を切り替える能力が必要となります。特に、助走からの踏み切り、踏み切りから手をつくという動作の変化では、力の方向を連続的に変えることや、手と足の力の連携が重要となります。このような一連の動作を一度に練習するのではなく、走ってきてマットにジャンプする、ジャンプして上につるしたものをとるといったように、それぞれの動作を分割して練習するとよいでしょう。

誤解！

太っているからとべないの？

体格がいい、やせているという体型が問題なのではありません。体重移動がうまくできなければ、とび箱はうまくとべません。

ワンポイントアドバイス

段階的に動作練習を

両足で踏み切ってジャンプする、手をついて体を支えるといった基本的な動作練習をおこないます。それからとび箱にとび乗る、とび箱に座った状態からとび下りるなど、段階を経るとよい場合があります。

平均台

確認しておきたい動作

□1 床上でまっすぐ歩けていますか。

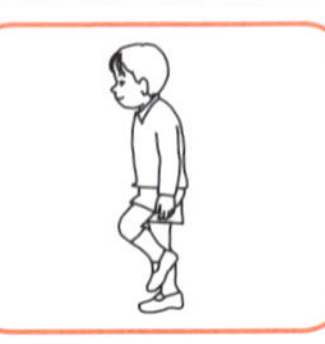

□2 片足立ちができますか。

□3 段差や不安定なところを怖がったりしませんか。

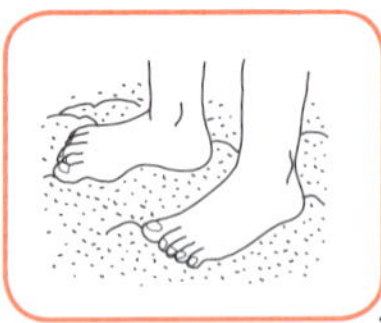

□4 足の裏で感触の違いがわかりますか。

平均台は足をおく場所が小さく高さがあるところを移動していくため不安定になりやすく、バランス能力を必要とし、スリルと達成感が味わえる遊具です。およそ7歳で平均台の上で遊べるようになります。

渡り方は、学校などの体育では、足元ではなく前をみて、腕は横に開き、左右交互に足をだしてすすむことが目標になります。この際、平均台の側面に自分の足を接触させて、平均台の位置を確認しながら足を運びます。ただしこれは片足で自分の体を保つ時間が長くなりますので、床上での片足立ちが十分にできないと難しいです。幼児期には移動の際の安定性を得るため、体を進行方向に向けながらも継ぎ足ですすんでいったり、左右方向の支持面を広くするために体を横向きにし、かに歩きのようにすすんでいったりします。

平均台ではバランス能力が重要であり、この機能がはたらかなければバランスを崩してすぐに落ちてしまったり、バランスが崩れる前に走って渡ってしまう様子がみられます。また、不安定さに恐怖心のある子どもは平均台を嫌がったりします。自分の体がどうなっているのか目でみないと確認できない場合は、足元ばかりみて渡る様子

日常でできる原因別サポート法

❶両手がうまく使えない

床上で手を使ってバランスをとる練習から

手はバランスをとるために重要です。手をうまく使えないとバランスを崩したり、不安定な場所で怖がって必要以上に力を入れてしまい、かえってバランスがとりにくくなります。まずは床上に線を引き、恐怖心のない状態で線上歩行をするような練習からはじめるとよいでしょう。

❷感覚の未発達

裸足で足の裏の感触を感じながら

高い場所、不安定なところを怖がる子どもがいますので、無理強いはしないように気をつけましょう。その場合、床上で規定の幅からはみださないように歩くことからはじめましょう。足の裏の感覚が鈍い場合は、足元ばかりみておこなう傾向になります。靴下を脱いでおこなうと、感覚を覚えやすくなります。

❹ものをみる力が弱い

足元に注意を向けさせる工夫を

足元をみず、足の感覚で平均台の位置を感じながら渡れるようになるとよいですが、バランスがうまくとれないのに、足元をみないのはもっと危険です。足元に注意を向けさせるため、平均台に目立つシールを貼ったり、障害物をおいて踏まないように渡ったりしてみましょう。バランスがうまくとれず危険な場合は、床上でおこないましょう。

❺身体イメージがとらえにくい

遊びをとおして自分の体がどうなっているか感じる

自分の体が平均台に対してどうなっているのかイメージしづらいと、じっと足元をみていたり、バランスを崩しやすくなります。狭いところや低いところをぶつからないように歩くなどの遊びをとおして、自分の体がどうなっているか感じる遊びをおこないましょう。

❸力のコントロールが苦手

全身を使って姿勢を保てるように

姿勢をしっかり保つことができないと、ちょっとした姿勢の変化を元に戻せず、バランスを崩してしまいます。また、体が緊張してかたくなっている場合もバランスがとりにくくなります。アスレチックなどでぶらさがったり、しがみついたりといった全身を使う活動をとおして、姿勢をしっかりと保てるようにしましょう。

誤解！

線からはみださずに歩くのは難しい

足を交互に出して線からはみださず歩けるのはおよそ5歳過ぎです。平均台上ではもっとあとになります。

難易度の低いものから

ワンポイントアドバイス

平均台を怖がったり、すぐ落ちてしまう場合は、足を乗せる部分を広く、高くも低くなるように工夫してみましょう。

床上にビニールテープで細い道をつくったり、すべらないように加工した雑誌などを並べて使ってみましょう。

がうかがえます。

でんぐり返し

でんぐり返しは、布団を敷いたときに家のなかでもおこなえる頭から転がる動作で、回転する感覚を楽しめる活動です。

でんぐり返しはおよそ3、4歳でできるようになりますが、そのやり方は様々です。学校のマット運動で求められる前転は、しゃがんで両手をマットにつき、あごを引き後頭部をマットにつくように背中を丸めて、足の蹴りでまっすぐ回転し、お尻を持ち上げ最初の姿勢に戻って完成となります。回転する際に、足を曲げて体を丸めたまま重心を前に移動しなければ、体や足が伸びて起き上がれず、元の姿勢に戻れません。また、徐々に背中から腰をマットにつけることができず、背中を打って動きが止まってしまったりします。しっかりと体を丸めながら、重心を前に移動させる微妙な姿勢の調節が必要となります。

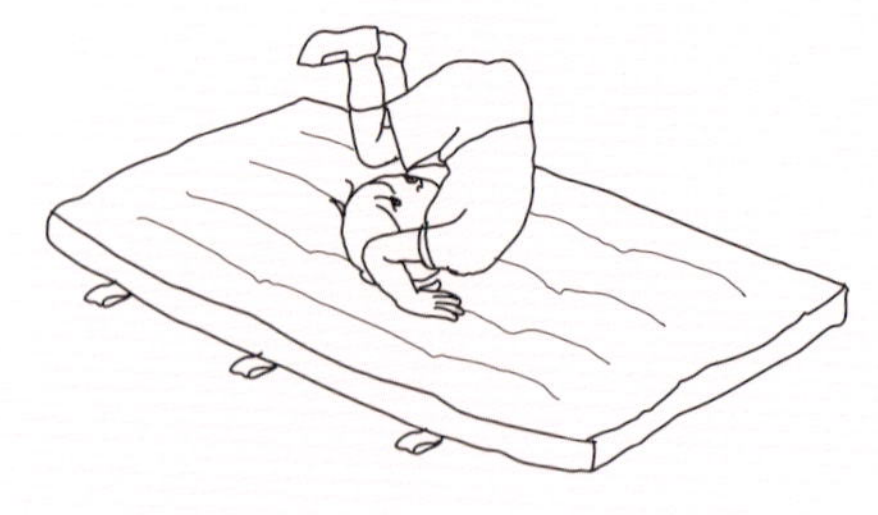

確認しておきたい動作

□ 1 しゃがむことはできますか。

□ 2 両手両足をついて体を支える姿勢はできますか。

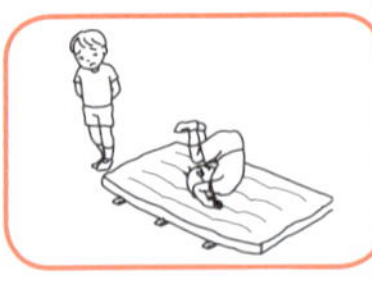

□ 3 回転することを嫌がりませんか。

日常でできる原因別サポート法

❶両手がうまく使えない

手の位置は体よりも前のほうに

でんぐり返しの開始時は、後頭部をマットにつけて体を支えるために手が重要な役目を果たします。手の位置は体よりも少しはなして前につくと、体重をのせやすく、首を曲げておなかをみるようにすると体を丸めやすくなります。

❷感覚の未発達

頭の位置の変化を嫌う

頭を下に向けるのを嫌がる子どもには、足を広げて股の間からボールの受け渡しをするなどの遊びを通じて、少しずつ頭の位置をかえる経験をさせてみましょう。また目が回りやすい子どももいますので、注意が必要です。

③力のコントロールが苦手

体を支える筋力が必要

でんぐり返しができるためには、まず両手で体を支えられなければなりません。両手両膝をついて遊んだり、両手でぞうきんがけをおこない、しっかり体を支えられるようになりましょう。腹筋が弱いと回転時に必要な、体を丸めて足も少し曲げておく姿勢ができず、回転と一緒に体が伸びてしまいます。

④ものをみる力が弱い

手を添えながら動作を一つずつ教える

まねをして動作を覚える場合には、みることが大切です。ものをみる力が弱い場合は、大人がモデルとしてやってみせても理解が難しいことがあります。動作一つひとつに手を添えながら教える、手の位置や頭をつく位置に印をつけるなどの工夫が必要な場合もあります。

⑤身体イメージがとらえにくい

膝を抱えて体を丸める姿勢でイメージしやすく

姿勢の取り方、体の動かし方が下手な子どもには、力を入れる部分を大人が手で触って意識しやすくしたり、介助して体の使い方や動かす方向を教えてあげましょう。転がって起き上がる動作は、体を丸め足も曲げながら、重心を前に移動しなければいけません。膝を抱えてころころ転がる動作をおこなうと、重心の移動がイメージしやすくなります。

誤解！

うまく起き上がれなくてもよい

でんぐり返しは、自分の体の動きをイメージしたり、重心の移動を経験できる基礎的な活動です。うまく起き上がれなくても幼いときからおこない、回転することに慣れることも大切です。

ワンポイントアドバイス

小さいときから回転する遊びを

体の使い方をみてうまくまねできない場合は、大人が重心の移動を助けるように介助するのが一番です。また、頭の位置を大きく変える回転は、普段あまりない動きです。そのため、小さいときから回転する遊びに慣れておくとよいでしょう。例えば、大人と向かい合って手をつなぎ、足で膝をよじ登って回転する遊びは、回転に慣れるほか、腹筋を使う活動にもなります。

ダンス

子どもは、乳幼児期から歌や音楽にあわせての手遊びやダンスを喜んでおこないます。およそ1歳半では、大人などの動きをまねてリズムにあわせ手足や体を動かすようになります。幼児後期には、簡単なダンスであれば繰り返し練習することによって、見本がなくてもリズムにあわせて踊れるようになります。

ダンスは、対象となる大人の動きをみながら自分の体を同じように動かすことや、リズムにあわせて体を動かすために必要な全身の協調運動能力が必要になります。これには、主に自分の体がどう動いているかを感じとる能力（固有受容感覚）が適切に機能している必要があります。

何度も繰り返し同じ動きをおこなっていると、見本がなくてもその動きを再現できるようになります。このように、ダンスは見本の動きと同じように自分の体を動かす身体機能面の力だけでなく、見本の動きを記憶する、自分の動きと見本の動きを比較するといった認知機能も必要となります。このような機能がうまくはたらかないと、模倣できず、ぎこちない動きになったり、いつまでたっても動きが覚えられなかったりします。

確認しておきたい動作

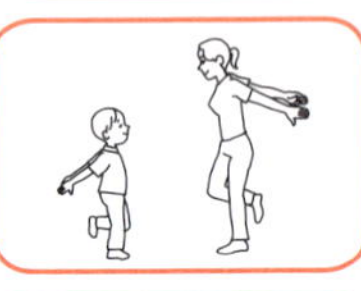

□ 1 体の動きを同じようにまねできますか。

□ 2 どこを触られたかみていなくてもわかりますか。

□ 3 リズムにあわせて手を叩いたりできますか。

日常でできる原因別サポート法

❶両手がうまく使えない

うまくできる動きから

手と足の動きを伴うダンスでは，ステップを踏むといった足の動きに集中すると手の動きがおろそかになったりします。また、手が左右違う動きの振りつけの場合、うまく動かすことができなかったりします。子どもが活動に楽しんで参加するためにも、はじめはうまくできる簡単な動きから指導したほうがよいです。例えば、手を動かすときは移動や複雑なステップを組み合わせない、手の動きも左右同じ動きからはじめ、左右別の動きとしては一方を動かし、もう一方は動かさないなどの単純なものからスタートするとよいでしょう。

②感覚の未発達

手をとって一緒に同じ動きをする

自分の体がどう動いているのかについては、見本をみながらおこなっても、骨や筋肉から伝わる「固有受容感覚」がうまく機能していないと正しく体を動かすことは難しいです。そこで手をとって一緒に同じ動きをすることで、正しい動きを感じてもらうとよいでしょう。

③力のコントロールが苦手

動きを止める筋肉が必要

体や手足の筋肉がしっかりしていないと、動きにメリハリがなく、動きが遅れたり、方向転換する際にバランスを崩したりします。また動きをきちんと止められないと、グニャグニャした動きになってしまいます。ダンスのなかでそれらに対応するのは難しいため、全身の筋肉を使う遊びをとおして鍛えましょう。

④ものをみる力が弱い

注意がそれたらそのつど声をかけて戻す

ダンスはまず見本をしっかりみて、まねをするところからはじまります。注意がそれる場合は声かけしながらおこないましょう。

⑤身体イメージがとらえにくい

動きを鏡で確認しながら

身体イメージがとらえにくい場合、目でみて確認することがイメージの手がかりになります。よって見本となる大人も横に一緒に立ち、鏡に映して体が正しく動いているか確認しながらおこなうとよいでしょう。

誤解！

楽しく踊れることが第一

ダンスは本来、楽しい活動でなければいけません。うまく踊れないことを厳しく叱ったり、笑ったりするのは絶対にやめましょう。

ワンポイントアドバイス

言葉での誘導も大切

ダンスの苦手な子どもは、手の位置や足の位置を正しくつくれなかったり、なめらかな動きができなかったりします。また動きを覚えられないことからまわりの様子をみておこなうためにテンポが遅れてしまうなどもみられます。そこで「ウサギ、かに」、「右、左」など言葉で覚えることは体のイメージづくりに役立ち、動きを覚える助けにもなる場合があります。

縄とび

確認しておきたい動作

□1 両足で線をとび越えることができますか。

□2 その場で連続して両足ジャンプができますか。

□3 縄を回すとき脇を締めて、主に手首で回していますか。

縄とびは、個別でも集団でも様々な遊び方ができ、普段の遊びや学校の授業でも取り入れられている活動です。およそ6歳半で、一人で縄とびをするようになります。

一人でおこなう縄とびは、まっすぐ立った姿勢で、手首で縄を回し、体の動きは小さく、同じ場所で最小限のジャンプでリズムよく連続してとびます。このようなとび方は、学齢期にならないと難しいです。

脇を締めて肘を曲げ、手首で回す動きで縄の操作をおこなうには、それぞれの関節が固定や回転といった別々の動きを同時におこなわなければなりません。また、回す動作とタイミングをあわせてとぶ手足の協調性が必要です。さらに、縄を目で確認してとぶのではなく、自分の体と縄の位置を感じながらおこなう必要があります。これらのはたらきがうまくいかないと、肩や腕で縄をうまく回転できなかったり、その場でとぶことができずにどんどん前にすすんでしまったり、縄の操作とジャンプが別々になってしまったりします。また縄を目で確認しないととび越せない、両足をそろえてジャンプができないということから、動作がとぎれてしまい、連続してとぶことができません。

日常でできる原因別サポート法

❶両手がうまく使えない

まずは縄を回す練習を

肩の関節は動かさず、肘を曲げ、主に手首で回すことができないと縄はスムーズに回転しません。縄を片手に持ったり、両方の手に一つずつ持っておこなうと、回す練習になります。

❷感覚の未発達

縄を回す複合的な感覚を育てる

縄とびをおこなうためには、縄を回す腕の感覚とジャンプを協調的におこなう必要があります。特に縄を回す感覚は腕の筋肉や手の平の感触の複合的なものであり、フラフープを持って体をくぐらせる活動などをおこない、感覚を育てていきましょう。

③力のコントロールが苦手

肘や手首の運動だけを練習する

体や手足の筋肉がしっかりしていないと、ジャンプや適切な縄の操作が難しくなります。特に縄の操作は、肩関節は動かさず、肘は曲げ、手の関節を動かすといった手の協調的な運動の発達が必要です。そのため肩を動かさずに肘を回す、肘も動かさずに手首だけ回すといった運動を練習としておこないましょう。

④ものをみる力が弱い

縄の真ん中にビニールテープをつける

一人でとぶ場合は、縄の位置を確認しなくても自分の操作している感覚にもとづいてとびます。しかし左右に揺れる縄をとぶときや、大縄に入る（回転している縄に入る）ときなどは、縄の位置をよく確認する必要があります。そこで縄の真ん中に目立つビニールテープをつけておくと、確認しやすくなります。まずは縄を床において、横へとぶ練習をするのもいいでしょう。

⑤身体イメージがとらえにくい

動きを区切っておこなってみる

体の動きをイメージしやすくするために、最初に下においた縄を両足でとび越える、次に縄を持ちバンザイをして前に縄を移動させる、そして縄を両足でとび越えるという順に、一工程ずつ区切っておこなってみましょう。バンザイするときに手首の返しがうまくいかない場合は、持ち手を長くしてやってみましょう。

誤解！ 年齢が高くなれば自然にできる？

学齢期でも、その場で連続してとぶことが難しい子どももいます。

リズムを感じながらとぶ

ワンポイントアドバイス

ジャンプは思いっきりとぶのではなく、大人の手拍子にあわせたり、大人も向かいあわせになって一緒にとぶことでリズムを感じてもらいましょう。

また縄とびは持ち手を長くして縄の部分を短くすると、やわらかいたるみ部分が少なくなるため、とびやすくなります。

3 動き・遊び 65

たこあげ

確認しておきたい動作

□1 手をつないで走れますか。

□2 まわりに十分注意を払いながら走れますか。

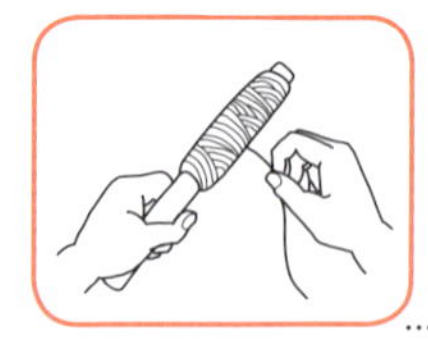

□3 ひもを何かに巻きつけることはできますか。

たこは、竹や木でつくった骨組みに、紙やビニールを貼って糸をつけ、風の力を利用して空中にあげる遊具です。幼児期や小学校低学年では一人であげることは難しく、たこの形状によっては学齢期でもうまくあげることができないこともあります。

まずは、たこを空中に浮かせることが必要です。このときにたこ糸を持ち、うしろを確認し、走ることになりますが、一つの動作に集中してしまってほかのことがおろそかになり、うまくあがらないことがあります。

またみえない風の向きや強さを読んで、糸から伝わるたこの張り具合からたこの状態を感じ、走るスピードをかえたり、止まったりしなければいけません。よって手から感じとる感覚が重要になります。

たこが宙に浮いたあとは、糸を伸ばしたり、巻いたりして調節する必要があります。このときもたこの状態や糸の張り具合、糸から伝わる状態を感じて調節する必要があります。

たこあげは、適度な風があるときにおこないましょう。

日常でできる原因別サポート法

❶両手がうまく使えない

握りやすいたこ糸で動作を一つずつ練習

たこ糸の操作は、左右別々の動きをします。一方の手は糸巻きを持ち、もう一方の手でその先にでている糸を持ちます。糸巻きに糸を巻きつける動作ができないときは、まずその動作を練習しましょう。いろいろな糸巻きがあり、それぞれ利点と欠点がありますが、はじめは握る部分と糸を巻きつける部分がわかれていて、しっかり握れるものがよいでしょう。

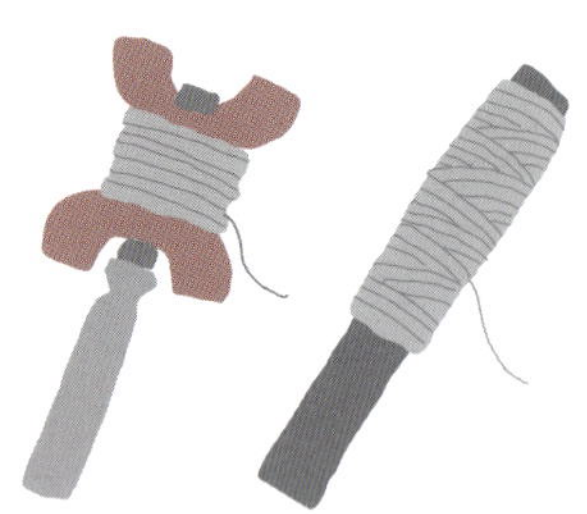

❷感覚の未発達

まずは大人があげて糸を引くことから

糸の張り具合や糸巻きの引かれる強さから、たこの状態を感じとることが必要です。これははじめからわかるものではないので、最初は大人がたこを安定するまであげて、子どもに渡します。糸を引く経験を積み重ねることによって、次第にわかるようになってきます。

❹ものをみる力が弱い

はじめる前に周囲への注意を促す

たこをあげるために走るときは、周囲の人やものに気をつける必要があります。たこあげをはじめる前にそうした注意事項は確認しておきましょう。なるべく、ものや人の少ない、広いところで実施しましょう。

❺身体イメージがとらえにくい

手をとって一緒におこなう

自分の手の動きとたこ糸の状態が一致していなければならず、たこの状況にあわせて糸を操作するので、難しい操作になります。大人が手をとって一緒におこない、操作の仕方を感じやすくしましょう。

❸力のコントロールが苦手

体にあった大きさのたこを選ぶ

体や手足の筋肉がしっかりしていないと、たこが引っ張る力に負けて、手をはなしてしまったり、バランスを崩して転んでしまったりします。体にあった大きさのたこを選択しましょう。

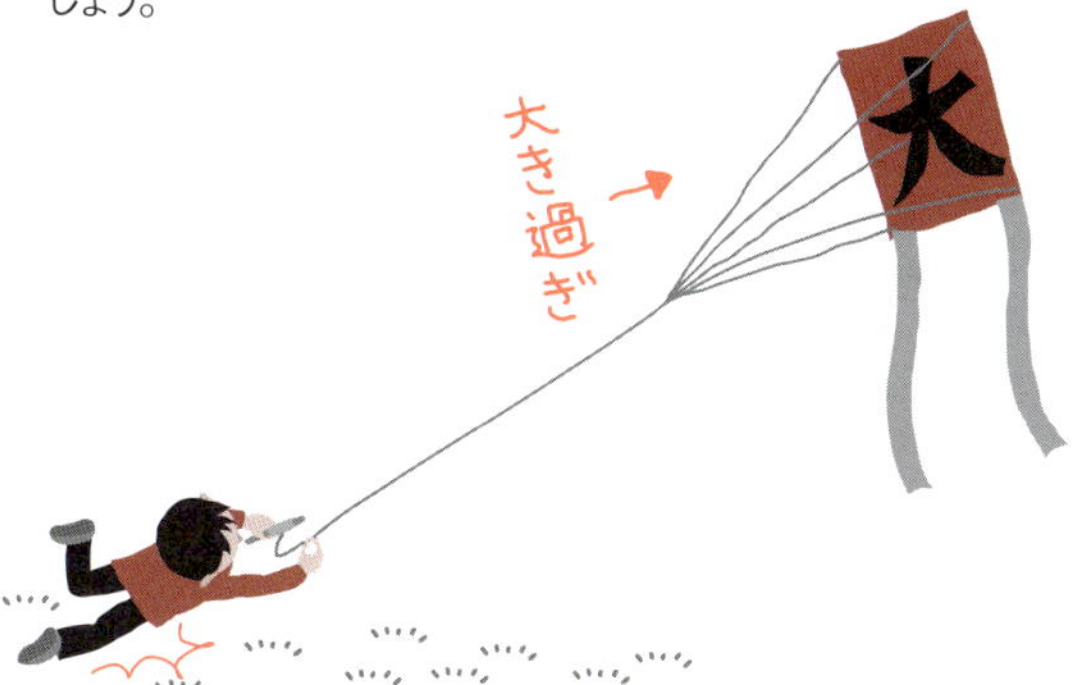

誤解！ 準備や後始末も大切

たこさえあげられればよいわけではありません。準備や後始末も、子どもにきちんとやらせましょう。

ワンポイントアドバイス あげやすいたこを使って

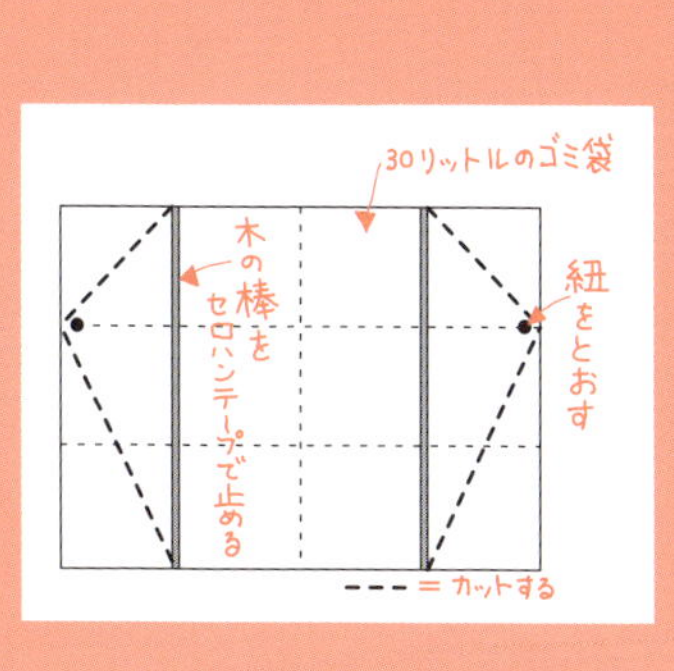

はじめはあげやすいたこを子どもと一緒につくって遊んでみましょう。30リットルのゴミ袋と二本の木の棒でつくるたこが簡単で、あげやすいです。

うまくあげられない子どもには、大人があげたたこを操作させてもよいでしょう。

サッカー

確認しておきたい動作

□1 片足立ちができますか。

□2 止まっているボールを蹴ることができますか。

□3 転がっているボールを足でキャッチできますか。

サッカーは、学齢前後からよくおこなわれるボールを使った活動の一つです。

足でボールを操作する基本的な動作としては、大きく「蹴る」と「受ける（止める）」があります。蹴る動作は、2歳前後で股関節の動きを使って足を振り、ボールに足先をぶつける動作がみられ、3歳くらいには膝関節の動きも組み合わせて少し勢いよくボールを蹴ることができるようになっていきます。その後、軸足（ボールを蹴らないほうの足）に十分体重をかけ、走ってきて蹴る、さらに腰を回転させる動作も加わり、大人の蹴る動作に近づきます。

止める動作は、転がってくるボールにタイミングをあわせて軸足に体重をかけ、蹴り足でボールを止めなければいけません。これに必要な片足立ちは、4〜5歳くらいで安定してきます。

さらに実際のサッカーでは、走りながらこれらの動作をおこない、ボールをあてる足の位置を変えたり、強さを調節し、仲間が受けとりやすいボール、敵にとられないボールを操作していく必要があります。

日常でできる原因別サポート法

❶両手がうまく使えない

手を使わないようにクロスさせて練習

サッカーでは手を使わないことがルールですが、上肢の発達が遅れている子どもでは逆に思わず手がでてしまうこともあります。最初は、胸のところで手をクロスさせて組んで練習をさせるとよいでしょう。

❷感覚の未発達

走る、蹴るの基本から身につける

ボールを蹴りながら走る、走りながら味方や相手の位置を確認するなど、サッカーはいくつかの活動を同時におこなう運動です。そのため、筋肉やバランスなど体からの感覚と、みた情報などをうまく結びつけていかなければならず、複数の感覚情報の処理が必要となります。まずは走る、蹴るなどの基本的な技術がしっかりできるようにし、その後は障害物をよけながら走る、走りながら蹴るといった複雑な活動の練習をおこなっていくとよいでしょう。

③力のコントロールが苦手

まず片足立ちができること

ボールを蹴るときも、パスを受けとるときも、一方の足に十分体重をのせることで、ボールを操作する足を自由に動かすことができます。うまくできない子どもは、パスされたボールを止めずにそのまま蹴り返す様子がみられます。片足立ちが十分できていない子どもには、ボールの上に片方の足をのせてバランスをとる遊びを取り入れながらおこなうのも練習になります。

またボールの強さの調節は足のバックスイングの大きさに影響するので、子どもにもそのことを伝えましょう。

④ものをみる力が弱い

止まっているボールをしっかり蹴る

動いているボールに自分の体を対応させることが難しい場合は、まずは止まっているボールをしっかりキックできるようになりましょう。また、少し空気を抜いたボールを使うと転がるスピードが落ちるので、目でボールを追いやすくなります。

⑤身体イメージがとらえにくい

根気よく練習を

足でのボールの操作は難しく、自分の体の動きとイメージしたボールの速さや方向はなかなか一致しません。上手におこなうにはうまくいったときの経験を積み、練習を重ねていくことが大切です。

誤解！

相手がとりやすいパスは難しい

学齢前後の男の子はよくサッカーをしますが、相手を意識したとりやすいパスをだすことは難しいようです。ほとんどが思いっきり蹴ったボールをみんなで追いかけるという遊び方になります。

ワンポイントアドバイス

数人で相手を意識したパスの練習を

ボールを力任せにしか扱えない子どもは、数人でパスの練習をおこない、相手がボールをキャッチできなかったら、パスした人にペナルティを与えるといったルールにすると、相手を意識したパスをだすよう心がけるようになります。

水泳

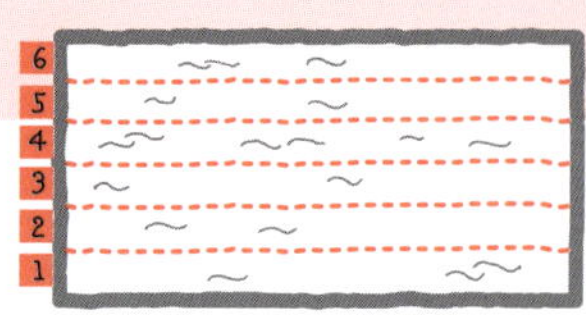

水泳は全身を協調的に動かす活動です。水の抵抗を受けながらおこなうので、全身の筋力がついていきます。また、心肺機能にもよいといわれています。小学校の体育の時間でも実施されていますが、近年では、体力づくりなどの目的で水泳教室に通う子どもも多いようです。

泳ぎ方はいろいろありますが、手と足を同じように動かすことはなく、泳ぎ方にそった協調的でリズミカルな動きが必要です。左右違った動きをすると、バランスが崩れて沈みやすくなります。そのため、泳ぎの苦手な子どもは左右違う動きになる息継ぎになると、バランスをとることが難しくなります。

水泳は道具を使う活動ではないので複雑な手の操作が必要のない反面、自分の動きをみて確認ができないため、水を手でかいたり、足で水をキックしたりするときなどに感じる水の抵抗や、自分の体の動きから感じる固有受容感覚のはたらきが重要になります。

また顔を水につけることが苦手な子どもは、まず水に慣れることからはじめる必要があります。

確認しておきたい動作

□ 1 水に顔をつけることを嫌がりませんか。

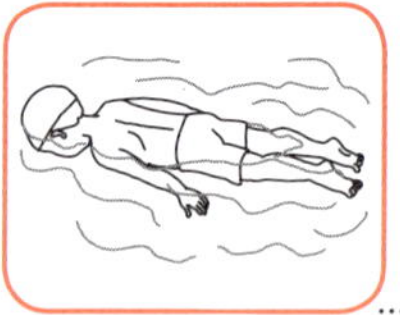

□ 2 水に浮くことができますか。

日常でできる原因別サポート法

❶両手がうまく使えない

腕の動きから段階的に練習

両手がうまく使えない子どもの多くは、全身運動の不器用さがあります。そのため、両腕と両足の動作を左右対称に同時に動かしていく平泳ぎでは、腕と足を協調して動かすことが難しい場合があります。このような場合には、おなかを支えて浮くことを補助してもらいながら、腕の動きだけを練習します。次にビート板を足にはさんで腕だけの動き、ビート板を持って足だけの動きというように、段階的に練習をしていくとよいでしょう。

❷感覚の未発達

水の刺激が強過ぎないか注意して

感覚の過敏性がある子どもは、顔に水がつくことを非常に嫌うことがあります。泳ぐ前の、シャワーを浴びるところから困難となることが多いです。そこで顔にタオルをあてたり、水中眼鏡を装着したり、仲のよい友達と一緒に集団でとおることでクリアできることがあります。

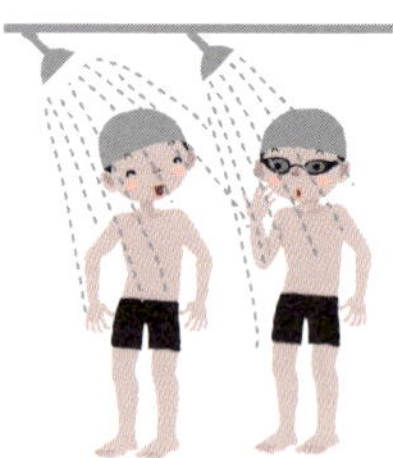

④ものをみる力が弱い

屋内で寝た姿勢で動く練習を

水のなかに顔をつけると、水中眼鏡をつけた状態であってもいつもより視界が悪くなります。また普段と違う寝た姿勢で動く必要があるので、自分が今どの方向にすすんでいるのかがわかりにくくなってしまいます。まずは広い屋内でスクーターボードにうつ伏せに乗り、両手足で自由に動けるような活動を取り入れてみるのもよいでしょう。

⑤身体イメージがとらえにくい

シュノーケルや浮輪を利用して泳ぐ楽しさを知る

水泳は全身の協調運動が必要な運動です。手足を動かすだけでなく、呼吸との協調も必要になってきます。呼吸をするために頭を持ち上げると、体は沈んでいきます。まずは泳げる楽しさを知ってもらうことが重要なので、利用が可能な施設などでシュノーケルを活用して泳いでみるとよいでしょう。うまく浮けない場合は、両腕につけるタイプの浮輪が力も抜きやすく安心できます。

③力のコントロールが苦手

水の抵抗を感じとる経験を

力のコントロールが苦手な子どもは、水の抵抗をうまく感じとれないために、効率のよい動きをつくりだせないことがあります。このような場合には、はじめから泳ぐのではなく、例えば片腕だけ水のなかで動かして水の抵抗を感じとる経験をしてみます。速く動かすと抵抗が強くなるなど、変化を感じとる練習をするとよいでしょう。力が弱く手の指が開いてしまう場合には、水かきのついた手袋を利用してもよいでしょう。

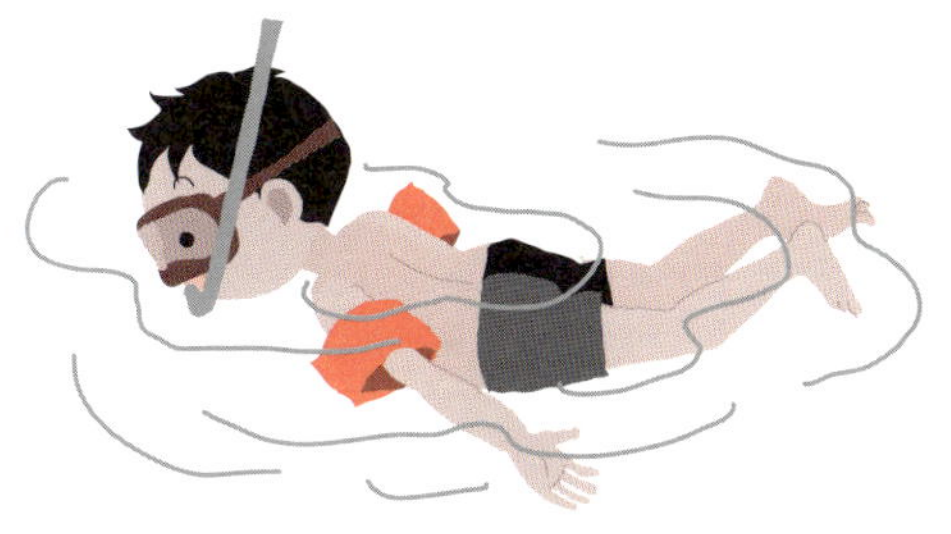

誤解!

厳しく指導すれば泳げるはず?

スパルタ指導のスイミング教室に入ればすべて解決するというわけではありません。たとえ泳げるようになったとしても、叱られたり、無理強いされた心の傷はずっと残ってしまいます。

ワンポイントアドバイス

溺れる経験は避ける

プールや水を怖がる場合には、決して無理強いをしないことが大切です。呼吸が関係するので、一度溺れるような経験をすると非常に強いトラウマとなり、解消困難になります。信頼のできる人と一緒に浅いプールに入ったり、お風呂などで顔をつけることからはじめましょう。

三輪車

三輪車は幼児期に使用される、子どもにとってははじめて自分で操作する乗り物です。3歳くらいになると、乗ってこぐことができるようになります。3歳以前でも、三輪車にまたがり、ペダルではなく足で地面を蹴ってすすんだりします。

安定感があるので、自転車に比べてバランス能力はあまり必要ありません。しかし上半身を安定させ、ペダルをこぐための適切な筋肉のはたらきが重要になります。こぐ動作は、ただペダルを踏むだけでなく、踏んだ足は再度ペダルを踏むために元の位置に戻して準備しておくこと、左右交互にその動作をおこなうことが必要で、股関節、膝関節、足関節の協調的な動きと、左右の協調的な動きが必要です。さらに方向を定めるハンドル操作も必要になり、手と足の協調的な運動が重要となります。

確認しておきたい動作

□1 自分で三輪車に乗り降りできますか。

□2 またがって、足で地面を蹴ってすすめますか。

□3 ペダルを踏むと動くことがわかっていますか。

日常でできる原因別サポート法

❶両手がうまく使えない

しっかりこげるようになったらハンドル操作を意識

こぐことに集中してハンドル操作を忘れ、ものにぶつかってしまうことがあります。しっかりこげるようになったらハンドル操作を意識してもらうために、目的のところまですすむ、障害物をわざとおいてぶつからないようにすすむといった工夫をするとよいでしょう。

❷感覚の未発達

動作を一つずつわけておこなう

三輪車に乗るときは目からの情報と手足の動きを同時に感じ、運動をコントロールしています。感覚が未発達であると、この情報処理がうまくできず、こぐことに一生懸命になるとハンドル操作がおろそかになる、あるいはその逆もあります。この場合は、うしろから押してあげながらハンドル操作をおこなわせる、ハンドルを大人が操作してあげながらこぐのは自分でおこなわせるといったように、動作をわけて練習するとよいでしょう。

❹ものをみる力が弱い

安全な場所で遊ぶ

ハンドル操作をおこなう際には、まわりの状況を把握できなければなりません。ペダルをこぎながら状況把握をすることは、みる力が弱い子どもには困難なことが多いので、危険がないように遊ぶ場所にも注意を払いましょう。

❺身体イメージがとらえにくい

大人が押して感覚をつかむことを助ける

ペダルを踏んだら前にすすむという感覚をつかむため、大人が子どものペダルを踏む動きにあわせて前に押し、推進力を助けながら三輪車をこがせてみましょう。

❸力のコントロールが苦手

足をしっかり保持しながら動かす

体や手足の筋肉がしっかりしていないと、こぐ動作は難しいです。ペダルを踏むには、ペダルに足の裏がまっすぐあたるように足を保持しながら、股関節と膝関節の屈伸運動をおこない、これを左右交互に続けることが必要です。足をしっかり保持できないと、ペダルを踏んだあと、関節が伸びたままでペダルから足が落ちてしまったりします。足がペダルから外れないように押さえながら動かす練習をしてみましょう。

三輪車は自転車よりも難しい

三輪車は安定感がありますが、関節を大きく動かせないため、ペダルをこぐ動作は自転車よりも難しいのです。三輪車が難しい場合は補助輪つきの体にあった自転車を使ってもよいでしょう。

ワンポイントアドバイス

足が伸びきらないよう感覚をつかむ練習を

三輪車はペダルの位置が前にあるため、股関節と膝関節を曲げた状態で、わずかな屈伸運動でペダルをこげます。関節を大きく動かせないため、思いっきりペダルを踏んでしまうと、足が伸びきってしまいます。抵抗の少ない平らな地面で、感覚をつかめるように大人が少し押してあげながら足の動かし方を練習するとよいでしょう。

自転車

自転車は非常にバランス能力が必要な乗り物です。安定して乗れるようになるとスピードもでるので、行動範囲も広がります。特に学齢期の男の子は自転車に乗って友だちと遊ぶことが多く、乗れないと遊ぶ範囲が限定されてしまいます。6歳くらいになると補助輪つき自転車に乗れるようになりますが、年齢は個人差があり、4～5歳で乗れる子どももいます。また、補助輪を外して乗れるようになるのも同様に個人差があります。

自転車はこぐことと、バランスをとること、ハンドルで方向を操作することを同時におこなわなければいけません。また止まるときには、手でブレーキを操作することも必要です。まず補助輪ありで、スピードをだせることが重要です。スピードがでないと高度なバランス能力を要します。転んでも痛くないようにヘルメット・手足のプロテクターを装着しておこないましょう。

確認しておきたい動作

□1 自分で乗り降りできますか。

□2 補助輪つき自転車でバランスをとってペダルをこぐことができますか。

日常でできる原因別サポート法

❶両手がうまく使えない

ハンドルをまっすぐに保持できるように

自転車でバランスをとるには、ハンドルをグラグラさせず保持できることが重要な動作になります。補助輪がついていてもバランスがとりづらいことがあるので、最初は大人が不安定なところを介助しましょう。

またまっすぐな線と線の間をはみださないようにこぐ練習をしてみましょう。

❷感覚の未発達

恐怖感のある場合は無理に補助輪を外さない

補助輪を外して乗る場合、はじめはかなり不安定ななかで乗ることになります。自分の体が不安定になることに恐怖を感じる子どもは、無理に補助輪を外さず様子をみましょう。

逆にスピード感を好む子どもは交通事故に気をつけるよう、注意しましょう。

③力のコントロールが苦手

動作をわけて練習する

自転車に乗れるようになるには、ハンドルを安定した位置に保つこと（操作すること）とペダルをこぐこと、バランスをとることを同時におこなう必要があります。体や手足の筋肉がしっかりしていないと、これらの動作が難しくなり、かえって手や足に力が入り過ぎで操作ができなくなることもあります。まずは動作を一つずつ練習できるよう、ほかの動作の部分は大人が介助しながらおこなってみましょう。

④ものをみる力が弱い

不注意な子には声をかけるなど配慮して

三輪車と同様に、みる力が弱いとまわりの状況把握ができず、危険を伴うことがあります。また比較的スピードのでる自転車では、ちょっとした不注意が事故につながることもあります。視覚的な刺激に対して簡単に注意がそれてしまう場合には、常に声をかけるなどの配慮が必要です。

⑤身体イメージがとらえにくい

前をみて何度も練習することで感覚をつかむ

うまく乗れない子どものなかには、体の動きや自転車自体を目で確認するために手元やハンドルをみてしまい、姿勢が悪くなってしまう子どもがいます。進行方向の少し前のほうをみると姿勢がよくなり、危険なものも発見しやすくなります。大人が介助をおこないながら、みる目標を決め、それをみるように声かけします。何度も練習することでイメージできるようになってきます。

乗れないことを否定しない

補助輪を外して自転車に乗れるようになるには個人差があります。乗れないことに対して「勇気がない」などの否定的な発言は絶対にしてはいけません。

ワンポイントアドバイス

不安定になったら足をついて止まれるように

まずは補助輪をつけて、自分でバランスをとることを少なくします。そしてこいで前にすすむこと、ハンドルで方向を操作することを学習しましょう。それらがスムーズにおこなえるようになってから、補助輪を外して練習します。不安定になったときに足をついて止まれることが大切です。子どもの背丈にあった自転車を与えましょう。

ぬり絵

確認しておきたい動作

□ 1 よい姿勢で椅子に座っていますか。

□ 2 筆記具を親指とほかの指で持ち、肘、手首、指を動かして描いていますか。

□ 3 形がわかり、○、△、□を描くことができますか。

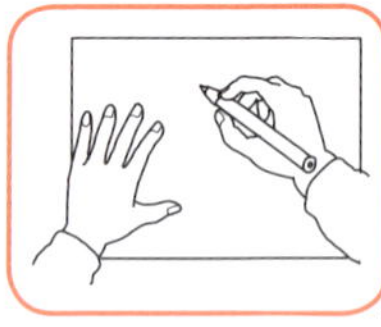

□ 4 筆記具を持っていないほうの手は紙を押さえていますか。

日常でできる原因別サポート法

❶両手がうまく使えない

紙が動かないように押さえる

色をぬるときはペンをよく動かすため紙が動いてしまい、もう一方の手で紙をしっかり押さえる必要があります。押さえても紙が動いて活動に支障がでるようであれば、紙と机の間にすべり止めシートを敷くとよいでしょう。

❷感覚の未発達

ぬりやすくする配慮を

ペンの操作には手先の細かな力の調節が必要であり、筋肉からの感覚が重要な役割を果たします。極端に筆圧が高かったり、細かなところをぬるときにペン先が不安定になるような場合には、少し太めのペンでおこなってみたり、輪郭の線を太くしておいてあげるなどの配慮をするとよいでしょう。

ぬり絵はすでに形が描かれている線の内側を、形状にそって色をぬりつぶしていく活動です。枠のなかに収めて描こうとする能力を育てるとともに、自分で形をうまく描けない段階でも色をぬるだけで絵を完成でき、満足感が得られます。

幼児が知っている絵をぬりつぶすぬり絵の場合、2歳児では、図のなかをぬるという認識が低く、絵の上をなぐり描きする状態が多くみられます。3歳になると、大きくはみだしますが絵の上を集中してぬれるようになり、4歳を過ぎるとはみだしが少なくなり、5～6歳になるとかなりきれいにぬれるようになります。また、4歳以降になると絵柄にふさわしい色がぬれるようになります。これらの能力は、女の子のほうが男の子よりも発達が早い傾向にあります。

ぬり絵には、形をとらえる視覚認知、物や色の認知、筆記具を操作する手の機能、それぞれの発達が関連しています。

③力のコントロールが苦手

大きく描くことから徐々に小さく

筆記具の操作は、肩、肘、手首、指の関節の固定と運動によっておこなわれます。大きく描くときは主に肩や肘を動かし、小さく描くときは肩と肘を動かさず、腕や手の小指側を机につけることで安定性を高め、手首と指の動きでおこないます。このような調節ができないと効率よく、かつきれいに塗ることができません。まずは肩と肘を動かし大きく描くことを経験してから、徐々に小さく描くようにしましょう。

描く動作だけでは肩の安定性を高めることは難しいので、床に手をつき体を支えるような遊びをするのもよいでしょう。また肩と肘で筆記具を操作しているのに、枠の小さいぬり絵を与えてもはみだしてしまいます。子どもの現況にあった課題を提供するようにしましょう。

④ものをみる力が弱い

見本などでぬる場所をわかりやすく

ぬる箇所をしっかりみていないと、はみだしやぬり残しにつながります。ぬる場所をわかりやすくするために輪郭を太くするとよいです。また、よくみることを促すには、見本をおいて同じようにぬるようにするとよいでしょう。

⑤身体イメージがとらえにくい

図柄や色の配置をわかりやすく

身体イメージが未発達な場合には、空間的な認識も苦手な場合が多く、絵の図柄や色の配置が把握できないこともあります。そのため、単純な図柄からぬる、色ごとに輪郭をぬっておくなどの工夫をしていくとよいでしょう。

誤解！

操作しやすいことを重視して

太い鉛筆は指があたる面積が多くなり、さらに三角形の鉛筆は三指握りをすると三本の指の接触面にぴったりあたるので、より安定します。小学生にもなって太い鉛筆はおかしいという人がいますが、操作が苦手な子どもには格好悪いことよりも、操作しやすく課題に取り組めることが大切です。

ワンポイントアドバイス

道具の工夫でうまくぬれることも

ペンを紙に押しつける力（筆圧）が弱く色が薄かったり、強過ぎて紙を破いてしまうことがあります。また筆記具を保持するために力を入れ過ぎて、うまく操作できていないこともあります。この場合、鉛筆を太くしたり、持ち方をサポートすると操作がよくなる場合があります。また色鉛筆でも芯がややわらかめのもの、太くて折れにくいものがありますので、道具を工夫するとよいかもしれません。

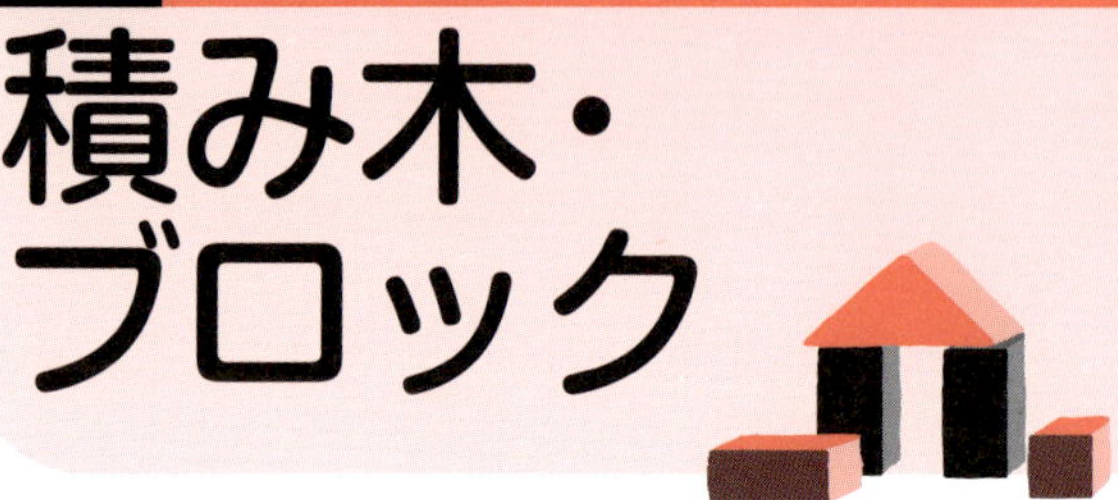

積み木・ブロック

確認しておきたい動作

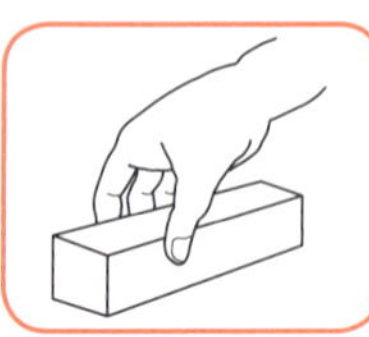

□ 1 ものの大きさにあった適切な握り、つまみをおこなっていますか。

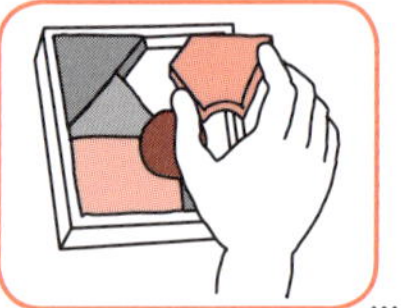

□ 2 目的の場所に正確にものをおけますか。

□ 3 一方の手を補助、一方を操作に使いわける様子はみられますか。

積み木やブロックは、幼児期には何かを見立てて形をつくるおもちゃとして使用されます。およそ1歳半で積み木を重ね、2歳で横に並べたりします。この時期はまねる、見立てるといった「ごっこ遊び」がみられはじめます。そして3歳になると、積み木でトンネルや家などの形をつくるようになります。

積み木やブロックを使って形をつくっていくには、折り紙と同様に認知面と運動面の両方の発達が必要です。認知面ではものの形だけでなく、位置や方向などを含む三次元的な視空間認知の発達が重要となります。運動面では、積み木の場合は倒さないように静かに積み木をのせる力の調節が必要です。ブロックの場合は、二つのブロックの凹凸を正しく組み合わせてはめ込む必要があります。目と手の協調がうまくいっていないと、ただ力任せに押し込んだりする様子がみられます。

日常でできる原因別サポート法

❶両手がうまく使えない

大人が手をとり力の入れ方を教える

ブロックでは一方の手ははめ込んだり向きをかえたりする操作、もう一方の手はブロックの固定や保持というように、発達とともに役割分担がなされます（利き手が決まってくる）。両手がうまく使えない場合、利き手が定まらずどちらの機能も安定しないことがあります。普段使っている手のほうを操作に使うよう大人が手をとり、力を入れる方向を教えるとよいです。積み木でも、繊細な動きは利き手に持ち替えておこなうよう促しましょう。またものの握り方をチェックし、握るように持つときは大きめに、つまめるようになったら小さくするなど発達段階にあった大きさのブロックや積み木を使用しましょう。

④ものをみる力が弱い

視覚的な手がかりを加える

ブロックでは凹凸面の位置を確認して操作する必要があり、よくみていない子どもはただ力任せにはめ込もうとします。目でみて確認しやすいよう、みやすいところに印をつけるなど視覚的な手がかりを加えるとよいです。

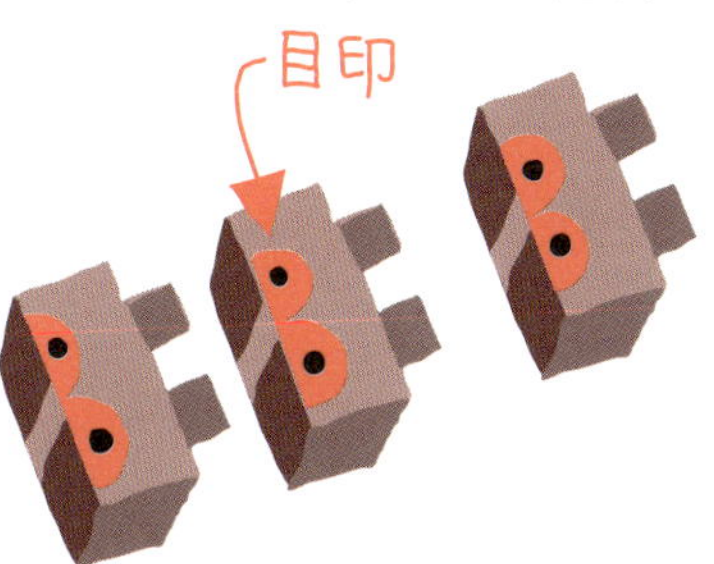

⑤身体イメージがとらえにくい

色の違う積み木やブロックで全体的な配置を意識

このタイプの子どもは空間的認識が苦手なことも多いので、色の違う積み木やブロックを用いて、全体的な配置や組み合わせ方を教えていくことがよい支援となります。

②感覚の未発達

大きめの積み木を用いて

積み木を積み上げるためには手先の繊細な感覚が必要となり、あまり力を入れすぎると崩れてしまうことになります。最初は少し大きめで重さのある木製の積み木などを用いて、ゆっくりと積み重ねる感覚を経験させるとよいでしょう。またブロックをうまくはめるためには凹凸をきちんとあわせて適切な力で押し込む必要があり、型はめなどの遊びがよい練習となります。

③力のコントロールが苦手

ブレーキをかけながら運動する力を養う

積み木で形を構成する場合は、既に積んである積み木を動かさないようにほかの積み木をおく必要があります。そっとおくという動作は、肩や肘を安定させブレーキをかけながら運動することですので、力のコントロールが必要です。日常生活のなかでもコップの水をこぼさないよう静かに机におくなどの動作につながります。

誤解！

大人が見本となって遊びを発展させる

積み木やブロックは操作は単純ですが、自分で形やものをつくることはイメージする力が必要となります。そのため、自由な設定で遊ぶ場合はかえって難しい遊びとなります。子どもに与えるだけではなかなか遊びとして発展しない場合がありますので、そうした場合は大人も一緒に遊び、モデルを提示してあげましょう。

ワンポイントアドバイス

扱いやすいものを選ぶ

積み木やブロックは形や空間的配置をとらえる目の力と、うまく組み合わせる力のコントロールが必要となります。そのため組み合わせがわかりやすい色や形のもので、扱いやすい大きさと重さの積み木やブロックを選ぶことが大切です。

折り紙

確認しておきたい動作

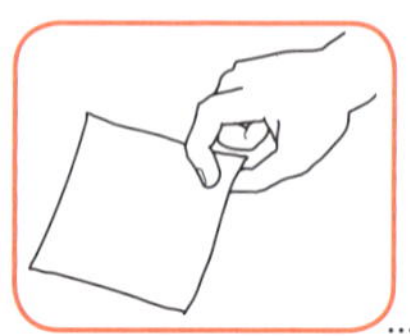

□1 親指と人差し指で紙をつまむことはできますか。

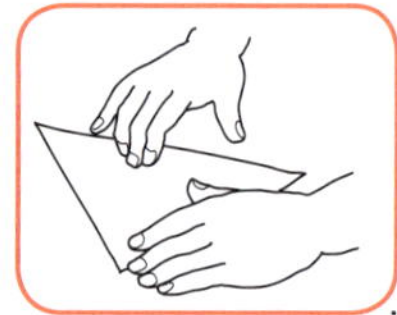

□2 紙をしっかり押さえることができますか。

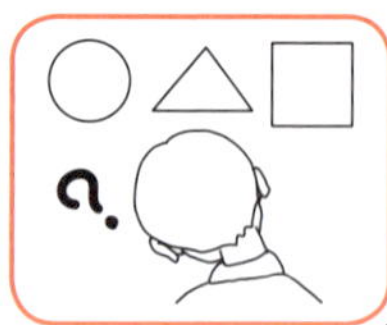

□3 ○、△、□の形がわかり、区別できますか。

折り紙は日本伝統の遊びの一つで、幼児期から家庭や保育場面で用いられます。3歳半くらいで紙飛行機を折ろうとしますが、きれいに折ることはできません。5歳くらいで飛行機を自分で折り、7歳くらいで風船や鶴などの複雑な形を自分で折れるようになります。

折り紙を見本通りに折れるようになるには、認知面と運動面の両方の発達が必要です。折り方をみたり説明を聞いたりして、形や折り方を理解できなければいけません。そして折り紙をどのように折るかイメージし、そのとおりに折るために手を動かします。紙を操作し角と角、端と端をあわせる際は、目と手を協調させて動かす必要があります。また折る際は、一方の手は開いて紙を押さえ、一方の手は人差し指または中指を伸ばして折り目をつけるというように、左右違った動きをしなければなりません。

日常でできる原因別サポート法

❶両手がうまく使えない

操作と固定を分担しておこなえることが大切

一方の手は操作、もう一方は固定や保持と役割分担のなされることが、紙をきれいに折れる要因の一つになります。紙を押さえるほうの手を使用していない場合には、大人が手をとって教えてあげましょう。また、シール貼りは両手を使い、指先を使う活動です。形を折るという作業がないぶん、折り紙よりも簡単におこなえますので、指先を使う練習になります。

❷感覚の未発達

ものを感じわける感触遊びを

指先でものを操作するには、指先の感覚が適切に機能する必要があります。ものを感じにくい傾向にある場合は、ビーズや豆、粘土を使ってものを感じ分ける感触遊びをやってみるのもよいと思います。

また、折り紙ではのりも一緒に使用することが多いですが、指先にのりがついているとものを感じにくくなったり、べたべたする感触が嫌で集中できない場合があります。濡れたタオルを用意して、手をきれいにしながらおこないましょう。

③力のコントロールが苦手

弱過ぎず強過ぎない力で折ることを学ぶ

指先を使う活動は、体、肩、肘の安定性が必要です。紙に折り目をつけるとき、なぞる手が弱過ぎてしっかりと折り目がつかなかったり、押さえているほうの手の力がゆるんでずれてしまったり、押しつけ過ぎて破れてしまうことがあります。折り目が弱過ぎる場合はしっかり押しつけることを学習してもらうため、厚めの折り紙や二枚重ねた折り紙を使用してみるとよいでしょう。押さえる力が強すぎる場合は、力の入れる方向を大人が手をとって教えます。

また背もたれに寄りかかるような座り方の場合は、腰にクッションを入れたりして体重を前のほうに持っていくように設定してあげるとよいです。

④ものをみる力が弱い

目と手の協調性を養う

角と角、辺と辺があっていないと、目的の形ができなかったり、見栄えが悪かったりします。どことどこをあわせるのかわからない場合は、印をつけてわかりやすくしたり、言葉で説明して気づかせる方法があります。しかし、ずれているのに気がつかない、手先がうまく動かせずずれてしまうという場合も多く、目と手の協調性が大切になります。

⑤身体イメージがとらえにくい

大人が手をとり、動かし方を繰り返し教える

つくりたい形を折るためにどのように手を動かしたらよいかイメージし、実行できなければなりません。折り方、手の動かし方を一つひとつみせて、うまく手を動かせない子には大人が手をとって一緒におこないます。またタオルやハンカチをたたむことでも、手の動かし方の学習になります。タオルやハンカチは修正しやすく、繰り返しおこなうことができます。

誤解！

折り紙を嫌いにさせないで

複雑な形を折れるようになるのは小学生になってからです。苦手な子どもは、うまくできないので折り紙をやりたがらなくなります。すべて自分でやらせるのではなく、大人が介助して形や手の使い方のイメージを少しずつ経験できるようにしてあげましょう。

ワンポイントアドバイス

折り目を軽くつけてから与える

形はイメージできるのに、手をうまく使えないことでつくれない子どもには、折り目を軽くつけたものを与えてみましょう。自分で形をつくれたことで、モチベーションがあがります。また、大人が折り方の見本をみせている間、子どもがその様子をしっかりみているか確認しましょう。大人も自分の手元が気になって、子どもの様子がみれていない場合があります。

粘土

粘土は製作活動などで使用される素材の一つです。立体的である点、何かを見立てて形をつくる点では積み木やブロックと似ていますが、素材をいろいろな形に変形させることができ自由度が高いため、想像力と立体的なものをとらえる能力、手の運動機能の発達が影響します。粘土遊びは、手で素材を触って感触を楽しむ段階から、目的を持って意味ある形をつくっていく段階があります。見立てたものとつくったものはおよそ5歳で一致するといわれています。

手の操作は、たたく、押す、丸める、くっつけるなどがあります。また、へらなどを使って、のばす、切る、そぐなどの操作をすることもあります。直接素材に触ることが多いので、素材の感触を嫌がる子どもは、手全体で粘土をこねたり触ったりすることが難しく、指先で転がすことしかできなかったりします。

拒否の強い子どもは、その場から逃げ出してしまう場合もあります。

確認しておきたい動作

□ 1 粘土を手で触るのを嫌がりませんか。

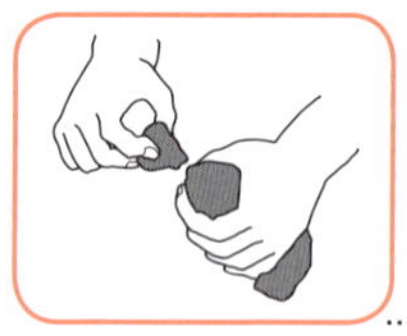

□ 2 手に力が入りますか。

日常でできる原因別サポート法

❶両手がうまく使えない

ボールや木の棒を転がして動作を練習

手の力が弱かったり、触覚に敏感さがあると、両手による粘土の操作が難しくなります。かたい粘土は非常に扱いづらいので、やわらかい粘土を使用することによって、ちぎったり、叩いたり、つまんだりなどの操作がしやすくなります。丸めたり、伸ばしたりなどの操作は、すでに形のできあがっているスーパーボールを使って丸める動作をおこなってみたり、円柱の木の棒を転がしてのばす動きを練習するとよいでしょう。左右の手のなかや粘土板などの平らなところに粘土をおいておこなうのもよいでしょう。

うまく動かせないときは、子どもの手の上から大人の手を添えて、一緒に動かしてあげましょう。大人が形を途中までつくり、最後の仕上げを子どもにおこなわせると難易度が低くなります。

❹ものをみる力が弱い

見本と同じ形をつくることでみることを促す

ものをよくみないと、つくりたいものの形や特徴をとらえることができません。粘土は自分の想像力で様々な形をつくって遊ぶ素材ですが、みることを促すために、見本と同じ形をつくる課題を与えてもよいかもしれません。例えば、型ぬきを使って形づくる簡単な遊びから、平面的な形をつくる、丸めた粘土の玉を数える、立体的な形をまねしてつくるといった難しい遊びまで、様々な段階を設定することができます。

❺身体イメージがとらえにくい

指や腕で形をつくることから

素材を触って操作する経験が乏しいと、自分の手をどのように動かせば思ったとおりの形をつくれるのかがわかりません。その場合、指や腕で三角や四角などの形をつくることからやってみましょう。また、すでに形ができあがっている粘土を、形を壊さない程度の力で握ったりすると、形にあった手の形と力の強さがイメージしやすくなります。

❷感覚の未発達

苦手な感覚を確認して無理せずおこなう

触覚に過敏さがある子は粘土を指先だけで触り、手全体を使って触るのを嫌がったりします。指先だけで形づくるのは難しいです。そのような場合は、形をつくることにこだわらず、つくったものを壊したり、丸めたものをボールの代わりにして遊んだりして、少しずつ触れるようになることを目指しましょう。臭いが嫌で触りたがらない子どももいますので、何が苦手なのか確認しましょう。

❸力のコントロールが苦手

やわらかめの粘土で操作しやすく

手の力が弱い子どもには、やわらかめの粘土を与えると操作がしやすくなります。また、大きな固まりをそのまま子どもに与えるのではなく、扱いやすい大きさにしてあげましょう。

感覚の過敏さを想像して

感覚の過敏さは、その子どもがどのくらい嫌なのかを他人が感じることはできません。本人の様子をみて想像することが大切で、大人の都合で強制的におこなってはいけません。

小麦粉粘土もおすすめ

ワンポイントアドバイス

小麦粉に水を加えながらつくっていく小麦粉粘土は、多様な感覚を経験できます。食紅を使い様々な色の粘土をつくることができるので、子どもの興味を引くことができます。クッキーづくりやパンづくりなど、あとで食べる楽しみがあると小麦粉をこねる、平らにする、型をとるなどの操作もすすんでやってみようとすることがあります。

砂遊び

確認しておきたい動作

□ 1 砂を手で触るのを嫌がりますか。

□ 2 裸足で砂の上を歩けますか。

□ 3 両手で砂をかき集めたり、すくう動作ができますか。

□ 4 道具を使って遊びますか。

砂遊びは粘土と同様に手で素材を触って感触を楽しむことや、目的を持って意味ある形をつくっていくことができる遊びです。およそ1歳6か月で砂を触ることを好み、砂を容器に出し入れして遊びます。3歳過ぎには型を抜いたり、山をつくったり、トンネルをつくったりします。以降、様々な素材や道具を使って、より発展的な遊びをおこないます。

　砂遊びでは、両手で砂を集めたりすくったり、穴を掘ったり、スコップを操作するための手の発達も必要です。砂は湿り気がないとさらさらしていて形をつくることは難しくなります。触覚が過敏な子どもは、砂を触ることを嫌がったりする場合があります。また乾いた砂は触れるけれど、湿った砂は苦手という子どももいます。手だけでなく、ズボンや服が汚れるのを避けて、砂遊びを嫌がる子どももいます。

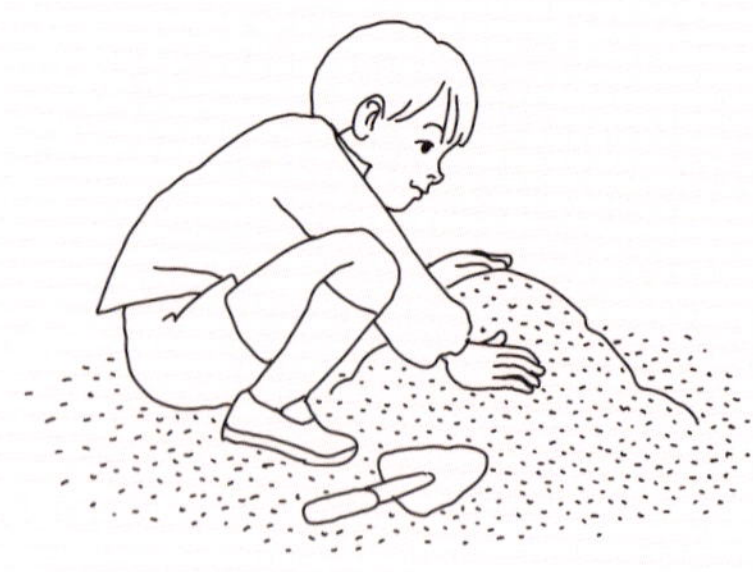

日常でできる原因別サポート法

❶両手がうまく使えない

砂をすくう手の形を教える

手で砂をかき集めてすくう動作は、山をつくったりする砂遊びに必要な動作です。同じような動作として顔を洗うときに両手で水を集めて保持する動作があります。大人が手を添えて形をつくってあげたり、ものや砂を両手で運ぶ遊びをとおして手の形をつくれるようにしましょう。少し湿った砂でおこなうと集めにくいですが、こぼれにくくはなります。

❷感覚の未発達

少量の砂に触ることから

感覚の過敏さがあると砂遊びに参加できないなどの制限がでてきます。本人が嫌がる場合は無理強いしないようにし、いきなり砂場で遊ばず、少しだけ砂をバケツに入れて少量で遊んでみましょう。砂を触ること以外にも、手が汚れる、服や靴が汚れる、靴のなかに砂が入ることを嫌がる子もいます。汚れてもよいということを理解させるため、砂遊び用の服を用意するとよいかもしれません。

③力のコントロールが苦手

静かに手を動かす遊びを取り入れる

砂場ではしゃがんだ姿勢で手を使うので、その姿勢が安定していなければ、手の操作が難しくなります。膝を開いてしっかり腰を落とし、足の裏もしっかり地面につけてしゃがみましょう。うまくできない場合は汚れてもよい服を着てお尻をつけて座り、安定した姿勢で手を使います。

また手の力が弱い場合は、ぶらさがったり、よじ登ったりなど全身を使った遊びをおこなって体や肩の安定性を高めましょう。逆に、力任せにやり過ぎて形がうまくつくれない場合もあります。トンネルや棒倒しなど、静かに手を動かすことを意識した遊びを取り入れてみましょう。

④ものをみる力が弱い

道具を利用して形をつくる

砂で形をつくっていくことが難しい場合は型を使ってみたり、バケツにつめて逆さにして山をつくったりしてもよいでしょう。

⑤身体イメージがとらえにくい

自分の動きを意識させるように

砂場では多くの子どもたちが遊んでいます。まわりの状況を理解して自分の体を動かさないと、友達に道具がぶつかったり、砂がかかったりして迷惑をかけてしまいます。力のコントロールやものをみる力とも関連してきますが、子どもには自分のどういう動きがほかの子どもに迷惑をかけたのか具体的に話をし、どうすれば改善されるか説明したり、一緒に動かしたりして意識させるようにしましょう。

誤解！ 道具がなくても遊べる

砂遊びは道具がなくても手を使っていろいろ遊べます。手の発達を促すためにも、まずは手を使って遊びましょう。

ワンポイントアドバイス 砂遊びにもゲーム性を持たせる

山やトンネルづくり、ままごとなどのほかにも遊び方があります。例えば、砂のなかにスコップ、ままごと道具、石などを隠して宝探しゲームをしたり、隠したものを手で触るだけで名前をあてるゲームなどです。砂の感覚が苦手な子どもでも遊びにゲーム性を持たせると、砂に触れる場合があります。

3 動き・遊び

あやとり

あやとりは、輪にした紐を左右の手と指を使って様々な形にしていく遊びです。一人でも複数でも実施することができます。つくる形の複雑さや工程数によりその難しさはかわりますが、簡単なものであれば5歳前後からできるようになります。

あやとりは折り紙やブロックと同様に、認知面と運動面の両方の発達が必要です。形をつくるのに、どの紐をどのように操作すればよいのか理解していなければいけません。そして、イメージしたとおりに紐を操作するため、手首や指を適切な方向に動かすことが必要です。五本の指が違う動きをしたり、一本の指で紐の保持と操作を同時におこなうために難しく、引っかける、すくう、引っ張る、緩めるなど様々な操作があり、指の動きも複雑です。また複数でおこなうときは、相手の操作にあわせて紐を緩めたり、ぴんと張ってあげたりしなくてはいけません。

確認しておきたい動作

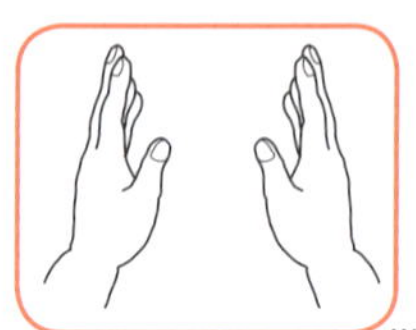

□ 1 向かいあわせた手のひらを上に向けて保つことはできますか。

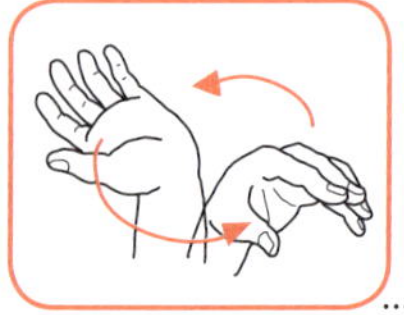

□ 2 手首をくるくる回せますか。

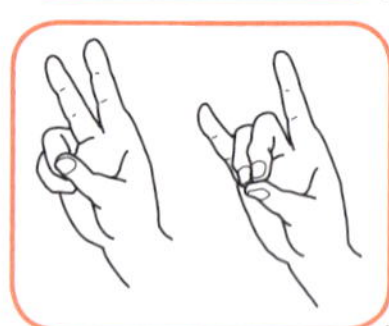

□ 3 指でいろいろな形をつくれますか。

❶両手がうまく使えない

まずは手の位置を一定に保つこと

あやとりは両手とも腕、手首、指を一定の位置に保つことと、イメージどおりに動かすことができないと、形をつくることは難しくなります。脇を締め肘を曲げておこなうと安定し、操作するほうの手や指も動かしやすくなります。しかし、手の形を模倣することや指を動かすことがうまくできない場合は、紐を使って形をつくる前に手遊びを十分おこない、手や指の動かし方を練習するとよいと思います。

あやとりはいろいろな種類があり、手や指の動きが複雑で、工程数が多いほど難しくなります。簡単なものからはじめますが、一人で形をつくれなくても、子どもの片手に大人が形をつくってあげましょう。そうすることで手の位置を一定に保つことや、指の動かし方を目でみてイメージをつかむ準備段階になります。

❹ものをみる力が弱い

全体を関連づけて教える

どの紐を引っかけたり外したりしたらよいのか、工程が多くなるとわからなくなります。どの指にかかっている紐か、何本目の紐かなどと全体を関連づけて判断していきます。

❺身体イメージがとらえにくい

見本をみせ、動かす指に触れてあげる

どの紐をどこに持っていくかわかっていても、思ったとおりに指を動かせない場合があります。その場合は同じようにやってみせる、動かす指に触れてあげる、指を直接動かしてあげるという方法が用いられます。教えるほうも紐に対してどのように指を動かすのかを言語で表現するのは難しいので、見本をみせながらおこなうとよいです。

❷感覚の未発達

太くてかための紐を使用する

指先でものを操作するには、指先の感覚が適切に機能している必要があります。一般的に太めの紐を使うことが多いですが、毛糸よりも少し太く、かためのものを使用したほうが操作しやすくなります。また紐の感触、指や手にこすれる感覚を嫌がる子どもがいるかもしれません。少しずつ慣れるようにしましょう。

❸力のコントロールが苦手

体の安定性を養う遊びを

指先を使う活動は、体、肩や肘をあまり動かさずに安定させておく必要があります。ぶらさがったり、よじ登ったりする全身を使った遊びや、両手両膝をついた姿勢で体を支持する遊びをおこなって安定性を養います。

誤解！

うまくできない原因は様々

あやとりは手先の操作性だけでなく、記憶力やイメージする力も必要な遊びです。うまくできない原因を明確にして、介助しましょう。

扱いやすい紐を使う

ワンポイントアドバイス

市販の継ぎ目のない紐は、引っかかることがないため操作がしやすくなります。毛糸やたこ糸一本の紐よりも、毛糸を鎖編みしたくらいの太さのほうが張りがでて、扱いやすくなります。

コマ

確認しておきたい動作

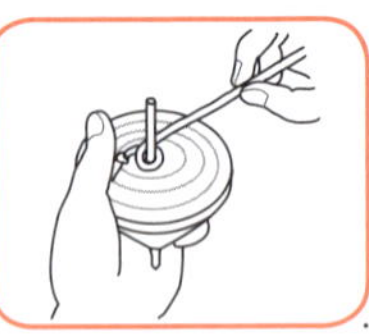

□1 紐をコマにかけることができますか。

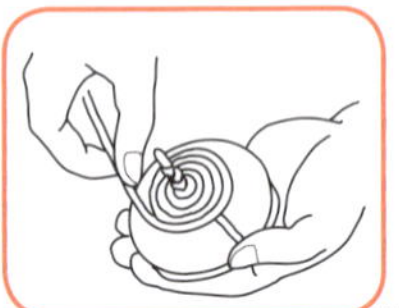

□2 紐をコマに巻きつけることができますか。

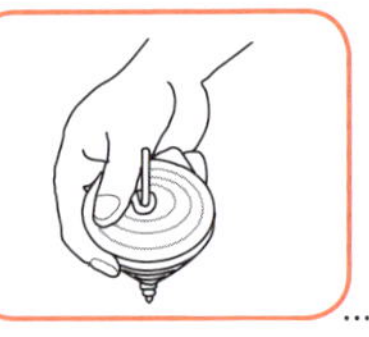

□3 コマを握ることができますか。

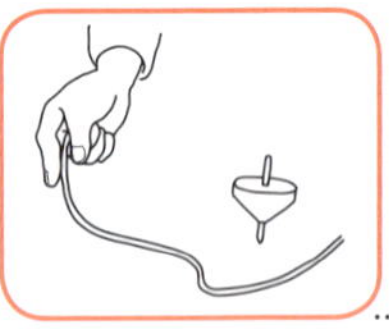

□4 紐を握ったまま、コマを放り投げて回せますか。

コマには軸を指でひねって回すもの、紐を巻き放り投げて回すものなど、いろいろな種類があります。回っている時間を競ったり、相手をはじきとばして遊んだりします。最近は回転させる道具と専用の台がセットになった合金製のコマが販売されており、簡単にコマを回すことができ、相手のコマをはじきだして遊びます。

ここでは、紐を使ったコマについて説明します。まず、コマにきちんと紐を巻きつけることが難しい動作となります。一方の手はコマを支え、もう一方は紐を引きながらコマに巻きつけるという左右違った動きをしなければいけません。そして紐がほどけないように指で押さえ、コマを握ります。回すには、紐は握っているけれど、すばやく手を動かしてコマを放り投げ、その後すばやく引く動作が必要です。紐を巻きつけるのも、コマを回すのも、幼児期では難しく、練習が必要です。

日常でできる原因別サポート法

❶両手がうまく使えない

脇を締めて巻きつける練習を

紐を引っ張りながらコマに巻きつける動作が難しく、途中で緩んでしまうことが多いです。またコマをしっかり保持しようとすると、紐を巻くところまで指がかかってしまいます。うまくできない子どもは、脇が開いて安定性が悪く、巻きつける手の動きが大きいことがあります。脇を締めて巻きつける練習をしましょう。

❷感覚の未発達

かためで太い紐を使う

紐を持っている感覚がわかりづらいと、コマに紐を巻きつけることが難しくなります。やわらかく細い紐よりも、かためで少し太めの紐を使用してみましょう。

❸力のコントロールが苦手

タオルを振って動作を練習

紐を巻きつけるときも、コマを回すときも、コマと紐をしっかり握らなければ糸が緩んできます。しかし力を入れ過ぎると手が動かしづらくなります。回すときの動作は、横から放り投げる感じでおこないます。それは川に石を横から投げる動きと似ています。またコマを投げるときはうしろに引いた腕を床のほうに伸ばしきらず、腰のあたりで紐を引くようにします。タオルを小指、薬指、中指で持ち、壁から30cmくらい離れたところに立ち、タオルが壁にあたらないように横から振る動作をおこなうと, 同じような動作の練習になります。

❹ものをみる力が弱い

コマと紐をよくみるよう工夫を

手元のコマと紐をよくみていないと、うまく紐を巻きつけることはできません。紐を巻きつけていくと模様ができるように、紐に色をぬっておき、形をつくるように巻くことを教えるとよくみるようになるかもしれません。

❺身体イメージがとらえにくい

正しい構えに修正してあげる

コマが傾き過ぎて回らないことがないように、コマの軸が床に垂直になるように構えなければいけません。しかし、手の先まで意識がいかず、うまく回らない場合があります。正しい構えに修正してあげるとともに、投げる前に目でみて確認するよう促しましょう。

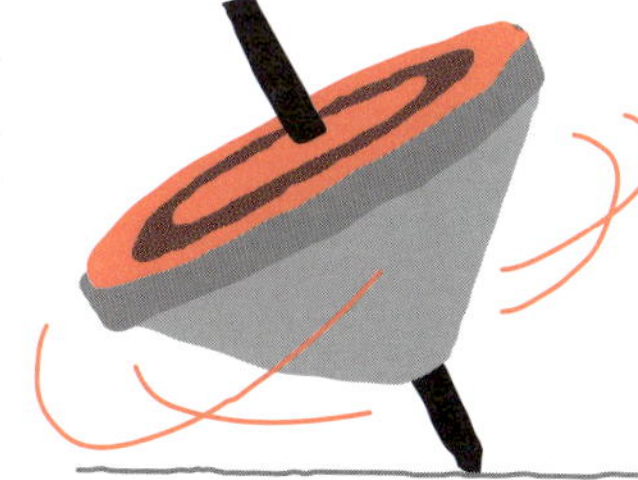

まず大人が経験することが大切

コマ回しは高い技術が必要な遊びです。やったことがない大人もたくさんいると思います。子どもに教えるにはまずは自分で経験してみることが大切です。

回りやすいコマで楽しむこと

ワンポイントアドバイス

コマに紐を巻きつけるところが難しいため、最初からおこなわせようとすると、コマを回す動作までになかなかたどり着けず、嫌になってしまう可能性があります。モチベーションを持続させるためには、大人が途中まで手伝ってあげることも必要です。またコマは回らないと楽しくありません。最初は回りやすいコマを選んでみましょう。

トランプ

トランプは一人でも複数でも遊べるカードゲームです。様々な遊び方がありますが、「ババ抜き」や「神経衰弱」といった数字のマッチングをおこなう簡単なものであれば、3〜4歳くらいから実施できます。

ババ抜きのようにカードのやりとりをするゲームでは、自分のカードをみやすく扇状にし、利き手ではない親指とほかの指で保持し、利き手でカードを抜いたり入れたりします。保持しているカードは落とさないようにつまんでおきますが、力を入れ過ぎるとカードを抜くことができないので、相手にカードを抜かれるときは調節が必要です。ほかにも相手に自分のカードをみられないように、カードの表側は自分のほうにしっかりと向けていなければいけません。しかしほかの人がカードを操作しているときや自分が他者のカードをとる際はそちらに気が向いてしまい、カードの保持が緩んで、内容がみえてしまっていることに気づかない場合もあります。

カードを両手で切る（シャッフル）には、左右の手がすばやく、違った動きをする必要があり、学齢に達しないと難しい動作です。

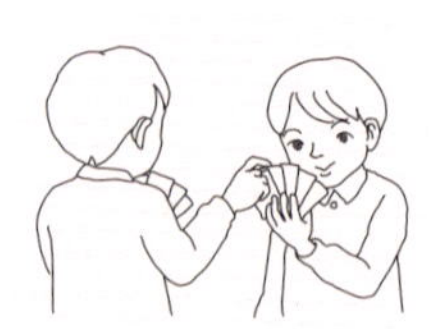

確認しておきたい動作

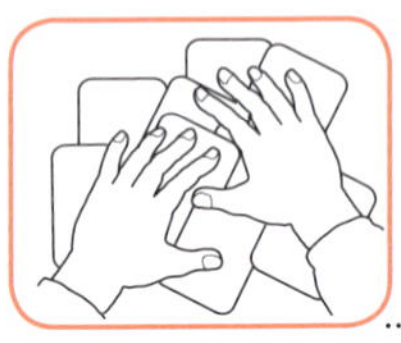

□ 1 両手でカードを混ぜたり、集めたりできますか。

□ 2 カードをめくる動作ができますか。

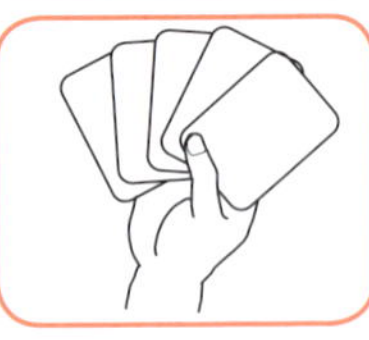

□ 3 カードの下を持って束ねて保つことはできますか。

日常でできる原因別サポート法

❶両手がうまく使えない

できることから役割を持たせる

トランプは混ぜる、まとめる、切る、配るなど様々な手の動きが必要です。カードを混ぜる動作は大人が手を添え、一緒に力の入れ具合と動かし方を教えましょう。

カードをまとめそろえる動作は、カードを少なくしておこなうと扱いやすくなります。

混ぜることや、配ることはやりやすい動作なので、子どもにその部分だけやってもらうというように役割を持たせてあげるとよいでしょう。

❷感覚の未発達

厚みのある紙製のカードを使う

指先でものを適切に感じることができないと、まとまったカードから1枚ずつカードをとったりめくったりすることが難しくなります。プラスチック性のトランプはすべりやすいので、少し厚みのある紙製のカードを用いると感覚が得やすくなります。

❸力のコントロールが苦手

繰り返しおこなうことで徐々にできるように

プラスチック製のカードはすべりやすく扱いづらいので、指先のつまむ力が弱い場合は紙製のものを使用しましょう。また手札カードの保持はできても、カードを抜き差しするときの力の調節がうまくいかず、手札を落としたり、他者がとりづらいほどしっかり握っていたりする場合があります。カードを立てておくホルダーを使うと問題は改善しますが、手で持つことを繰り返しおこなうことで徐々に改善します。

❹ものをみる力が弱い

みやすいシンプルなカードを使う

カードをよくみて同じカードを選んだり、急いでカードをとったりするゲームでは、しっかりカードをみることができないと負けてしまうことが多くなります。カードに絵がたくさん描いてあったり、数字が小さかったりするとみづらくなりますので、シンプルなデザインのカードを使用しましょう。

❺身体イメージがとらえにくい

手札が他者にみえないように注意を促す

自分がどんな姿勢をとると他者に手札の内容をみられてしまうかイメージできなかったり、わかっていてもゲームに集中して忘れてしまい、相手に内容がみえてしまったりします。これは幼児期の子どもにはよくみられる様子ですが、徐々に自分の体とカード、周囲の人との関係を意識して行動できるようになります。常に声かけをして注意を促したり、自分の順番でないときはカードを胸にあてておくといった対処法を伝えておくことも有効です。

誤解！

子どもにあった遊びを

大きいカードは持ちやすいですが、操作しづらい場合があります。子どもの手にあったものを使用しましょう。またトランプはカードの操作性のほか、記憶力や認知機能が関係する遊びも多いので、子どもの能力にあった遊びを選択しましょう。

ワンポイントアドバイス

シャッフルはスローモーションでやってみせる

シャッフルは難しい動作ですが、子どもはそれをまねしたがります。利き手に持ったカードの束の上から反対側の手で少しずつカードの束を抜いて、その束を利き手の束の下に持っていくという動作をすばやく繰り返していきます。

子どもと大人がそれぞれカードを持ってスローモーションでやってみせ、動きを教えることからはじめましょう。あとは、練習によって徐々にスピードがついきます。

Qシリーズについて

「Qシリーズ」とは、不器用さのある幼児や学童などの、学習に役立つ補助具として開発された製品です。本書の編著者である鴨下賢一先生が開発メンバーの一人として監修しています。学校やリハビリテーション施設等の現場の声を取り入れ、安心なシリコンゴム素材、使いやすい形状、サイズに設計。鉛筆やスプーンなどがうまく持てるようになるQリングをはじめ、紙のすべり止めQデスクシート、書き取り向上補助具Qフレームなど、目的にあわせて様々な種類をそろえています。

販売・製造元：株式会社ゴムQ
〒437-1413 静岡県掛川市国安 24-8

Qリング　Qフレーム　Qデスクシート

著者

立石加奈子（たていし・かなこ）

作業療法士。佐賀大学大学院医学系研究科医科学専攻修士課程修了。

2003年労働福祉事業団九州リハビリテーション大学校卒業後、同年社会福祉法人佐賀整肢学園こども発達医療センターに入職し、現在に至る。発達に障害のある子どもやその家族に対して、食事・更衣・排泄などの日常生活動作の獲得に向けての支援や、パソコンなどのIT関連技術を取り入れた発達や学習の支援などに取り組んでいる。

中島そのみ（なかじま・そのみ）

作業療法士。札幌医科大学保健医療学部准教授。北海道大学大学院医学研究科博士課程修了。

1992年札幌医科大学衛生短期大学部作業療法学科卒業後、健常児と障害のある子どもが一緒に生活する統合保育をおこなっている聖徳学園なかのしま幼稚園で作業療法士として8年間勤務。障害を持つ子どもの支援や個別指導をおこなうとともに、発達障害リスク児の早期発見に関する調査研究にも取り組む。その後、札幌医科大学保健医療学部作業療法学科助手、講師を経て、現在に至る。主に発達障害領域の作業療法を担当し、書字や描画における手の発達的特徴、不器用さの要因解明とその支援方法の構築をテーマに研究をおこなっている。


（2013年2月1日現在）

編著者

鴨下賢一（かもした・けんいち）

作業療法士。専門作業療法士（福祉用具・特別支援教育）。

1989年静岡医療福祉センター入職。1993年より静岡県立こども病院へ入職し、現在に至る。発達に不安や障害のある子どもたちとその家族への療育指導をするかたわら、特別支援学校等への教育支援、発達障害児に対する福祉機器の開発も数多く手掛ける。日本作業療法士協会制度対策部福祉用具対策委員会委員、日本発達系作業療法学会副会長、静岡発達SIG代表。著書に『作業療法士が行うIT活用支援』（共著、医歯薬出版）、『知りたかった！　PT・OTのための発達障害ガイド』（共著、金原出版）、『広汎性発達障害の作業療法－根拠と実践』（共著、三輪書店）、『発達障害領域の作業療法』（共著、中央法規）、『新生児理学療法』（共著、メディカルプレス）などがある。


（開発に携わった発達障害児に対する福祉機器等）
- 携帯用会話補助装置「トークアシスト」
- 特別支援教育支援具（Qシリーズ）
- トーキングエイド for iPad
- 発達が気になる子への凹凸（おうとつ）書字教材シート

苦手が「できる」にかわる！
発達が気になる子への生活動作の教え方

2013年 3月15日　初版発行
2023年 2月10日　初版第14刷発行

編著者　　鴨下賢一
著　者　　立石加奈子・中島そのみ
発行者　　荘村明彦
発行所　　中央法規出版株式会社
〒110-0016　東京都台東区台東3-29-1　中央法規ビル
営　　業　TEL 03-3834-5817　FAX 03-3837-8037
取次・書店担当　TEL 03-3834-5815　FAX 03-3837-8035
https://www.chuohoki.co.jp/
印刷・製本　株式会社日本制作センター
装丁・本文デザイン　タクトデザイン事務所
イラスト　　あべまれこ
ISBN978-4-8058-3787-0